纪晓岚传

何国松◎主编

吉林大学出版社

图书在版编目（CIP）数据

纪晓岚传/何国松主编．—长春：吉林大学出版社，2010.1
ISBN 978-7-5601-5115-1

Ⅰ.①纪… Ⅱ.①何… Ⅲ.①纪晓岚（1724~1805）—传记 Ⅳ.①K825.4

中国版本图书馆CIP数据核字（2009）第215048号

书　　名：纪晓岚传
作　　者：何国松
责 任 编 辑：王世林
责 任 校 对：王世林
封 面 设 计：点滴空间
出 版 发 行：吉林大学出版社
社　　址：长春市明德路421号
邮　　编：130021
发行部电话：0431-88499826
网　　址：http：//www.jlup.com.cn
　E-mail：jlup@mail.jlu.edu.cn
印　　刷：三河市金轩印务有限公司
开　　本：710×1000毫米　1/16
印　　张：16
字　　数：310千字
版　　次：2010年1月第1版　2020年修订
书　　号：ISBN 978-7-5601-5115-1
定　　价：58.00元

版权所有　翻印必究

前　言

　　纪晓岚是"康乾盛世"时期的一位学识渊博、位高望重、朝野仰慕的大才子。他出生于雍正初年的河北大户之家，相传其出生时，有一位赤身裸体的少女隐现于火球之中，引来百姓竞相追逐，而少女转瞬即逝，化作一代奇才，故被人们疑为火精转世。传说归传说，但纪晓岚确实凭借非凡的才华，征服了当时文坛，迅速成为皇帝身边大红大紫的人物。后来他受命编纂《四库全书》，为后代留下了宝贵的精神财富；更有他无数的奇闻轶事，至今仍为我们津津乐道。

　　本书生动翔实地记录了纪晓岚不平凡的一生，文笔清新隽永，是中国历史人物传记创作上的一部不可多得的力作。当然，本书并非一本历史学著作，因此，我们在尊重史实的基础上，根据行文和读者的需要，合理、大胆地进行了合乎文学规律的再创作和艺术加工，以期为读者带来最大的精神享受和阅读享受。

　　由于学识所限，加之时间仓促，本书的不当之处自是难免，诚望各位读者提出宝贵意见，在此先予致谢。

目 录

第一章 传奇出生 ………………………………………… 1

第二章 科考之路 ………………………………………… 19

第三章 机智风趣赢得君心 ……………………………… 32

第四章 福建督学，才压群芳 …………………………… 63

第五章 奔丧守制 ………………………………………… 77

第六章 谪戍新疆 ………………………………………… 90

第七章 总纂《四库全书》 ……………………………… 112

第八章 纪晓岚与和珅 …………………………………… 132

第九章 苦心孤诣著《阅微》 …………………………… 156

第十章 纪晓岚的生活情趣 ……………………………… 165

第十一章 终老宦途，身后美名扬 ……………………… 179

附 录 ……………………………………………………… 214

第一章
传奇出生

崔尔庄，原名崔庄，是华北平原上的一座小镇，位于河北省沧州市正西二十多公里处，今属沧县所辖。这里是纪晓岚的出生地。

清朝雍正二年（1724），崔庄属直隶河间府献县。村里有一家富户，户主名叫纪天申。纪天申子孙满堂，有三个儿子：容舒、容雅、容恂；当时他已有了三个孙子：容舒的儿子纪晫，容雅的儿子纪昭、纪易。家中尚有诸多女眷，再加上奴婢、杂役，可谓人丁兴旺。纪家是一处大宅门，朝南的门楼高大宽敞。宅内有好几进庭院，房屋鳞次栉比，还有几座小楼散布其间，颇有些不同凡响的气派。

传这年六月的一天，在纪家住了多年的一位"仙人"突然告辞，主人询问缘由，"仙人"说，"兵部尚书"就要来了，我得走了。纪家人不明白是怎么回事，时隔不久，纪晓岚就降生了。

这个带有神奇色彩的传说，记载在清朝文人方士淦所著的《蔗余随笔》里。当我们今天感叹种种戏说的时候，岂不知对他的戏说好像是与生俱来的。

比方士淦更早的记载是朱珪写在《纪文达墓志铭》里的一段话："先是郡为九河入海故道，天雨则汪洋成巨浸，水中夜夜有光怪。公王父（即"祖父"——笔者注）梦见光入楼中，已而公生，光遂隐，人以为公实此灵物化身也。"文中已透露纪晓岚为"灵怪转世"。朱珪是何许人？他是嘉庆帝的老师，并与纪晓岚为同年考中举人，同朝为官又是相知的朋友。纪晓岚临终前是朱珪的副手，当时朱任大学士，纪是协办大学士。其后，清代文人的笔记里又有不少类似的记载。

纪晓岚的门人梁章钜在《归田琐记》里，把"纪文达师"的出生写得更为神奇，先说他这位座师是"火精转世"，并说那火精为女身，火精出现时，村民们敲打着铜器驱赶，见火光中隐隐约约有一赤身女

子。有一天，火精进入纪家内室，众人正在议论纷纷，传出了小公子出生的消息。小孩子一生下来耳垂上就有穿痕，像是戴过耳环，两只小脚又白又尖，如同缠过足似的，于是人们沸沸扬扬的传开了，说这孩子是"火精转世"。

梁章钜是嘉庆七年（1802）壬戌科进士，那场会试的正考官就是纪晓岚，而且，纪晓岚也是梁章钜祖父、父亲与叔父的老师。有了这层关系，梁章钜自然也就有机会见到纪晓岚，因而他把纪晓岚写得活灵活现，说老师的耳痕至老犹宛然可见，那双小脚也不避人，常脱下袜子让人看。《归田琐记》里又说纪晓岚是个猴精，家中几案上常摆些榛、栗、梨、枣之类杂食，随手抓着吃。还说他是蟒精，因为纪宅附近地里有大蟒，自从纪晓岚出生后，那蟒就不见了。在张培仁《妙香室丛话》中亦有相同的记载。在纪氏故乡，还有纪晓岚是金鸡下凡的传说。当然这都是一些附会、传说而已，不足为信。

纪晓岚自称"河北庸流，燕南下士"，此虽谦词，却反映出他出身的平凡。他虽然出生在世家大族，但跟朝堂里有些高官重臣相比，他既非贵族后代，又非官宦世家，只不过是个耕读之家出身，比较起来还是显得有些微贱。围绕他出生时的种种传说，无非是用来证明，后来创建了惊世文功的这位大学问家，是有根源，有来历的，生来就与众不同。其实，他呱呱坠地的第一声啼哭，和别的婴儿不会有什么两样。人生的或社会的任何一个大事件发生之后，如果着意去搜寻其前兆，总能附会出一些蛛丝马迹。这样会使得纪晓岚本来平凡的出身，显得有些不平凡起来。

纪晓岚的家世谱系，清代及民国一些关于纪晓岚的传略中多有记载，主要的如徐世昌的《大清畿辅先哲传》、李宗昉的《闻妙香室文集》、李元度的《国朝先正事略》《清史稿》《清史列传》《碑传集》以及叶兰台所编的《清代学者像传》等，但这些文献资料对其家世没有详细交代，均比较简略。现在所能见到的关于纪氏家族的资料，以《景城纪氏家谱》最为详尽。该谱为纪昀六世孙、沧县景城村纪清范（字维九）所收藏，系残本，其"生卒谱"止于清嘉庆七年（1802），而纪昀卒于嘉庆十年（1805），可见该谱为其在世时所刻。为了后面的论述方便，我们先以《景城纪氏家谱》将纪氏家族中纪昀这一支的谱系加以梳理。

根据《景城纪氏家谱》的记载，明永乐四年（1404）先世从椒坡公迁徙景城至纪晓岚，纪氏家族已经历十四代。其谱系如下：

一世椒坡，讳无考，以字传。明永乐二年自应天府上元县迁献县，入安民里四甲籍，始居县东九十里景城。

二世至七世已无法考证。

八世为廷相，椒坡公八世孙，字柱石，明附学生。配李氏，里族无考。

九世为尧卿，字赞祁，明廪膳生。配青县张氏，继配同县石氏，父讳皆无考。

十世有坤、坊、培、增四人。此时正当明末战乱，培、增二人于崇祯十五年，河间城破，殉难。

劫后余生的两兄弟之中，纪坤为纪晓岚的高祖，"字厚斋，明廪膳生。著有《花王阁剩稿》一卷，载入《四库全书目录》。配同县董氏，父讳无考。继配河间县增广生宋讳大壮之女。"在纪氏家族中，纪晓岚与纪坤虽相隔几代，但通过祖、父辈的讲述及其他所留存的《花王阁剩稿》中，对他了解比较多，受其影响也是显而易见的。

十一世有景德、景星、同仁、灏、钰，为纪晓岚的曾祖辈，纪氏家族的发达当从此辈始。五人之中，景星在崇祯十五年（1642）那场劫难中死去。后三者对纪昀影响很大。同仁"字爱堂，明廪膳生。配同县李氏，父讳无考"，即《阅微草堂笔记》中所称"爱堂公"；灏"字光吉，附学生，以兵部效力，议叙任陕西镇番卫守备，配同县张氏，父讳无考，继配同县陈氏，父字羽尊，讳亦无考"，即所谓"光吉公""镇番公"；钰"字润生，附监生，考授州同，貤赠中宪大夫，刑部江苏司郎中加三级，累赠光禄大夫、礼部尚书。配河间县廪膳生王讳云鹗之女，貤赠恭人。累赠一品夫人"，又称"光禄公"，为纪晓岚的亲曾祖，也是纪氏家族中颇有影响力的人物。《献县志》卷九《人物志·乡贤》载有他的传记。卷十六《典文志五》载有尚书张鹏翮所撰的《太学生纪公润生墓志铭》。

纪钰有两个儿子：天澄、天申，这是纪晓岚的祖父辈。

天澄为"润生公长子。字湛源，考职州同，貤赠承德郎。配同县附学生牛讳燔之女，貤赠安人"。

天申为"润生公次子。字宠予，监生，考职县丞，诰赠奉直大夫、

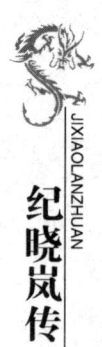

户部四川司员外郎，晋赠中宪大夫、刑部江苏司郎中加三级，累赠光禄大夫、兵部左侍郎、都察院左都御史、礼部尚书。配同县候选州同陈讳令俶之女，诰赠宜人，晋赠恭人、累赠一品夫人。继配沧州康熙癸丑科武进士张讳汉之女，诰封宜人，晋封恭人、累赠一品夫人。"

天申公有三个儿子：容舒、容雅、容恂。容雅为纪昀的叔父，即《阅微草堂笔记》中的"仪南公"，"候选同知，诰封奉政大夫。"容舒为纪昀之父，字迟叟，康熙癸巳（1713）恩科举人，历任户部四川、山东二司员外郎、刑部江苏司郎中、云南姚安府知府、都察院左都御史、礼部尚书。著有《唐韵考》五卷、《玉台新咏考异》十卷，俱录入《四库全书》。又著有《杜律疏》八卷，载入《四库全书目录》，即《阅微草堂笔记》中的"姚安公"。容舒公配同县安讳国维之女，继配沧州候选州同张讳棻第二、三女。纪晓岚兄弟二、姊二。兄晫长昀十八岁，为安氏所出；昀系张氏所出。兄弟虽为同父异母兄弟，但悌弟睦兄，感情深厚。纪晫去世后，纪昀曾撰有《伯兄晴湖公墓志铭》。其中即写道："先姚安公凡三娶。元配安太夫人，以康熙丙辰生公。继配张太夫人无出。又继配张太夫人妹，以雍正甲辰生昀。故公长昀十八岁。幼时提挈保护，逾于所生。昀七八岁以前，初不知与公异母；稍长虽知为异母，然家庭之间，晨夕相对，绝不觉有异母意也。则公骨肉之间，他可类推矣。"与纪昀同辈的从兄弟并交往甚多的还有昭、易。纪昭为仪南公长子，字懋园，别号"怡轩老人"。曾与纪昀一同受业于东山董邦达先生。乾隆丁卯（1747）科举人、丁丑（1757）科进士，任内阁中书、教授文林郎。与纪昀同官京师。后"以省亲乞归，体羸善病，遂不复仕宦。田居多暇，惟以诗书谋子孙，或与平生老友以诗酒相娱乐。"著有《毛诗广义》五卷、《养知录》八卷，载入《四库全书目录》。懋园"天资笃厚"、生性淡泊。乾隆丁亥（1767）春，纪昀服阕赴补，纪昭以诗相赠，其中有句曰："敢道山林胜钟鼎，无如鱼鸟乐江湖"，于此可见其志趣。纪易，字坦居，附贡生，候选州判，貤赠修职郎，著有《近言集》。纪昀有子四：汝佶、汝传、汝似、汝亿。汝佶，字御调，乾隆乙酉（1765）科举人，后选知县。汝传，字绪承，监生。由四库全书馆议叙，历任湖北布政司经历，江西南昌、九江等府通判，敕授承德郎。

孙辈与之关系较密切者如树馨，树馨为纪昀次子汝传之子，"字香林，附学生，由嘉庆元年一品恩荫任刑部江西司员外郎，随带加一级，诰授奉直大夫。"纪晓岚不太注意文稿的裒集与保存，随写随扔，最后，还是树馨精心收藏，集中编辑，才将《纪文达公遗集》诗文集各十六卷均"梓以行世"，为后人留下了一份珍贵的文化遗产。

纪晓岚学问渊博、文名冠世，离不开家族文化的浸染和熏陶。

纪氏家族是一个以"诗礼传家"而闻名的家族。

纪氏家族的文化传承又受到了当地地域文化的影响。

献县一地，因汉代河间献王而得名。这是一块具有浓郁而深厚文化底蕴的土地。河间县令吴龙见曾在《重修河间献王墓祠碑记》中写道："献邑得名自河间献王始，王讳德，景帝子，孝景前二年封河间王。"

班固的《汉书·河间献王德传》中说献王德"修学好古"，实事求是，在经历了秦始皇"焚书坑儒"的空前的文化浩劫以后，向民间广求遗书，并"必为好写与之留其真"。四方道术之人，不远千里，将先祖遗留下来的旧书奉献给献王。献王因此搜集到了诸如《周官》《尚书》《礼记》《孟子》《老子》等一大批先秦古文书。

他不仅倾力搜集遗书，而且还积极筹划复兴学术，"举六艺，立《毛氏诗》《左氏春秋》博士，修礼乐，被服儒术。"汉武帝时，献王朝奏，献雅乐，奏对三雍宫及诏策所问三十余事，"文约指明"，言中肯綮，深得武帝的赏识。

河间献王率先起来搜求抢救古代文化典籍、振复倡导学术精神，在当地产生了积极的影响，为后世留下了一笔难得的宝贵文化遗产，得到了后人的普遍赞誉。

唐代诗人张继拜谒献王墓，赋诗（《河间献王墓》）称道：

> 汉家宗室独称贤，遗事闲中见旧篇；
> 偶过河间寻往迹，却怜荒冢带寒烟；
> 频求千古书连帙，独对三雍策几篇；
> 雅乐对兴人已逝，雄歌依旧大风传。

宋代著名的文学家司马光在《河间献王赞》中也赞扬道：

……河间献王生为帝子，幼为人君，是时列国诸侯苟不以宫室相

高、狗马相尚，则衰奸聚猾，僭逆妄图。惟献王励节治身，爱古博雅，专以圣人法度遗落为忧。聚残补缺，较实取士，得《周官》《左氏春秋》《毛诗》而立之。周礼者，周公之大典。《毛诗》言诗最密，《左氏》与《春秋》相为表里，三者不出，六艺不明。噫！微献王，六艺其遂瞠乎？故其功烈，至今赖之！

受河间献王遗风影响，献县民风淳朴，乡民谨守礼法。纪晓岚曾在《日华书院碑记》一文中这样概括献县民风：

献县，于河间为大邑，土地衍沃，而人多敦本重农。故其民无甚富，亦无甚贫，皆力足以自给。又风气质朴，小民多谨愿畏法，富贵之家尤不敢逾尺寸。

这里辨订学术，崇尚儒流，人才辈出。清代从顺治己亥（1659）到乾隆丁丑（1757）年间，献县一邑，考中进士的就有戈英、刘隆卿、戈懋伦、戈锦、叶天枢、戈涛、纪昀、戈源、纪昭等九人，这一状况与江南的某些县相比并不是特别突出，但与当时华北各州县相比较，还是十分罕见的，由此可见献县文化之隆盛。

纪氏族人也十分尊崇献王。据《献县志》卷二"建制"中记载，献县城东十里有河间献王祠，"正殿三楹，中王位，以毛公贯公配享。"祠堂于明代嘉靖十三年（1534）由当时的知县汪銮所建，隆庆五年（1571）知县赵三聘重建。清乾隆十二年（1747）又重建。这次重建的主要倡导者就是知县吴龙见以及纪晓岚的伯父纪容雅。纪容雅以乡绅的身份参与祠堂的重建，表明他对献王的尊崇。

受河间献王以及地域文化的影响，纪氏族人崇尚儒学，恪守礼法。

这首先表现在纪氏族人能习学儒经，如《阅微草堂笔记》的《滦阳消夏录二》中就有"姚安公尝为诸孙讲《大学·修身》章"的记载。姚安公是纪晓岚的父亲，因他曾担任过云南的姚安知府而得名。从这一小事中可以看到纪氏族人是很注重习学经书的，且有隽异之才脱颖而出，光大纪氏家族的门楣。如纪晓岚的曾祖纪钰"国朝补博士弟子，有隽异称"，清世祖命诸生进讲《中庸》，他"敷陈词义，美邕雅称上旨"，得到清世宗的赏识。

其次，纪氏族人家藏经书很多，如乾隆帝三十八年（1773）下诏征集天下图书，纪晓岚积极响应，所呈献的百余种书籍中，有相当一部分后来被载入《四库全书》"经部"，这些书籍大多为"先世之遗留"（《进呈书籍蒙赐内府初印〈佩文韵府〉奏谢折子》）。

再次，纪氏族人还有一些治经并能融汇经书以倡导礼仪者。如八世祖廷相，就曾著有《友于小传》二卷。此书后来为《四库全书·史部》"传记类"存目，其自序是这样介绍这部书的："孝友皆天性，而人情日薄，往往知爱其亲，而不推其爱于兄弟，故撮拾旧迹以感发其彝良，不录帝王之事，分位殊也；不录圣贤之事，亦不录奇行异节、舍身蹈义之事，不强以所不能也。分二卷，上曰循良，下曰处变，皆士庶人家细务。"很明显，这部书主要是从"士庶人家细务"中论述孝友问题的。为了写作此书，他"托辞避暑，借其书室，日日挥汗录此篇"（《四库全书总目》卷六十二《史部·传记类存目》四），由此可见他对这一问题的重视程度。

纪晓岚的从兄纪昭著有《毛诗广义》五卷，并融汇儒家经书"嘉言懿行"，成《养知录》八卷。据《四库全书总目提要》介绍，"是编乃训课家庭之作，杂引诸书所载嘉言懿行，而以己意发明之。分为八类：一曰论事父母舅姑；二曰论别夫妇内外；三曰论处兄弟姒娣；四曰教子孙；五曰论厚宗族；六曰论奴仆；七曰论财用；八曰通论。"这实际上是一部利用经书教义以规范家庭内部关系的教科书。

纪氏族人不仅崇尚儒学，同时也是礼教、礼法的忠实的执行者。

曾祖纪钰博闻强记，天资聪颖，具有入仕的良好资质。但因为家有高堂老母，于是"决计归养。母卒，事季兄终身，翕好无间。从兄子破产，罄其田千亩鬻诸人，钰归自外，为赎归之。由是兄子子孙孙赖以存济。"

从伯父纪策"轻财好施"，"尝以田产三千让其弟"。至于纪氏家族的妇人也是恪守妇道、谨守闺范的典型。如曾祖母王安人"幼即端方，长而敏淑"，敬承翁姑，抚育子侄，均竭心尽力。

侄媳张氏"年十九而寡，持服三载，不去衰麻，孀居三十七年，虽酷暑未一解衣睡。对姑舅则婉容，退即端坐如枯木，……妇独与舅姑同院居，终日侍奉无倦色。姑患病频危，夜焚香泣涕祷佛，遂终身茹素"。其苛己守礼，令人敬重！这一行为就连纪晓岚本人也很感动。他说：

"……彼青灯忍泪,白首完贞,凄风苦雨,阅数十年如一日,非心如铁石者不能。千百人中能尽本分者有几?乌可以庸行易之耶!"(《一侄理含暨配张氏墓志铭》)

纪氏家人还将关心他人、扶困济危视为责无旁贷之事而躬行之。在家乡的赈济乡梓,外出为官的关心子民,从先祖以迄后代,代代都流传着纪氏族人关心乡民的佳话。

康熙丙子年(1696),县邑大闹饥荒,纪晓岚的曾祖纪钰出米三百斛为粥,救活了许多人。县邑还有许多人欠债不能偿还,纪钰又仿效春秋战国时代的平原君"因焚其券",悉数免之,赢得乡人的敬重。纪策"……乡党议之,尤重文学,捐数百金置义馆于周家村,延师课士,远近就学甚众,多所成就。"康熙六十年(1721)、雍正四年(1726)纪晓岚的祖父天申公"煮粥救活灾民可万人。中丞沈公方伯德公皆旌其门,又值义学于淮镇,资以修脯几若干年。"正因为这样,民国薛凤鸣等人纂修的《献县志》中评说道:"邑人好施予者,以纪氏为最多,收效亦以纪氏为最大。"

在纪氏族人中,对纪晓岚影响最大的是他的父亲纪容舒。

纪容舒,字迟叟,号竹崖,景城纪氏第十三世。纪容舒于康熙癸巳恩科得中举人,又于雍正十二年(1734)被授户部四川司主事,成为纪氏走进朝中做官的第一人。他先后在户部、刑部任职,义外放云南姚安知府,因而存纪氏家族中被尊称为"姚安公"。

作为一名官吏,纪容舒政绩平平。作为一名学者,他却博闻强记、精于考证,饶有成就。他所著的《唐韵考》推寻考校,具有条理,"故言小学者宗之"。他所著的《〈玉台新咏〉考异》,参考诸书,裒合各本,引证颇为赅备,考辨亦颇详悉。他还著有《杜律疏》一书,对杜甫律诗"字字句句备为诠释"。在这位姚安公身上,显然流贯着献县"实事求是"的地域性学术传统的神采。

纪容舒对儿子的调教是十分成功的。

纪晓岚四岁开蒙入学。当时年龄以虚岁计,他生于雍正二年(1724)六月,半年以后进入雍正三年,即为两岁。一般大户人家延聘西宾教习子弟,也多于正月十五后开馆。如按此推算,纪晓岚入学时实足年龄只有两岁半,应属"早期教育"。据他自己后来回忆,"余自四岁至今,无一日离笔砚"。

童年纪晓岚是在家庭"督之甚严"之下度过学习生活的。紧严的管束是中国传统童蒙教育的特色,它虽然戕害儿童自然活泼的天性,但也同时为日后旧学的登堂入室打好坚实的基础。

纪晓岚的开蒙教师是交河老儒及孺爱。此人博古好学,光明坦白,粹然有古君子之风。他跟纪家是亲戚。但他笃信程朱理学,于世事从未问闻。及孺爱教授纪晓岚时间不长,仅授之书,识句读而已。

纪容舒不但学问精深,更是世事通达。他反对死啃书本,埋首书斋,以为:"子弟读书之余,亦当使略知家事、略知世事,而后可以治家,可以涉世。"他曾以河间兵乱时因书生气十足而遇难的两位先祖为例,说明死读书、读死书的教训。

当时,城里人都知道侵掠的大兵就要杀过来了。纪家的曾伯祖们也在收拾行李,准备回老家避难。就在临行之前,邻居一位老叟指着门神发牢骚说,如果今天能有将军像门上贴的这两位唐朝的武将尉迟敬德、秦琼一样,也不至于国家落到这种地步。纪家的两位曾伯祖正在门外打铺盖,听了这话,停下手中的活跟人家争辩起来,说:"你说得不对,这门神是神荼、郁垒的画像,不是尉迟敬德和秦琼。"老人不服,回屋里翻检出《西游记》作为证据。两位曾伯祖自恃读的书多,说《西游记》是街谈巷语之末流小说,不足为凭,于是也进屋找出东方朔的《神异记》,翻出凭据,继续跟老人辩论。本来当时天已很晚,他们又找书,又争论,一来二去天黑了下来,城门已经关闭,无法出城了。待到第二天再想走,已经晚了。大兵围困了河间,很快攻破城池,冲进来大肆杀戮。纪家的这两位曾伯祖遂成了刀下之鬼。

讲到这里,纪容舒说:"死生呼吸间不容发之时,尚考证古书之真伪,岂非惟知读书不预外事之故哉!"

后来纪容舒为纪晓岚请的老师多是有个性特色的名士。如南皮许南金、东光李若龙、南宫鲍梓、宛平何绣、富阳董邦达等。

许南金,三岁丧父,八岁失母,由叔父养大。自幼发奋读书,不事浮嚣,淡而弥永。雍正元年考中举人,之后三试春闱不第,于是放弃仕途,设帐课徒,"慨然以振名教、维风化为念"。光绪《南皮县志》里称,"出其门者多通儒"。

许先生品格高尚,不怒自威。有一年,一个新上任的南皮县令,威仪出行,一帮衙役在官轿前鸣锣开道,吆五喝六,狐假虎威。许南金正

骑驴行走，听到身后一阵喧嚣，锣声当当，回头一看，见官轿汹汹而来。他把小毛驴的缰绳一抖，靠边缓缓而行，稳坐驴背，不慌不忙，不紧不慢。众衙役把他锁拿下狱，但他终未屈服，县令只好把他放回。

由于许南金操行纯洁，"检查生平，无不可对鬼魅者"，故民间流传诸多许南金不怕鬼的故事。如半夜里借用鬼眼读书，如厕时把鬼头作烛台。

至今犹存的许南金墓碑碑文所附的授业门人名单中，纪昀和堂兄纪易赫然在列。南皮许庄距崔庄百余里，纪容舒送子侄负笈帐下，自有一番良苦用心。

东光李若龙，字又聃，雍正十三年（1735）举人，著有《又聃诗草》。文词精粹。李若龙反对道学家的空谈，喜欢谈狐说怪，与纪容舒、纪晓岚父子关系融洽，与纪晓岚的岳父东光马永图也是好友。

《阅微草堂笔记》里记载了不少李若龙讲的故事。其中一则讲道，雍正末年，东光城内，忽一夜家家犬吠，声若潮涌。人们出门观看，见月光下一人披发戴孝，手执巨袋，立于屋脊之上。良久又移至别家屋顶。第二天人们发现，凡那人所立之处，都留下两只鸭鹅。有人煮着吃了，味道还不错。不过，凡得到鸭鹅的人家，都陆续发生了死葬。当时马永图家也得到两只鸭子，结果，马永图的弟弟、时任陕西巩昌府靖远同知的马永命讣音传来，人们才知道，原来是凶煞出现了。

李若龙还讲了一个懂礼义的狐仙的故事。东光某一家住有狐仙。有一天狐扔砖瓦，打破了那家的盆罐。那家人就大骂狐狸。到了夜里，听见有人敲窗户说话："您睡了吗？我有话要跟您说，邻里乡党一块儿住着，小孩子们互相磕磕碰碰的事是常有的，遇到这种事，能原谅就原谅，不能原谅时可以告诉大人，其父兄自会处置，何必恶语相加，伤了和气。再说，我辈出入无形，往来不测，你们闻见不及，提防不到，您想，跟我们作对，有你们的好吗？"某人听了，连忙披衣起身道谢。从此相安无事。每逢遇到某个家庭或邻里发生纠纷时，李若龙常常感叹："殊令人忆某氏狐。"

从后来纪晓岚多次提到这位老师可以看出，李若龙对纪晓岚是深有影响的。光绪《东光县志》称："纪文达公昀谓（李若龙）为一生得力师。"

鲍梓，又字敬亭，直隶南宫（今属河北邢台市）人。雍正元年

（1723）成进士，授安徽霍山知县。在霍山任期，父亲亡故，鲍梓正准备交接离任，忽然山洪暴发。鲍梓不顾家事，立即组织船只打捞溺水难民，并及时开仓放粮，以救燃眉之急。谁知事后鲍梓竟然以"擅作主张"的罪名被革职。后来，鲍梓又出任福建漳平知县，到任后革除陋规，减省徭赋，仅仅两年，当地百姓就开始传唱"官清如水，吏穷如鬼"的民谣。清官正是贪官的眼中之针，没有多久，一纸贬令，让受民拥戴的鲍梓，补了个献县教谕的缺。

博学工文的鲍梓，本来没把这个官职放在眼里。《阅微草堂笔记·姑妄听之》里有个故事，讲康熙年间，五个赶考的举子半路遇雨，夜宿破庙之中。深夜遭野鬼魇迷，一会儿已有三人被吃。群鬼拉过第四个人刚要动嘴，忽有一老翁闯入，厉声叱道："不可造次！此二人有禄相，不可犯也。"众鬼立即惊散。后来据说这两个鬼口脱险的举子，一个当了教谕，另一个当了训导。据纪晓岚记载，鲍梓听了这个故事后笑道："平生自薄此官，不料为鬼神所重也。"

鲍梓的文章，最初从苏洵入门，后来又致力于韩愈。既得古人精奥，尤擅八股制艺，文法高妙而不拘泥古则。当时制艺文章正崇尚骈丽华美，鲍梓极力反对，并以此启迪学生，一时间许多学子都慕名前来求教，"翰林纪昀、御史戈涛、进士中书纪昭、举人鲍自清……诸人皆出其门"。鲍梓在尽心教授学生们作文之余，还不时借讲故事之机教导他们如何做人。

师从何琇、董邦达是纪晓岚随父进京之后的事。何琇，宛平人，雍正十一年（1733）进士，官宗人府主事。他于考据有独到建树，常抨击讲学家的虚谬。纪晓岚刚到京城即师从何琇。

董邦达，字孚存，浙江富阳人，雍正十一年（1733）进士。历任户工吏诸部侍郎、左都御史，工部尚书，礼部尚书。卒后谥文恪。董邦达不仅擅长经史之学，而且是一位山水绘画大师，在盛极一时的清代皇家画院中，他是继王祁原后的一代宗臣。

纪晓岚是十五岁时受学董邦达的。董邦达为官清廉，极重人品，对纪晓岚深有影响。在他这里，纪晓岚不仅增长了学识，而且学到了不少处世做人的道理。纪晓岚从师董邦达长达九年，直至他乡试夺得头名解元。

纪晓岚少时学习，虽受父亲与师长严格督促，但自就学之始，便显

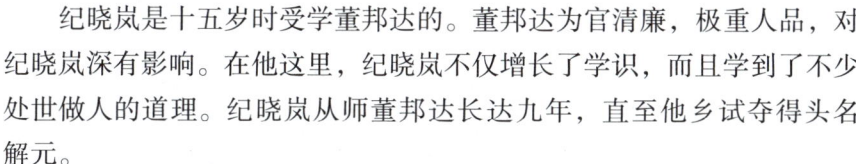

示出一种特别的天赋,这就是"性奇慧,为文不假思索……过目不复忘","其才思敏捷,尤非人所能及"。和他一起念书的同族兄弟们,没有一个人能比得上他,故大家无不对他另眼看待,称之为"神童"。

纪晓岚少时才思敏捷,尤其善于对对子。为此,献县地方流传下来许多脍炙人口的传说故事。

五岁时,纪晓岚开始接受家庭教师的训导,启蒙先生及孺爱教他念《三字经》。开始几天,每天教他二十多个字,以为这样已经够多。谁知他过目不忘,念几遍即已背熟,不到半个月,便把一本《三字经》背诵如流。小小年纪便开始读《四书》《五经》,并练习作诗、联对。他对联对有一种特殊的敏感。据说,有一次常在他家行走的慧明和尚,见他头上梳有状如蝉头的髻髻,心血来潮,戏谑地出上联道:"牛头喜得生龙角。"

不料纪晓岚立即明白了其中的含义,他白了老和尚一眼,张口对道:"狗嘴何曾长象牙。"

此语一出,博得哄堂大笑。因为这对句既回答了老和尚的笑谑,又对得十分工整,出自一个五龄小童,确实是身手不凡。

纪晓岚有个亲哥哥名纪晴湖,哥俩虽非一母所生,而且年龄相差悬殊,但自幼兄弟二人感情很好,毫无异母的感觉。

有一天,纪晓岚吃过午饭还不见哥哥回来,就到家塾去找他。找到学校一问,老师说是因为给他出了个对子还没对上,所以没有让他回家。纪晓岚便问是什么对子,老师用手朝门外一指:那里有个苇垛,怕雨淋了上面苦了席子。懒洋洋地说:"看见了吗?就是'苇子编席席盖苇'。"

纪晓岚正思考,忽见一人正持鞭赶牛从门前走过,他心里一亮,有了主意,就对老师说:"先生,要是我能替哥哥对上,您可以放他走吗?"老师说当然可以。于是纪晓岚高声念道:"牛皮拧鞭鞭打牛。"

老师听后连声称赞:"对得好!对得好!"哥俩于是高高兴兴地回家了。

孙致中等人编著的《纪晓岚文集》记载有这样三则故事:

纪晓岚小的时候,是一个既聪明又顽皮的孩子。因为在家中耳濡目染的多,比别的孩子懂得多,所以他在跟老师念书时很贪玩。当时农村的孩子最喜欢捉鸟玩。纪晓岚也很喜欢养鸟玩,常跟别的孩子一样爬上高地掏雀儿。掏了雀儿，别的孩子可以在家里喂养，而他由于家教很严，喂雀儿不敢让家里人看见，就只好藏在家塾的墙洞里，喂完后用砖堵上。

不料这个秘密很快就被家塾里的石先生发现了。因为纪晓岚的母亲有言在先，让对孩子严加管束。石先生也担心纪晓岚玩物丧志，荒疏了学业，于是就将纪晓岚心爱之物杀死在洞内。纪晓岚心疼极了，但因不知是谁干的，也不便于问别人，只好在心里骂上几声作罢。

次日傍晚对句课时，石先生便有感而发地出了题为"细羽家禽砖后死"的对子，要大家对，纪晓岚这才知道雀儿之死原是石先生所为，他说不上当时有多么恨他，认为石先生太残忍了，太可恨了。于是他把这怨恨发泄在对句上，写出下联道："粗毛野兽石先生。"写完就放在老师的讲桌上。

老师看了自然明白是纪晓岚在骂他，所以心里很生气，但当着众学生的面又不好发作，放学后就把纪晓岚留了下来。

在老师的责问下，纪晓岚辩解说："老师教我们对对子讲究词语对仗，粗对细，毛对羽，野对家，兽对禽，石对砖，先对后，生对死，我都是从对仗来考虑的，不想触犯了先生，但如不然，怎样才能对得更好呢？"

老师明知这孩子是在狡辩，但辩得有理，生气归生气，也真拿他没办法。相反也着实喜欢他的聪明机智，于是就放下架子，从玩物丧志说起，给他讲了很多古人专心致志、刻苦向学的故事。

晓岚听了很受教育，诚恳地向老师道歉，以后就不大贪玩了。

据说，有一位老道，常到学校找老师闲聊，喜欢在先生面前给学生们告状。几乎他每来一次，就会有几个学生受到老师的训斥或惩罚。纪晓岚对老道很反感，便存心要整治他一下，出出他的洋相。

一天，趁老道午睡的时候，纪晓岚悄悄溜进庙去，把老道的帽子偷出来戴在自己头上，然后从庙的围墙里朝外抛石头。石头落在池塘里，正在塘边洗衣服的一群年轻姑娘、媳妇被溅了浑身满脸的泥水。妇女们抬头张望，见庙墙里的道冠时隐时现，都骂老道不是好东西。纪晓岚又投了几下。把道冠隔着窗子塞进窗台就悄悄地遛了出来，躺在庄稼地里等着看热闹。只见年轻媳妇们骂着，惊叫着，端着洗衣盆纷纷走了，不

一会儿。一群小伙子们怒气冲冲地来了,踢开庙门,把老道狠狠地揍了一顿。老道挨了打,还不知道是怎么回事呢。

传说此事后来被他父亲知道了,父亲为他的恶作剧十分生气,着实将他打了一顿。他受打不过,爬起来就往外跑,他父亲随后就追,追到书房,人不见了,只见在门口有一只五彩斑斓的大公鸡,对着他惊惶不安地低下了头。他父亲十分诧异,定神再看,又没了大公鸡。正是他儿子倚在那里。后来就传说纪晓岚是天鸡星下凡。其实是后人喜爱纪晓岚,由"纪"而"鸡",在传说中把他神化了。

童子试是在春天举行的,分三次进行,先由本县考试通过,再由府试和院试,只有通过院试者始获得秀才称号和参加乡试的资格。但这也是科举考试的第一步,只有经过乡试考试获得举人,始有资格参加会试或入仕的可能。

这天,纪晓岚由家人陪同到县学应考。县学院子里桃花盛开,非常诱人,在考试之前,天性好动的纪晓岚禁不住折了一枝。恰好这时担任考官的教谕来了。众童子见教谕驾到,一个个垂手侍立。

纪晓岚舍不得丢掉桃花,忙把它藏在袖筒里,侍立一旁,眼睛不停地打量教谕。教谕见这孩子胆大机敏,长得清秀,便近前问道:"看你这样子,很顽皮,不知书念得如何?"

"等一会儿入场考试,大人就会知道了。"纪晓岚很自信地回答。

"呵,口气不小,"教谕很感兴趣地说道,"没有入场考试之前,我倒先要试你一试,我出一联,你来对吧!"教谕随即吟出一句上联:

小童子袖里暗藏春色。

纪晓岚明白教谕看到了自己袖子里藏的桃花,即兴出对。于是他也就眼前情事,吟出下联:

老宗师眼中明察秋毫。

教谕没有料到他应对如此之快,且又工整贴切,大为惊奇,连声称赞:"好,是个小才子,前程无量,前程无量。"县试自然顺利通过。

一年后,纪晓岚到河间府参加府试。任府试主考的是三年前登科的举人,得知纪晓岚是个小神童,心存疑虑,便也想试试他的才思。他于是给纪晓岚出了一句上联:十岁顽童,岂有登科大志。

这一联明显有嘲讽之意,意思是笑纪晓岚小小年纪,不可能有大的志向。纪晓岚明白其中的意思,所以他也不客气地反唇相讥,答出一句下联:三年经历,料无报国雄心。快言快语地把考官嘲笑了一番。

考官脸色红了,但并不介意。他觉得这孩子的确有才智,于是想继续试探一下。他环顾前后,看到门上绘着关公、秦琼两位门神,于是又口出一联:门上将军,两脚未曾着地。意思是说纪晓岚的基础未必扎实。

但纪晓岚不肯示弱,略一思索,又答道:朝中宰相,一手可以托天。这一联又对得工整贴切,考官满意地笑了。府考自然顺利通过。

府考后半年多,纪晓岚课余闲暇,有一次与几个小伙伴在崔尔庄庄头官道上玩球,又遇上了府考考官。这时府考官已升任河间府知府,乘轿路过此地,恰好纪晓岚把球抛进了他的轿子。他听到差役们呵斥声,不知怎么回事,揭开轿帘一看,见纪晓岚怔怔地站在那里,忙叫停轿。这时纪晓岚也认出眼前乘轿的人正是半年前的府试考官,急忙向前施礼问候:"学生给老大人请安!"

知府问道:"近来功课做得可好?"

纪晓岚恭敬地回答道:"学生不敢懈惰。"

"那好,"知府很高兴地说道,"你的球现在在我手中,我出一联,答得出,我就把球还给你。否则……"

纪晓岚笑道:"请大人赐教。"

知府微微一笑道:"童子六七人,惟汝狡。"

纪晓岚想了想,脱口说道:"太守两千石,独公……"说到这里不往下说,只望着知府狡黠地笑。

"最末一字如何不说?"知府觉得很奇怪,便问道。

纪晓岚吞吞吐吐地道:"如果大人把球还我,那就是'独公廉',假如您不肯还给我呢……"

"不肯还给你又怎样呢?"

"那便是'独公贪'啦。"

知府对他这顽皮话,又好气又好笑,拍拍他的脑袋,说道:"你真

是个聪明的小顽皮，只是有一条，你要用心读书。"说罢，把球还给了他。

纪晓岚的才气已名扬乡里，这时有一个老学究对纪晓岚的年少聪颖颇不以为然。有一次路过塾馆，特意进来会会纪晓岚。

塾馆先生对老儒一向很尊敬，得知来意后忙把纪晓岚从屋内叫出来。老儒坐在椅子里，一动不动，脸色严肃，见纪晓岚进来，似乎没有看到一样，只硬邦邦地抛过一句话说："今有一联，你可属对？"遂吟道：二猿伐弯树，看小猴子如何下锯？这一联借"猴"与"孩""锯"与"句"谐音，嘲讽纪晓岚为小猴子。

纪晓岚明白他的用意，见面时，见老儒那不屑一顾的神气就很反感。他想不给老朽一点颜色看，那他就更瞧不起人啦，于是他略加思索，便答道：一牛犁泥田，瞧老畜生怎样出蹄。纪晓岚以其人之道还治其人之身，借"蹄"与"题"谐音，把老儒骂成老畜生。

那老儒本想显示一下自己的功夫，却没有料到，不但没有讨到便宜，反倒碰了一鼻子灰，只好灰溜溜地走了。

自此，纪晓岚在乡里的名声越来越大了。

有一则关于纪晓岚超常记忆能力的故事说：

一次，纪晓岚陪夫人马氏回娘家，闲来无事，信步进了东光城里一家中药铺。边同药铺掌柜先生闲谈，边翻阅案上的账簿，看完推置一旁。这时，有个买药的推门进来，一股风把账簿刮到案下的火炉里，老先生急起抢救，已经烧去大半。掌柜无可奈何，惟有拊掌叹息而已。见此情景，纪晓岚安慰他说："老先生不用着急，在下刚刚看过，还能记得清楚，让我试试，或许还补得起来。"老先生半信半疑，递过一本新账簿子，只见晓岚接帐在手，笔不停摇，顷刻立就。先生接过一看，竟与原账没有丝毫出入。

景城东头有一书铺，是纪晓岚最爱光顾的地方。书铺主人是一位老儒，世居景城，人称"冯先生"。冯先生学识渊博，精通书史，广搜善本、秘籍，于是冯氏书铺饮誉一方。隔三差五，纪晓岚就要跑到这里来，浏览所喜爱的书籍。看完一卷，再换一卷，有时一卷尚未读完，看看天色不早，就记下页码，下次再来续读。

冯先生起初并没有在意这位小娃娃。时间长了,渐渐发现这位俊秀的学童有很浓的读书兴趣,只是他来了看一阵就走,却很少买书。一卷书拿到他手里,一页不落地翻阅,读完了扭头便走。端详他的穿着打扮,又不像贫家子弟。因此冯先生觉得很奇怪,便想问个究竟。

终于有一天,正当纪晓岚正捧着一部《紫山奏议》阅读的时候,冯先生走到他跟前说道:"这部书是明季直隶省永年县胡瓒所撰。这胡瓒可是闻名一时的俊才,弱冠之时即登弘治癸丑科进士,曾任大同巡抚。胡公才智超人,所陈边防六事,皆为圣上嘉纳,后来当了工部尚书。鄙处尚有胡公所著《巡边录》八卷。公子少年大志,将来定是国家栋梁,两书不可不读,公子有意购买,可七折收费。"

纪晓岚没想到主人一上来就是一套宏论,而且意思很明白,就是问他是否买书。这下可把他窘住了。他看冯先生慈眉善目,便施礼道:"请先生海涵!晚生今天有事来景城,原本没有购书之意,路经贵铺前,只想进来看看,让先生见笑了。"纪晓岚答得彬彬有礼,说完想一溜了之。

"公子且留步!你先把书带着,改天再还书金也不迟。"

纪晓岚见主人如此盛情,感到走停两难,只好讲明实情。

"先生不要生气,实在是晚生看过一遍后,就不用再买了,望先生多多原谅。"纪晓岚忐忑不安地回道。

冯先生见纪晓岚如此回答,颇感惊诧和怀疑,便拣出几篇《紫山奏议》中的奏稿,让纪晓岚复述。纪晓岚一一讲述其主要内容,精辟之处竟一字不错。冯先生惊诧地睁大眼睛说:"公子过目成诵,真是天下奇才,老朽失敬失敬!"

问明眼前的少年即是崔尔庄纪容舒的四公子后,冯先生高兴异常。因为冯先生和纪容舒早就相识,冯、崔两家又是世交,所以便连忙说道:"贤侄以后只管常来看书,愚伯是非常高兴的。铺子里人多嘈杂,不是读书之处,老朽有一间书房,白日闲着,贤侄来后就在书房里读,定会满意!"

随后,冯先生将书铺交给别人照看,把纪晓岚拉到内宅,看过书房,又热情地款待了他一顿便宴。纪晓岚受到如此礼遇,真有点儿受宠若惊的感觉,连忙称谢不迭。

此后,纪晓岚便经常去书铺里借书看,有时一卷没看完,又爱不释

手,冯先生就让他带到家中去读。也正因为如此,在他小小的年纪,纪晓岚就读了许多古今名著,包括他喜欢的《警世通言》《喻世明言》《醒世恒言》《拍案惊奇》及一些明人笔记小说都是在这时读到的。

我们不可否认,一个人的天赋对其成才确实是一个重要因素,有了这样一个优势条件,无疑是如虎添翼,成长便捷迅速。然而,天赋也是一把双刃剑,善于利用它,它就会对你的成长和发展起到非常大的促进作用;而如果不能好好地利用它,它也会阻碍你的进步,甚至会毁掉一个人。

历史上有所谓"江郎才尽"一典,说的是南朝时有一个神童叫江淹,他生来有异禀,又爱读书,所以年少时即以文才著称一时,受到当时文人学士的推许。但江淹因此骄傲自大,自认为已可以不学而能,再不愿意过青灯黄卷的生活,结果晚年再无诗文佳句。人们不无遗憾地说他才尽了。后人即因此用"江郎才尽"比喻人才思枯竭。

与此相似,历史上还有一个伤仲永的故事:仲永一生下来即有赋诗的才能,文人学士,达官贵人们无不以一见为乐,其父即因此把他作为摇钱树,带着他到处表演以换取金钱。结果,随着时间的流逝,仲永的异常禀赋也逐渐消失,成为一个与普通孩子没有什么区别的普通人,最终穷病而死。

以上二则故事,江淹是因为自己骄傲而丧失优势的,而仲永则因为他父亲的贪婪而毁掉自己天赋的,情况不同,但说明的道理是一样的,那就是天赋不足恃。所以《书·周官》说:"功崇惟志,业广惟勤。"意思是说,取得崇高的功德,是因为他有远大的志向;能取得丰硕的业绩,那是因为他勤奋辛劳的缘故。

第二章

科考之路

纪晓岚十二岁那年，四叔家中来了一个名叫文鸾的小婢，聪明伶俐的文鸾，乖巧可爱，很得大家的爱怜。而纪晓岚没事径往四叔家跑，由于年纪相仿，很快地跟文鸾熟识起来，两人时常玩在一块，除了读书时间之外，几乎很少分开。纪晓岚鬼点子多，跟他在一起永远有玩不完的游戏，谁也不嫌闷。纪母看他年纪尚小，书也念得熟，便由他去，反正不准他做什么也是不容易的事。幸好，纪家跟四叔家只隔一条大街，母亲也比较放心。

就这样纪晓岚和文鸾常常在一起，渐渐产生出爱意，只是两人年纪仍幼，不知爱情为何物，只知两人在一起是很愉快的。只不过这样的青梅竹马时光，却因父亲纪容舒升官赴京上任而停止。

父亲纪容舒想纪昀聪明伶俐，老待在乡下不是件好事，便要带着纪晓岚上京，见见世面，扩展他的视野。纪晓岚知道父亲要带他到京城去，便感到烦躁起来。因为京城不比乡间，乡下可以自由自在地生活，到了京城哪能这么过，而且还得跟文鸾分开，这才是他不想去京城的主因。可父亲的命令哪能违抗，纪晓岚只好赶紧跑到四叔家去和文鸾道别。

到了四叔家，四婶正好在堂上。她看着这个跑得满头大汗、气喘吁吁的侄子，奇怪地打量着，正准备发问时，纪晓岚忙道："四婶，父亲升了官得上京赴任，还要侄儿一同前往，这一去，不知要哪天回乡。侄儿想在上京前见文鸾一面。""唉！傻小子，你喜欢文鸾，四婶早知道了。不过，你这一去京师，这京师啊！女孩多，美丽漂亮的更多，说不定你到了京城，就忘了咱们的文鸾。""绝不会，侄儿绝不会将文鸾忘记。"

其实在纪晓岚刚进门时，文鸾就已经知道，便躲在屏风后偷听，一

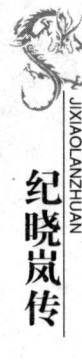

听纪晓岚和四夫人的谈话，是又悲又喜。悲的是纪少爷要去京城了，喜的是纪少爷喜欢她。听见纪少爷最后那句斩钉截铁的话，她羞得转头就跑。

只听夫人叫道："别忙着跑，我早知你在那听了，昀少爷都快上京啦！快见不着人了，还害臊做啥！""是，夫人。""文鸾我们出去玩好吗？""好是好，可是我还有事没做完……""你尽管去，事儿我会叫别人做，你只要陪昀少爷就好，早去早回。"

两人边跑边玩到了"水明楼"。这"水明楼"是纪府的老宅，下临卫河，远望点点渔舟，翩翩沙鸥，美不胜收，一声一声传来的渔唱，悠扬自在。庭院中，老树蔽空，百花绽放，小桥流水，曲径通幽，美得令人以为身在仙境。

"文鸾，以后恐怕没法再像这样玩了。"

"文鸾听到您要去京师，真的吗？"

"嗯，父亲的话不可违逆，可是我最不愿的是得和你相隔万里。"

"昀少爷别这样，我们还小，日子还多着，总有再见的时候。只怕您到时早把文鸾忘了。"

"忘了？这怎么成，我才不是善变之人。"

纪晓岚一听文鸾也跟四婶一样，怀疑他会变心，气得嘴翘半天高。文鸾安慰他说："昀少爷，到京城读书可是件难得的事，而且京城生活热闹繁华，夫人也说京里漂亮闺女多……"

"多！多又如何？再多的漂亮女孩跟你比起来，也庸俗了。"

"唉！文鸾只是个丫鬟，您是纪府的少爷，前途无量，我怎配得上您？"

"这什么话，我们从小玩到大，我何时把你当丫头看？"

"可是……"

"别可是了，文鸾，我喜欢你，待我回来，我一定会去迎娶你的。"

这边四婶也过去纪晓岚家，找纪母商量。纪母怎么会不晓得儿子的心里在打什么主意，只不过门当户对的观念，在当时是根深蒂固，尤其纪家是官宦之家，纪家最受看重的子弟娶个丫鬟，岂不让人笑话。并且纪晓岚的父亲早已和山东马周策协定了亲事，准备纪晓岚考过童子试后即迎娶马家千金过门。

可是纪母最疼纪晓岚了，答应不是，不答应也不对，一时也拿不出个主意。正好纪晓岚回来,他一看到母亲,即跪求母亲道:"娘,孩儿希望自京返乡后,能娶文鸾为妻。""唉!昀儿啊,娘不是不答应,可是咱们是官宦之家,文鸾的确是个好女孩,乖巧聪明的,娘也喜欢她,但她毕竟是个丫鬟,你要娶她,我不好做主,等跟你爹商量后再说吧。"

父亲听完母亲的话后,火冒三丈,怒道:"不准!大家闺秀你不要,偏要个丫头,我绝不答应。"纪晓岚看父亲生这么大气,再也不敢说话,难过地转头跑进房间,把自己锁在里头。这把母亲吓死了,急得如热锅上的蚂蚁般,慌道:"老爷,这该怎么办?"纪容舒也不知该如何是好,这时纪晓岚的四婶正好过来,想问问纪母晓岚和文鸾的事。四婶知道事情的发生经过后,便出一计:"昀儿聪明过人,一向轻视功名,最讨厌的就是科举考试,不如叫他去应试,中了榜再说。"

父亲一听觉得有道理,便在晓岚房间前说道:"昀儿,为父认为你功未成名未就,何以成家?如果你能三元及第,为父就考虑你的婚事,快开门出来吧!"纪晓岚一向痛恨作那些八股文,可是一想和文鸾的婚事有望,便打开房门,向父亲说道:"只要三元及第就可娶文鸾?好,我答应去应试。"

古时有首《四喜诗》说:

久旱逢甘霖,他乡遇故知。洞房花烛夜,金榜题名时。

金榜题名能列为人生四大乐事之一,可知古人多么重视科举。对中国士子而言,从小到大,寒窗苦读十年,无非就是希望能金榜题名,光宗耀祖。然而想要金榜题名,是一件非常困难的事,多少人在科举上挫败,却又屡败屡战,白发苍苍、齿牙动摇,仍在试场中努力者大有人在。

《儒林外史》就有《范进中举》的故事:范进年已五十仍努力参加科考,白发渐生方中举人。科举制度到了清朝更是完备,困难度也就相对提高。士子们得先通过县试、府试、院试,通过院试才成为秀才,才能参加三年一次、由中央高官主持的乡试,通过了才是举人,第一名的举人叫解元。举人才能参加礼部主办的会试,第一名叫做会元。通过会试,才可参加皇帝主持的殿试又叫廷试,通过殿试便是进士,进士第一名叫做状元,读书士子的考试过程才算结束。

其实当士人中举后即有做官资格，但想要当进士，就要继续深造、科考。所谓的"三元及第"，亦即在院试、乡试和廷试中，考中解元、会元以及状元，可知纪晓岚的父亲提出的条件有多么困难。另有叫做"四元及第"，在中进士后，还可参加朝试，考上成为翰林院庶吉士，朝试第一名叫做朝元，难度比"三元及第"更高。

乾隆五年庚申（1740），纪晓岚十七岁（实应是十六足岁）自京返乡应童子试，而且奉了父亲大人之命，娶马家千金为妻。虽然是千般不喜，万般不愿，纪晓岚也无可奈何，只好希望可以纳文鸾为妾，并努力达成他所允诺的"三元及第"的诺言。

由于纪晓岚所学博杂，又不喜八股时文，竟然无法顺利通过县、府、院三级科试。直到乾隆九年（1744）才取得参加乡试的资格，当时纪晓岚已经二十一岁。他本想在同年的乡试一举夺魁，岂知出乎意料之外，竟名落孙山，这个打击对素称神童的纪晓岚而言，简直是晴天霹雳，尤其是对文鸾。对大家承诺的"三元及第"竟然无法实现，纪晓岚简直觉得世界末日已到，心灰意冷，不禁想到刚通过院试时，督学大人语重心长的教诲。

在纪晓岚刚通过院试后，因成绩优异备受督学大人青睐。督学素知纪晓岚有"才子""神童"之称，担心他年轻即锋芒太过，而才高气盛，恃才傲物，便在见面行师徒大礼后，特别将纪晓岚留下提醒提醒他，希望他能注意。"晓岚，久闻你善对对子，为师这有一上联你来对对看。"督学出的上联是：

县考难，府考难，院考更难，当名秀才不易。

纪晓岚刚考过院试，自是意气风发，觉得老师真是太小看他。为了表现他志向远大，随口即对：

乡试易，会试易，殿试更易，中个进士何难？

督学听完纪晓岚的下联，摇了摇头道："晓岚，志向远大是很好的一件事，但是'谦受益，满招损'，我们读圣贤书的人，应明了为学之道，应以'谦'字为重，为师希望你能牢记在心。"督学很喜爱纪晓岚的聪颖，担心他聪明反被聪明误，便诚心诚意地告诫他，纪晓岚当时正在享受考试成功的喜悦，哪里听得进去。结果四年后亦即乾隆九年，纪晓岚考乡试时竟因破题不被考官喜爱，被列为劣等，这时才知道当年督学大人对他的苦心。

"唉！真是不该，督学大人这么苦口婆心地劝我，我竟不当一回事，以致于落到这种田地，真是愧对恩师、家人和文鸾。唉……"

"我的昀少爷可不是个只会唉声叹气的人。"

发话的人正是文鸾。原来纪晓岚落榜后躲了起来，家人四处找不着。心急的文鸾突然想到一个地方，就是她常跟昀少爷去玩的地方，便跑到那找找看，一到那，果然看到满脸懊悔失望的昀少爷，独自傻坐在石头上喃喃自语。

"文鸾，我让你失望了，真是对不起，对不起呀！哇……"纪晓岚一看到心爱的文鸾，终于忍不住内心的难受，不禁大哭起来。"这有什么要紧的？大不了三年后再来。三年后您一定能成功的。"温柔的文鸾用坚定的语气告诉纪晓岚她深信她的昀少爷绝不是这么容易就被打倒的。"谢谢你文鸾，为了你，我一定会重新振作，我绝不会再让你失望。"大哭一场后，又得心上人安慰的纪晓岚，终于恢复往常的自信与神采。这次纪晓岚真的是痛下决心，不再像以前一样恃才傲物。他开始整日闭门不出，埋首书堆，日以继夜，决心要在下次的乡试中一雪前耻。

乾隆十二年（1747）丁卯，是大比之年。纪晓岚和堂兄纪昭同赴顺天府参加乡试。八月的京师艳阳高照，近千名生员汇聚京城。他们各个摩拳擦掌，跃跃欲试，都想挤进通向仕途的这道重要的门槛，竞争异常激烈。这次考试中，纪晓岚吸取上次失利的教训，沉着应对，每一场考试都发挥了自己应有的水平。乡试共有三场，第二场的试题是："拟乾隆十一年，上召宗室廷臣，分日赐宴，瀛台赋诗，赏花钓鱼，赐赉有差，众臣谢表。"这是要求写假设中盛大宴会的宏大场面。纪晓岚自幼喜欢辞赋，这个题目非常合他的胃口。他屏住声气，静静地构思，顿时文思泉涌，一篇锦心绣口的妙文便一蹴而就。在他的笔下，一场虚拟的宴会被描写得栩栩如生，热闹非凡，盛况空前。

赋中写宴会繁华盛美：

青龙布席，白虎执壶，四渎作杯，五岳为豆。琳琅法曲，舜韶奏而凤凰仪；浑穆元音，轩乐张而鸟兽骇。红牙碧管，飞逸韵以干云；羽衣霓裳，惊仙游之入月。莫不神飞而色动，共酌太和；感觉心旷而情怡，同餐元气。

赏花钓鱼的情景则更是生动逼真：

舟浮太液，惊黄鹄以翻飞；帐启昆明，凌石鲸而问渡。指天河之牛女，路接银潢；搴秋水之芙蓉，域开香国。寻芳曲径，惹花气于露中；垂钓清波，起潜鳞于荷下。檀林瑶草，似闻金谷之郁芳；桂饵翠纶，喜看银盘之拨刺。

这篇赋文共两千余字，引经据典，浮想联翩，词采瑰丽，兼用骈散，展现出纪晓岚过人的才华和功力，实为难得的上乘之作。

负责本届乡试的主考官是大名鼎鼎的阿克敦和刘统勋。评卷时，诸考官曾打算让同场应试的朱珪为第一。等他们看完纪晓岚的这份谢表后，不禁眼前一亮，拍案叫绝，最终定纪晓岚为乡试第一名解元，朱珪为第六。

朱珪对考官的判定也是心服口服的。纪晓岚逝世后，朱珪在《祭纪晓岚文》中这样写道："公少年英特，弃武试文，博学奇葩，遂冠其军。丁之秋，骈骊万言，两相赏奇，褒然榜元。"这次乡试中，纪晓岚的堂兄纪昭也榜上有名，得中第七。纪府一榜两举人，在当时成为一段佳话。

以"俪语冠场"高中解元的纪晓岚春风得意，又恢复了三年前的光彩。自此以后，他把全部心力都放在功名上，积极地为礼部会试做准备。1748年，他踌躇满志入京应会试。会试也是考三场。第一场考《四书》文三题，要求用八股文应试。本场的试题为：1.《大学》"好人之所恶"二节；2.《论语·八佾》"子曰：呜呼！曾谓泰山不如林放乎？"二句；3.《孟子·尽心上》"鲁君之宋，呼于垤泽之门"二句。

看到这题目，纪晓岚想起一件事情来：刘墉的一个侄子为刘墉买了宅院，但好长时间空着没人住。有人问他，他说，叔叔不太满意。于是纪晓岚打破常规，以经破题，借此事铺排发挥，讽刺那个巴结刘墉的家伙："旷安宅而弗居，敬叔父也。甚矣，地之相去也，千有余里，恶在其敬叔父也，噫！为其为相欤！"

考完试后，纪晓岚虽然自我感觉良好，但结果是头一场的卷子就被主考官打下，纪晓岚被挡在官场的大门之外。这让他再次尝到了失败的滋味，他曾一度郁郁寡欢。"屋漏偏逢连夜雨"，就在他落榜后的第二年，他的母亲张太夫人也去世了，这对于他来说无疑是雪上加霜。想起母亲生前对晚辈无微不至的关怀，纪晓岚痛苦难当。

在这期间，纪晓岚认识了一位对他今后的人生经历影响很深的朋友。这个朋友的名字叫董元度。董元度此时也在会试中败下阵来。他们于同病相怜垂头丧气之际，经常聚在一起谈狐论怪，以此来发泄心中的抑郁。

与此同时，纪晓岚也在为应会试而积极努力。为了提高读书效率，吸取他人经验，纪晓岚呼朋引伴，找了一些志同道合的文友结成文社，其中包括后来成为汉学大家的卢文弨和钱大昕。文友们经常聚在一起，研讨经史，比赛诗文，谈今论古，褒贬时事。纪晓岚学识渊博，才思敏捷，旁征博引，常以排山倒海之势头，力压群儒。在与朋友的不断交往中，纪晓岚体会到了友情的珍贵，科考与丧母所带给他的伤痛逐渐得到了安抚。另外，他的学问大进，于汉唐训诂、史传、百家之言，无不涉猎。这为他以后统领学界，得心应手地全面检阅古典学术文化打下了坚实的基础。

回说纪晓岚十七岁时，自京返乡应童子试，父亲即命他与山东东光马周箓的女儿成亲。纪容舒认为纪晓岚年已十七，也考过童子试，算是成年人，应是成亲的时候。他打听到山东东光马家的女儿才貌双全，与纪晓岚年纪相当，就正式修书一封向马家订了这门亲事。起先纪晓岚怎么也不答应，自己早有心爱的文鸾，就算对方是格格，他也丝毫不动心。

纪母深知他的脾气，就婉言劝道："昀儿啊！娘也知道你喜欢的是文鸾，但是你父亲毕竟是个知府，你娶个婢女为正室，是要让你父亲在外头给人说闲话吗？再说只要你先娶马家千金，成了家后，你就是一家之主，那时你要纳谁为妾爹娘都不管。文鸾聪明乖巧，应该不会计较名分的，而且你为了文鸾和你爹伤了和气，岂不令你爹更不喜欢鸾丫头？你自个想想吧！"

纪晓岚听了母亲的话后，想了一会便不再坚持己见，只不过对方长得是圆是扁都不知道，只听父母说马家小姐才貌双全。"哼！哪家大户

第二章 科考之路

人家的小姐不是被说才貌双全，就是知书达理，谁知是不是个'东施'或是'无盐女'。过几天是元宵，这些大家闺秀一定会出门看花灯。好，我就去会会这个'才貌双全'的马才女。"纪晓岚心里暗自打算着：元宵时去看看这个马家千金，究竟是不是大家说的这么好？

"我不嫁，我才不要嫁给那个什么纪昀。"

"乖女儿别胡闹，那纪昀可是河间献县有名的大才子呢。"

"才子？这年头才子到处是，也不知是草包还是绣花枕！"

"别乱说。"

"我不管，如果他对不出我的上联，休想娶我。"

自从马月芳知道她爹把她许配给那个什么"神童"纪晓岚，就整天吵吵闹闹，扬言对不上对联就不嫁，把马周篆夫妇弄得不知如何是好。她用这一招，已经难倒好几个自称才子的富家子弟，马周篆为了这个宝贝女儿，不知向多少人家道歉过，也为了这位爱出难题的大小姐的婚事，搞得头痛不已。正好同朝为官的姚安知府纪容舒修书来提亲，马周篆早听过纪晓岚的大名，直觉纪晓岚能治得住这位刁蛮大小姐，一高兴当下就回信答应。哪知不小心又给马月芳听到，又开始吵着不嫁人，并要搬出她的法宝——对对子来难倒对方，一时之间，马周篆夫妇也是无可奈何。

马月芳闹完回到房里后，心里一直想该出什么对子，一定要更难，才可以难倒对方来推掉这门婚事。一旁的丫鬟看到小姐走来走去，烦躁不安的样子，便说道："小姐，我听说过那个叫纪昀的在他们献县，是非常有名的才子，而且也长得不错。"

"你这么称赞他，不然你嫁给他好了，都在这个节骨眼儿，还替外人说好话，还不快帮我想想法子。"

"小姐您别急啊！有了，小姐，过几天就是元宵节了……"

"对呀！元宵节时一定有很多人去赏花灯，我们就趁着赏灯时打听打听消息。"马月芳两主仆便决定在元宵时，借赏灯的机会去打探消息。"哼！就让本姑娘亲自去问问看，这个纪昀到底是个草包还是才子？"

元宵节终于到了，纪晓岚随便穿件粗布麻衣，乔装一番后，就往佛寺走去。他要去瞧瞧这个佳人，是不是真的如传闻中的才貌双全。马月芳和婢女下了轿，她叫她的婢女去外头打听纪昀的消息后，便走进佛寺去向大佛祈福。而纪晓岚沿路询问，知道马月芳刚进寺去后，也马上跑进佛寺去瞧个究竟。这一看，果真是个大美人，五官端正分明，举止大方高雅，父亲说得不错，的确是个才貌双全的绝代佳人。

马月芳走着，突然感觉到背后有人一直在打量她，便回过头看去，一个穿件麻衣的小伙子，在她身后看着她。瞧他面貌长得俊俏，身材英挺，就是那双灵活的眼睛不停打量着她，脸上那副似笑非笑的表情，令人讨厌。马月芳俏脸一红，啐骂道："登徒子，无赖！"纪晓岚何曾被女子骂过，他不禁对这位未婚妻产生更大的兴趣，反正已经被认为是登徒子，也就更肆无忌惮地看马月芳。不久婢女从外头进来，马月芳忙问："怎么样？有没有问到纪昀的事情？"

"小姐这下您大可放心，我只要一提起他，人人都称赞他是个大才子呢。"

"长得又如何？"

"貌比潘安，您可以放心嫁他了吧。"

"哼！待他过得了对对子这关再说。"

纪晓岚听到她们吱吱喳喳地谈论自己，却不知正主就站在她们身后，想到这不禁笑出声来。这对主仆一听见笑声，便往笑声来源处瞧去，只看那个"无赖"对着她们笑，两人脸上一红，低声骂了几句后，便赶紧收拾收拾上轿回家。这次的寺中会面，让纪晓岚对马月芳有了很好的印象，无法迎娶心上人的憾恨，也就淡了许多。

当纪晓岚回家后，即开始准备他的婚事。可是，这时文鸾家也发生了一件大事。文鸾的母亲重病在床，文鸾的哥哥来到纪晓岚四叔家，要求带文鸾回家照顾母亲。纪晓岚的四婶虽然不舍善解人意的文鸾，但孝顺母亲是天经地义的，便答应了这一要求。纪晓岚知道这消息后，赶忙跑来四叔家，去见文鸾离开前的最后一面。

"文鸾，这次你回去照料你母亲，我们不知何时才会再相见？"

"昀少爷……"

"文鸾你一定要答应我，待你母亲痊愈，一定要再回到这来，我不能没有你。"

"好，我答应，昀少爷您也要完成三元及第的目标。"

"好，一言为定。文鸾你要好好保重，别照顾你娘而忘了自己。"

"文鸾知道，昀少爷您也要保重，文鸾在这也恭喜昀少爷娶得美娇娘。"

"别说了,你知道我心里只有你一个人。"

"我知道,其实只要能和您在一起,做妾做婢我都愿意。"

"文鸾,谢谢你。"

"好了,您还是快些回去准备婚事吧!"

"嗯,记得咱们的约定。"

"好,昀少爷您保重。"

望着纪晓岚远去的身影,文鸾突然觉得似乎她再也没有机会见到少爷,这种不祥的感觉挥之不去。"昀少爷,您千万要保重,文鸾今生若没这福分服侍您,希望来世陪伴您一生。"伤心的文鸾口中不停地说着这句话,眼泪也如断线珍珠般落下。

乾隆五年庚申(1740),纪晓岚应童子试之后,不久便和马月芳成亲。当天轿子来到马家准备迎娶时,马家的一个小婢走了过来,向纪晓岚施了礼道:"纪少爷,我家小姐交代,要对出这个上联,才能将她娶回。"马周篆听到这话都傻了:"都什么时辰了,又出这一招,得罪纪府可不是开玩笑的。"正要发话,纪晓岚笑笑地摆摆手,示意马周篆不要说话,回头向婢女说道:"那就请姐姐出题吧!"小婢听到叫她姐姐,心中一乐,开心地笑说:"纪公子听清楚了,这上联是:

乾八卦,坤八卦,八八六十四卦,卦卦乾坤已定。"

马周篆等众人一听不禁愣住,这联颇不容易对上,马月芳真是了不得的女孩,不禁转头向纪晓岚望去。只见纪晓岚早已写好下联,悠哉悠哉地抽烟,众人一看纸上写着:

鸾九声,凤九声,九九八十一声,声声鸾凤和鸣。

众人一看,不禁大声叫好,这下联不仅对得工整,且含有祝贺夫妻成双好和之意,正好符合大喜之日。小婢将下联送进给小姐过目后不久,小婢便走了出来,向马周篆说小姐答应了。大伙儿便兴高采烈地将马月芳迎娶回家。

当晚,纪府摆宴设席,请街坊邻居、好友前来同欢。一些常遭纪晓岚捉弄的人,纷纷把握这个机会报仇,趁机起哄闹酒,这一闹就到了半夜，宴会才散去。纪晓岚被灌了满肚子酒，晃晃悠悠地走到房门前，他想到佛寺中，马月芳生气的模样，而且又让她等到半夜，也就不敢太过放肆，便小声地说道："娘子，夜已深，请让我进来，待掀完盖头后，我们即可早些休息。""不成，让我等那么久，怎能便宜你？照规矩，对对子，对得出再说。"月芳看见窗外一轮明月，映在后院的池中，好像月亮睡在池子中一般，便道：

二更沉睡池底月。

纪晓岚的脑袋早已充满酒精，思绪大不如平时灵敏，一时竟对不出来。这一急，酒也醒了大半，可还是对不出来，气得拿起石子便往池中月猛丢。"扑通"一声，纪晓岚灵光一闪，高兴地说：

一石敲醒井中天。

对得果然工整，马月芳便将门打开让丈夫进来。纪晓岚一掀了盖头，马月芳一看，惊叫一声："哎呀！怎会是你这个无赖！"纪晓岚也故作惊讶："嘿！原来是你这个刁蛮大小姐。"

"你是故意的，你欺负人。"

"那随娘子意，看你要怎么罚我，我都心甘情愿。"

"这你说的，我这有一首诗笺，你读出来才可上床睡觉。"

"天呀！娘子，怎么迎娶要考，进门要考，连上床也要考，什么时候成亲也要三元及第。"

"别啰唆，谁叫你这么欺负我。"纪晓岚苦着脸接过诗笺一瞧，上面写着：

八月中秋会佳期，（月）下弹琴诵古诗，（寺）中不闻钟鼓便，（更）深方知星斗移，（多）少神仙归古庙，（朝）中宰相运心机，（几）时到得桃源洞，（同）与仙人下盘棋。

这就是所谓的"藏头露尾"诗，每句句尾字的半边就是下句的头字。纪晓岚经方才一闹，清醒许多，便仔细推敲琢磨。一会儿，他闭上

眼,停顿了一下。马月芳见纪晓岚不言不语,心想终于难倒这个"大才子",得意地笑起来。她用这首诗笺阻挡不少富家公子,连纪晓岚也不能例外。谁知纪晓岚眼睛张开,深吸一口气便说:"娘子你别忙笑,我已解出来了。诗是这么念的:

　　八月中秋会佳期,月下弹琴诵古诗。
　　寺中不闻钟鼓便,更深方知星斗移。
　　多少神仙归古庙(扇),朝中宰相运心机。
　　几时到得桃源洞,同与仙人下盘棋。

　　不知娘子可满意我这'无赖'的答案。好了,'春宵一刻值千金',娘子,我们还是快些就寝吧!"纪晓岚一下子抱住新娘,只看马月芳傻傻地望着纪晓岚。她那首"打遍天下无敌手,退却才子无数"的诗笺,竟然被她的新郎轻松解出,她终于服气了。等她回过神时,已经被纪晓岚抱满怀走向床去,月芳娇羞地低下头去,纪晓岚则神气十足,开心地大声说道:"睡觉啰!"

　　乾隆丁卯十二年(1747),纪晓岚终于高中解元,扬眉吐气的他奉旨入京定居。携家带眷进京后,他立即修书一封到家道安,顺便要求正式纳文鸾为妾,让文鸾进京。纪晓岚四婶自然一口答应,便叫家仆跟着文鸾回家,告知她哥哥并送了百两银子。哪知她哥哥是个不务正业、游手好闲的无赖汉,一听到纪晓岚要纳文鸾为妾,又看纪家一出手就是大手笔,心想是敲竹杠的好机会,开口就要三千两银子,不然休想将文鸾娶走。

　　家仆把话带回纪府,告诉纪晓岚的四婶。四婶听完实在难以决定,只好写信明白告诉纪晓岚。而马月芳本来已经很勉强地答应纪晓岚纳妾,如今文鸾家人狮子大开口,正好作为拒绝的借口,晓岚也因刚新婚,不好意思坚持纳妾,只好暂且搁下。没想到这一耽搁,文鸾竟因相思成病,因而香消玉殒。

　　当纪晓岚回到家乡,便急往文鸾家奔去,谁知见着的竟是一抔黄土。痛苦万分的他,为无缘与他共享富贵的红粉知己而痛哭失声,为从此天人永隔、阴阳分离的青梅竹马而捶胸顿足。面对孤坟,纪晓岚低声吟道:

憔悴幽花剧可怜，斜阳院落晚秋天。

词人老大风情减，犹对残花一怅然。

幽花正如文鸾，而幽花已残，独留怅然的词人在那伤感，足见纪晓岚的用情之深。纪晓岚拜过文鸾的坟后，嘱咐手下拿笔银子给文鸾的哥哥，要他好好安定下来，别再游手好闲后，便离开这里。

乾隆十九年（1754），纪晓岚再次参加会试，终于不负众人所望，考中了第二十二名。四月二十一日，纪晓岚等人要到太和殿参加由皇帝亲自主持的殿试。

经过殿试，要重新排列名次，分出一二三甲。第一甲三名，赐进士及第；第二甲若干名，赐进士出身；第三甲若干名，赐同进士出身。殿试结束后，要进行隆重的传胪仪式，即公布考试结果。

殿试的过程中，纪晓岚沉着应对，对答如流。他对自己的表现十分满意，自忖能够跻身一甲，摘取桂冠。但结果到底会是怎样的？在结果没有出来之前谁也拿不准。

在等待传胪的口子里，纪晓岚去老师董邦达家走动，正好遇到一位会测字的浙江人。纪晓岚向来认为拆字是雕虫小技，未必真能判断吉凶。但为了打发时间，他便随手写了一个"墨"字。那人沉思片刻，说："这次殿试，您不能独占鳌头。您看，墨字上边是个'黑'，黑字的'里'，拆开是二甲，下有四个点，大概是二甲第四名。不过，您一定能够进入翰林院。因为'墨'字中是四点，而'庶'字底也是四点，'墨'下边的'土'，似'吉'字头，如果我没有料错，您必定是庶吉士。恭喜！恭喜！"结果出来以后，正如这位浙江人所言，纪晓岚中二甲进士，授官翰林院庶吉士。这次殿试"最号得人"，汇聚了许多人才，如后来成为名流的王鸣盛、王昶、朱筠、钱大昕、翟灏等人。

纪晓岚在求学和科考的道路上拼打了二十七八年，终于金榜题名，开始了他一生的仕宦生涯。尽管这一过程中，他也曾遭遇过挫折，有过种种不顺心，二甲第四名的结果也许会让纪晓岚颇感美中不足。但比起那些在科场上苦苦挣扎了一辈子却一无所获的人来，他应该是十分幸运的。

纪晓岚实现了自曾祖那一辈起四代人孜孜以求的目标。担任云南姚安知府的纪容舒接到喜报后，高兴不已，自认为对列祖列宗终于有了交代，于是奏请朝廷，从云南卸任归家养老了。

第三章
机智风趣赢得君心

翰林院是国家的"储才"之所,这里云集了众多文学重臣。翰林们掌编国史、进讲经史、记载起居,并且兼草拟有关文件。翰林虽然官位不高,却经常侍从于君主之侧,因而具有比一般人更加特殊的身份和地位。他们不仅是君王处理公文事务的得心应手的助手,而且是君王怡情遣兴的对象。

乾隆十九年(1754),三十一岁的纪晓岚点中翰林,自然是春风得意,但他心里十分清楚,这仅仅是他仕途上走出的第一步。要想在内廷站稳脚跟,谋求引人注目的官位,就必须展示才能,取悦圣上,获得他的信任。纪晓岚一入翰林,便因才思敏捷,为人幽默风趣,很快赢得了大家的广泛注意与赞许。

晓岚初入翰林院,才华横溢,交往皆一时俊彦,和他同年的有刘善谟、戈徐、胡牧、陈半江、蔡芳三、邹道峰等人。当时的几位颇负盛名的大家中,刘石庵、董曲江、戴遂堂、戴东原、董秋原、刘师退等人,后来也都与他交往频繁。

对老一辈的大臣,如陈文勤、裘文达、介野园、何琇、李文聘、陈白崖这些人,则以业师称之,他的座师,则是孙端人。

据说,文人时尚便是狎妓侑酒,谐谑风流。虽师生同衾,却无所避讳,诗场、酒社、唱和酬酢,往来频繁;不过晓岚不善饮酒,其座师孙端人则酒量很大。

有一天宴会中,孙和晓岚同席,董曲江、刘师退等人亦在座,待孙于酒酣之时,用开玩笑的口气逗晓岚说:

"东坡的长处,你学他可以,怎么他的短处(不善饮)你也全学来了!"

"学生自幼即不胜酒力,稍饮即醉,并非有意推辞。请恩师见谅。"

纪晓岚回答。

"不行,不行,"孙端人一边说着一边举起了杯子,"今天你一定要陪我痛饮一杯。"

"对,干一杯!"

"干,干!"董曲江和刘师退两人,也在旁边凑热闹。

晓岚无奈,硬着头皮喝了一杯。

正在这时,又上了一道名菜"挂炉烤鸭",大家纷纷举箸,吃得有滋有味,只有晓岚未曾下箸。

纪晓岚吃饭有自己的习惯,日常用餐。爱吃精肉,不食蔬菜、米面,一顿能吃两三斤牛肉,只用茶水送服。但是他有忌讳,就是绝对不吃鸭肉。就算是名厨烹调,也不肯破例。

可是孙端人却不知道纪晓岚这个癖好,便问他:

"这鸭肉很可口,为何不吃?"

"学生是因为一个有关鸭子的故事,所以才不敢再吃鸭肉的。"纪晓岚说。

"噢!是怎样一个故事?"孙端人刨根问底道。

"事情是这样的,"纪晓岚说,"很久以前河间府东光城里,一天深夜,许多人都被一大群狗叫的声音吵醒,大家都跑到外面察看,结果发现有一家屋顶上站着一个人,在朦胧的月光下,只见他身穿蓑衣麻带,披头散发,手里挽住一个大布袋,里面发出许多只鹅鸭的叫声,不绝于耳。

那个人背着袋子从这家到那家,所到之处,都从屋檐上掷下两三只鹅鸭来。次日,有的人把所得的鹅鸭宰了吃掉。不过奇怪的是,凡是得到鹅鸭的人家,在那一年里都有人意外死掉,大家这才想起那天夜里所发生的一切,必是凶煞出现了。"

"贤契怎么也迷信这种可笑的传闻,哪里会有这种事?"孙端人打断了纪晓岚的话,说毕便夹起一块鸭肉,放进嘴里大嚼起来。

纪晓岚却接着严肃地说:

"学生的岳家也住在东光城里,并且同时也在那天夜里得到两只鸭子,先岳父兄弟三人也都在那一年里先后去世,这是千真万确的事实。"

"啊!真的?"孙端人嘴里的鸭肉还没有咽下去,听到纪晓岚的话,沉思片刻,随即又接着说:"不过咱们今天吃的鸭子可不是凶煞送来

的啊!"

"对,你这不扫我们的兴嘛!"董曲江笑着对纪晓岚说。

"唔,该罚,该罚!"刘师退也在添油加醋。

"好,就罚你以不食鸭肉为题做一首诗怎么样!"孙端人顺着他们的话对晓岚说。

"那我恭敬不如从命了。"纪晓岚答应之后,略加思索,即出口吟道:

灵均滋芳草,
乃不及梅树;
海棠倾国姿,
杜陵不一赋。

灵均是战国时期大诗人屈原的字,他曾歌咏过许多奇花异卉,但却没有提起过梅花;杜陵是唐代诗人杜甫,由于他曾在诗中自称过少陵野老而得名,杜甫曾为百花瞅诗,就是不曾讴歌海棠。纪晓岚用这两件事来为自己辩护,作为不吃鸭子肉的理由,巧妙地完成了这个题目。由此可见,纪晓岚的学识渊博才思敏捷,可见一斑。

"哈哈哈,"孙端人听了笑呵呵地说,"你真是铁齿铜牙,能言善辩。不过用梅树、海棠作比,这鸭子也太荣幸啦!"刘师退等同席的人,也都跟着笑起来。

就在这年夏天,纪晓岚又结识了一些志同道合的文人学士,组成了文社,半月聚会一次,评今论古,切磋诗文。文社中有他的族兄纪昭和后来成为著名学者的钱大昕、卢文弨等人,当时都在翰林院任职。就连上科进士刘墉,这时已由翰林院编修升为侍讲,也参加了进来,旧时文社的励学精神和无穷乐趣,使他久久不能忘怀。刘墉参加文社以后,凭借着自己的学识影响和身份地位,很快便和纪晓岚一起,被推为文社的领袖!

一天文社聚会,刘墉提出要集诗对句,各位文友一致赞同,他便率先吟出一句李白的诗:

"文章辉五色。"

钱大昕、卢文弨等人正在冥思苦想,纪晓岚却抢先对出下联:

"心迹喜双清。"

他对的是杜甫的一诗句,与李白的一句合成一联,自然贴切。

钱大昕看他从不示弱,凡有此类唱和,他总是毫不谦让,抢先应对,便出一句杜甫诗,点名要纪晓岚答对。钱大昕吟道:

"学业醇儒富。"

纪晓岚便出一句韩愈的诗:

"文章大雅存。"

卢文弨看看明亮的窗户,吟出一句:

"小窗多明,使我久坐。"

纪晓岚不假思索,张口应答:

"入门有喜,与君笑言。"

纪昭看到此时,心想这位爱出风头的族弟,今天成了众矢之的,禁不住差点失声笑了出来。纪昭比纪晓岚年长几岁,深知纪晓岚的功夫,不会被这几位同年难住。但又想如今都是居官之人,人心叵测,难以预料,万一有个什么差错,因此他认为族弟不应该像少时那样,还是老成稳重一点为好,便插空儿吟出一句:

"胸中已无少年事。"

刘墉在这帮人中,年龄较大,并且早以少年老成出名,一听便明白了纪昭的用意,便对道:

"门外犹多长者车。"

大家觉得这一联意味深邃,都用赞佩的眼光看看刘墉和纪昭。

纪晓岚才思敏捷,自然知道这是两位兄长在警诫自己,于是便笑了一笑,警告自己,今天不要出言无状。看大家兴致正浓,便吟出几位前人诗句,要各位应对。文友们虽不如他对得迅速,但稍加思索,也对得自然工整,如其中几联是:

云山起翰墨;(王琚句)
星斗焕文章。(杜甫句)

名高八斗星辰上;(王廷珪句)
诗在千山烟雨中。(张孝祥句)

瑞草惟承天上露;(王建句)

第三章 机智风趣赢得君心

绣衣却照禁中花。（方千句）

圣代科名酬志业；（方千句）
中朝品秩重文章。（罗隐句）

彩笔只宜天上用；（贯休句）
五骈多绕日边飞。（鲍照句）

几番应对之后，人们兴致稍减。像这种歌功颂德的应酬之作，早已是这帮才子们的老生常谈，可以说他们个个是行家，丝毫难不住他们。

这时刘墉想起了一件值得应对的事，对大家说道："大栅栏的一家剃头店掌柜，前日到府上请题匾额，我为他写了'整容堂'三字，却一直苦恼没有合适的对联，各位能否赏脸指点一二？"

刘墉的字写得非常好，称得上是大书法家，纪晓岚说道："石庵兄，我有一现成联语，写出就可应付了。"说完便吟道：

虽然毫发技艺，却是顶上功夫。

大家听了，击掌叫绝，连声叫好。
这时，钱大昕说道：
"敝人也有一联，虽不如纪年兄之联工巧自然，但作为剃头店的门联来用，却也可以试一试。"此联便是：

不教白发催人老，更喜春风满面生。

吟罢众人也都很满意，便要刘墉一并写出。纪晓岚看了，猛然间又想出一联，便道：

到来尽是弹冠客，此去应无搔首人。

在座的人无不失声大笑，刘墉把笔停下来说道："这下可好，都让晓岚兄把客人给剃成了秃和尚！"

大家都佩服纪晓岚妙语连珠，趣味横生。几副趣联随即传讲开来。翰林院的学士们也纷纷来和纪晓岚酬唱，一时传为佳话。

有一年冬天，纪晓岚正在南书房当值，一位太监总管走进来。他听人谈论过新科翰林、河间府的纪才子才华横溢，便走到纪晓岚身边，全身上下地打量起来，看他身材魁伟，英俊潇洒，不像人们传讲得那样一副诙谐滑稽的样子。但看他身上穿着皮袍，手里却拿着一把折扇，这是当时文人的一种雅好，不少风流学士都是这样，本来也没什么与众不同，但大冬天的，这手里的扇子却没有实际意义，想来也确有些好笑，便向前冲纪晓岚微微一笑，操着南方口音说：

"小翰林，穿冬衣，持夏扇，可曾读过春秋一部？"

纪晓岚听罢总管的话，便知道是在跟自己开玩笑，但这也都是事实。但他惯于戏谑别人，哪里肯让别人耍笑？正要找茬儿回敬一下，忽然明白这老太监刚才几句便无意中道出一联，匠心独运，里面嵌了春、夏、秋、冬四季之名，心想这老家伙肚子里，还有点儿墨水，好，看我怎么回敬你！想到这里，站起来作揖施礼，笑着说道：

"老总管，生南方，来北地，那个东西还在么?!"

南书房里立刻哄堂大笑。人们看着老太监，笑得前仰后合。老太监这时哭笑不得，十分难堪，无地自容，苦笑着指点几下纪晓岚，口中却没有说出什么话来，落了个自讨没趣悻悻而去。房中的几个人大都议论说，这副联对得真是奇妙无比。

这事在宫中一传，却惹下那一帮太监了，太监们都喜欢他博学多才，乐趣无穷，每次碰到他，都缠着不放，不是出对联让他对，就是让他说笑话。

有一天纪晓岚正忙着起草文稿，两个太监进来找他，说有个句儿找他对。纪晓岚对这两个太监倒是来了兴趣，但心想，你们也不分个场合！口中说道：

"我正忙着，等吃饭时再对吧！"

两个太监一听，赖劲便上来了，怎么也不走，答应除非纪晓岚答上对再走，纪晓岚便说：

"快说吧，什么句儿？"

"榜上三元解、会、状。"太监念出了上联。

纪晓岚看看他俩，郑重其事地说：

"这有何难,对句有了:'人间四季夏、冬、秋。'"

说完,低头又忙起自己的事来。

两个太监疑惑不解便问道:

"你既然说'四季',怎么没有春呢?"

纪晓岚笑呵呵地说:

"请吧!请吧!你们回去想想。"

两个太监站着硬是不走,纪晓岚冲他们挤眼说道:

"为何没有春,你们心里最清楚呀!"

两个太监恍然大悟,不由自主笑起来,红着脸走了。同房当值的文人们听罢,"嗤嗤嗤"地笑个不停……

纪晓岚闹的笑话越来越多,很快便在京中传得沸沸扬扬,无人不晓。亲友们为他的戏谑无常很担心,惟恐他说话伤人,惹出一些不必要的麻烦,便都劝诫他要谨慎从事,在宫中说话不可造次。尤其是马氏夫人,常将劝他的话挂在嘴边,纪晓岚听着在理,便设法摆脱太监们对他的纠缠。

事有不巧,那天刚进宫门,就又被太监拦住了,非要他讲个笑话再走不可。

纪晓岚不想再这样下去便急忙推辞:

"不可,不可。今天我有急事,耽搁不得!"

三个太监围着他不依不饶。一个说道:

"你别耍滑!你总是借口脱逃,我们都好久没有听过你纪大人的笑话了。这次不把我们几个说笑了,你就别想走!"

纪晓岚见实在难以摆脱,就说道:"我讲我讲。有一对夫妇,生了三个儿……"

太监急于知道下文,急着问道:"三个儿怎么样?"

"三个儿,下边呢?"

"下边还有什么?"

纪晓岚诡秘一笑说道:"下边什么也没有!"

太监们没有听出结果哪里肯依他,便催促说:"这哪能叫笑话儿!没把人说笑,这不是笑语,你接着往下讲!"

"下边没有了不行,不放你走!"

"下边怎么没有了?"

纪晓岚神色诡秘莞尔一笑，口中说道："下边就是没有了，你们自己摸摸……"说完拱手告辞。

"啊？……"

太监们一愣，继而明白过来，是纪才子又把他们耍笑了。待要拉住他，他已经匆匆远去。

要过年了，人们都知道纪翰林善于题联，所以一时间上门求写春联的人络绎不绝，使他真有些应接不暇。不过他也真有办法，无论谁来，上联都用唐代高适的一句诗：圣代即今多雨露，下联也集唐诗中的句子做对，而且大多切合来者的身份时况，很受请托者的喜爱。

一开始，他这种办法，并没有引起人们的多大兴趣。可是一连几天过去，满意地打发走了上百个请托者，上联总是那句"圣代即今多雨露"不宵改变，下联却绝无重复的句子，翰林院学士们觉得惊奇不已，禁不住拍案叫绝：这河间才子纪晓岚，究竟会背多少首唐诗啊？

恰好，有位前任侍郎，不久前因某事被贬去官职，受命到翰林院行走。看到纪晓岚给人的春联，全部用同一句上联来颂扬皇帝圣明有道，宽厚仁慈，普施恩泽时，便有意要为难他一下，也来向纪晓岚求写春联。

纪晓岚见侍郎也来求联，很是高兴，他随手提笔写出了上联：

"圣代即今多雨露。"

那位侍郎看了，莞尔一笑道：

"敝人新由卿二，贬到翰林院行走。"

纪晓岚听罢，忍不住嘴角一翘，心里话，这回有点不好办了，看来侍郎是有意和我开玩笑！这侍郎所说的卿二，就是侍郎的别称，因为六部尚书为正卿，各部侍郎的地位仅次于尚书，所以被称作卿二。这位侍郎被贬回翰林院行走，只不过是来这里协助工作，并不是专住官员，一下就是连降了数级，跟"圣代即今多雨露"一句，丝毫没有联系，但上联已经写出来，又不好不用。

纪晓岚抬头看看身边的同僚，他们眼睛含着笑意，分明是要看看他这次如何对出这位侍郎的联。

纪晓岚沉思片刻，有啦！抬头向侍郎笑道：

"大人来得正好，有一唐人诗句，只有给您用才最合适！"

说罢，信手挥毫。同僚赶紧凑到他身边观看，只见他写道："谪居

犹得住蓬莱。"

这句下联，出自唐代元稹的那首《以州宅夸于乐府》中有这样两句："我是玉皇香案吏，谪居犹得住蓬莱。"纪晓岚把翰林院比作蓬莱仙境，给侍郎对上了这样一句，说他虽然被贬于此，却因祸得福，到底还是归于"圣代即今多雨露"啊！

侍郎看完，连连翘起大拇指赞不绝口，同僚们也赞叹不已。说他真不愧为才子。人们又一次被他的博学卓识折服了。

大年刚过，朝中传出圣旨，乾隆皇帝要元宵观灯，诏令文武大臣要广制灯谜，择优行赏。于是，京城里的文人学士们挖空心思，争奇斗艳，佳作荟萃，一下子把灯谜这种民间文化形式，推向了巅峰，被后世传为佳话。

元宵之夜，紫禁城内悬灯结彩，灿烂辉煌。各式各样的彩灯交相辉映，真是五彩缤纷，琳琅满目。大学士刘统勋等几位大臣，簇拥着乾隆皇帝步入殿外，观赏群臣们敬献的彩灯。宫中灯火辉煌，天上群星闪烁，满月的光辉如银似玉，真是美不胜收。不觉得已走出太和门，来到大清门，见一具彩灯做得精巧细致。乾隆走到近前观看，见彩灯上贴着一副谜联，并且注明上下联各射一字。乾隆看着不停地摇头，虽然很喜欢这副谜联，可就是猜不出是哪两个字。刘统勋等人也凑到跟前看是怎样的对联，只见上面用工整的小楷写道：

黑不是，白不是，红黄更不是；和狐狼猫狗仿佛，既非家畜，又非野兽。

诗也有，词也有，论语上也有；对东西南北模糊，虽是短品，也是妙文。

联旁小字注明：上下联各射一字。

既爱对句又喜猜谜的乾隆，想了半天也不知谜底是什么。当着文武大臣的面，乾隆哪里好意思讲自己猜不出来，便叫身边的大臣猜射。群臣们搜肠刮肚，绞尽脑汁，但猜来猜去，还是不知所云。

乾隆看大臣们也都猜不出来，问起是谁制的灯谜。身边的侍臣赶忙回明，是翰林院庶吉士纪晓岚。后来，还是出谜人纪晓岚揭开了谜底的答案。原来，这副谜联是打两个字，上联是"猜"，下联是"谜"。

一语惊醒梦中人啊，大家这才恍然大悟。刘统勋不失时机地在乾隆面前夸奖自己的门生。这次，纪晓岚在乾隆的心目中留下了深刻的印象。

事隔不久，纪晓岚在南书房当值。乾隆特意召见纪晓岚，想看看刘统勋夸赞的这位青年才俊到底有多聪明。纪晓岚第一次被皇帝召见，心里不免有些惴惴不安。但这样的机会难得啊，他抓住良机好好表现了一番。乾隆出了一个对联，要纪晓岚对出下联。上联是："惟女子与小人为难养也。"纪晓岚顺口说出："有寡妇遇鳏夫而欲嫁之。"

乾隆听了，不清楚此语出自何处，觉得虽然听来滑稽，但也不失为一个工整的对句。这时殿前侍卫禀告，有几位大臣入宫奏事，乾隆便挥手示意纪晓岚暂且退下。

纪晓岚退下以后，乾隆觉得兴致未尽，心中想到，下次再好好地考一考这位纪才子。几天刚过，乾隆到南书房读书时，当值的人中正有纪晓岚，乾隆由于忙，没时间去给纪晓岚出题，心想等手头事忙完再给纪晓岚出联，不想纪晓岚站到御案旁愣愣地看了片刻。

乾隆抬头看看纪晓岚，原来他是看桌上的那块玉玦，心中备感珍奇，于是向前观看，忍不住多看几眼，只可惜字太小了，非凑到眼前才能看清楚。那玉玦十分可爱，看得出奇之时纪晓岚忘记了御前的种种禁忌，低头端详起来。

乾隆说道："纪爱卿，你愣着为何？"

纪晓岚赶忙回过神来，回答皇上的问话："圣上的玉玦，精美绝伦，忍不住多看几眼，望圣上恕罪！"

乾隆莞尔一笑道："这玉玦你喜欢吗？"

"为臣不敢！"

"哈哈哈，"乾隆笑着对纪晓岚说，"朕出一联，你若能对上，朕便将这玉玦赏赐予你。"

纪晓岚赶紧跪下磕头："谢主隆恩。"

乾隆捻一捻胡须，低头将玉玦拿起来，指了指上联的一句：

"此地有崇山峻岭，茂林修竹；"

纪晓岚抬头看看乾隆稍加思索，答出下联：

"若周之赤刀大训，天球河图。"

乾隆听罢非常高兴，知道他对的是《尚书》中的一句话，被他信

手拈来，却庄重得体非常自然，遂将手中的玉玦，赐给了纪晓岚。

纪晓岚谢过皇上，马上被当值的学士们围了个水泄不通，争着传看玉玦，个个对纪晓岚艳羡不已。

此后，纪晓岚常常被宣召入宫切磋文学道义，渐渐得到皇上的宠爱，这种宠爱远远超出他这时的身份地位。

一天，乾隆皇帝传命纪晓岚陪伴御驾，到这里观赏春天美景。看到园中那到处依依飘荡的柳丝，娇妍盛开的桃花，婀娜多姿，乾隆皇帝触景生情，口中吟道：

风吹杨柳千枝动，
雨打桃花万朵摇。

皇帝觉得两句对仗工整，摹景与意颇为佳绝，于是回头问纪晓岚："纪爱卿以为此联如何？"

纪晓岚知道皇上天性好胜心强，喜欢胜人一筹，若说此联很好，皇上自然高兴，可是显露不出自己的才华；若说不好，又怕惹怒圣上，降罪下来吃不消。纪晓岚想到这里，思考片刻道：

"圣上之联，美则美矣，只是未尽善也。"

乾隆听了这话，果然脸露不悦之色，但不露声色，仍然用平静的语气问道："何以言之？"

"似有矫揉造作之嫌，为臣妄言，不知妥否。"纪晓岚小心谨慎地说道。

"卿详细说来，朕倒要听听。"乾隆面露不悦之色说道。

纪晓岚看到此时，心想我必须让皇上高兴起来，便恭恭敬敬地答道：

"臣以为失之粘滞，僵而不活，且'千''万'二字，慨而言之则可，细推则不妥。若虽弱小之孤树，则无'千''万'枝可言；若是丛林密株，则又不只'千枝''万朵'，何况，风雨之中，谁也不去计数。"

乾隆听着，觉得也是不无道理，但又不肯罢休，又接着问道："以卿之见呢？"

"臣以为每句只动一字即可：把'千枝''万朵'，改为'枝枝'

'朵朵'，这样就成了：

> 风吹杨柳枝枝动，
> 雨打桃花朵朵摇。

有多少枝，即多少枝动；有多少朵，即多少朵摇。稍稍一改，即没有前弊，且能尽陛下本意啊！"

乾隆这回笑了，知道纪晓岚虽然在玩弄文字游戏，但仔细推敲，不是没有道理，于是点头表示赞同。

几天过后，乾隆皇帝带纪晓岚等一帮臣子到郊外踏青春游。那一天只见在明媚的春光中，耕人遍野，牛羊满坡，村妇在门前纺纱，村姑在树旁挑绣一派朗朗乾坤之象。行人接连不断，骑驴赶车的悠然而行，旷野上回荡着悠扬婉转的歌声。真是鱼游于池，燕翔天空莺啼树梢，桃花含笑，柳枝绽翠，禾苗碧绿，草色青青，一幅太平景象盛世风光。

在一帮大臣的簇拥下，乾隆皇帝看到如此美景，心中十分畅快。大臣们不停地颂扬圣天子治国有道，故而风调雨顺，国泰民安，乾隆皇帝在臣子们的赞扬之下十分高兴。纪晓岚此时也不甘落后，他看好一个机会说道：

"陛下，宋人讲'万紫千红总是春'，确实不虚啊！"

乾隆这时兴致颇高，心想，何不以对句来抒发一下这春色？于是，他对纪晓岚说：

"是啊，如此良辰美景，虚度了实在可惜。朕命卿做一首咏春诗，每句至少嵌上两个'春'字，卿以为如何？"

纪晓岚圣意难违，略加思索，脱口吟道：

> 春光春风春景和，
> 春人路上唱春歌。
> 春日临窗写春字，
> 春闺女子绣春罗。

"好！好！"纪晓岚吟诵刚罢，大臣们便拍手叫绝，乾隆皇帝也点头称善。于是大家都十分喜爱他敏捷的才思。

乾隆回味着纪晓岚的诗句,对眼前的这位翰林学士更是喜爱,心想:真是一代奇才呀!自从那次在西暖阁让他对句以后,乾隆几次命题,纪晓岚都能从容应答,丝毫没有难住过他,这时皇上倒想出题难他一难。

乾隆君臣一行,春游兴趣未曾消减,吃过午饭,又转了几个山村,不觉已是夕阳斜照,便拨转马头,踏上了返回京城的路途。

走着走着,乾隆从御辇中望见前面天空有一只白鹤横空飞过。乾隆皇帝灵机一动,吩咐传唤纪晓岚来到御辇旁边,对他说道:

"爱卿才华横溢,出口成诗,朕想出一题再考考你,你可否张口咏出一首诗来?"

"臣愿遵旨,请圣上出题吧!"纪晓岚口中虽然这样回答,但心里有些不安,心想:皇上这不是变着法地考我吗?我须小心谨慎才是。

乾隆指着天空中远去的白鹤说道:

"就以天空的白鹤为题吧。"

纪晓岚不假思索,立刻吟道:

万里长空一鹤飞,
朱砂为顶雪为衣。

纪晓岚刚要开口,乾隆突然开口说道:

"卿说错了,你看,那不是一只黑鹤吗?怎么说成白的?"纪晓岚看天空的白鹤渐已远去,在暮色中看去,此时只是一个灰点了。于是随口又吟道:

只因觅食归来晚,
误入羲之蓄墨池。

乾隆立刻高兴地说道:"爱卿才思敏捷如闪电,真是天下奇才啊!"

纪晓岚听了这话,一颗悬着的心,终于像一块石头落了地,心想以后还是少在皇帝面前卖弄才华为妙,否则不知哪天让皇上难住,下不了场事小,弄不好落个罪名可就吃不消了。

人怕出名猪怕壮,纪晓岚这时想有所收敛也来不及了,不但皇上有和他唱和对联的兴趣，而且京城百官也都听说纪才子文思敏捷，从来没有被人难住过，个个兴趣盎然，争相为他出题，请他题诗，成为一时乐事。皇上本喜欢显示才学，更是兴致勃勃，常想出个题难倒他，以表明天子的博学多才。

这天，乾隆皇帝把纪晓岚召进宫中，看着他缄口不言，一时间让纪晓岚莫名其妙。

纪晓岚小心翼翼地跪在地上，向皇上请奏："微臣纪晓岚，斗胆叩请圣上，不知圣上为何招我？"

乾隆笑道："朕今天十分高兴，是因新得一喜，特召你进宫来吟诗贺喜。"

早在上朝的路上，纪晓岚就心想，可能是圣上闲来无事，又召他进宫吟诗取乐打发时间，没想到是新得了皇子，他想，在这种时候，一定得小心侍候。他脱口吟出一句：

"我主今日降真龙。"

皇上听了一笑，说道："爱卿猜错了，不是皇子，是位公主。"

纪晓岚听了这话，不禁吃了一惊，心想可能是自己太急切了，没有问明情况就急着说话，于是赶忙转了弯：

"月里嫦娥降九重。"

乾隆双眉一皱，做出很伤心的样子说道：

"可惜没有成人啊！"

晓岚赶忙顺水推舟："想必人间留不住。"

乾隆想他下一句就要说上天宫了，偏要与他为难故意问道："掉进井里淹死啦？"

纪晓岚这下才明白过来：刚生下来的公主，怎么会掉进井里淹死呢？这圣上怎么又和我开玩笑呢！于是随口吟道：

"翻身跳进水晶宫。"

乾隆笑了起来："爱卿真会随机应变啊！赐汝平身。"

纪晓岚看乾隆帝高兴起来，自己也放了心。于是站起身来恭请圣上有何面谕。

"朕宣你进宫，代朕撰一副科场匾文，要将朕垂爱贤才，考官为国选拔贤能，并且鼓励举子读书上进的三重命意，一并蕴涵其中。"

纪晓岚当即应诺，随口拟出几句，皇上听了摇摇头，都不怎么满意。纪晓岚惊慌不已不知所措，顿时出了一身虚汗。他又接着搜肠刮肚地思索，想来想去，自己一时也没什么妙联，想着想着汗珠从额头滚落下来。

皇上看一向对答如流的纪才子，也有江郎才尽的时候，坐在那里窃笑不已，故作怒色说道：

"好吧，你先回去。朕命你思考一日，明日复旨，若不堪任用，朕要将你削官为民。"

这下可把这位名冠当时、恃才放狂的纪才子惊呆了。他唯唯诺诺地退出朝来，惴惴不安地回到家中，一头扎进书房，搬书查典，开列几十条匾词。但仔细审视，却没有一条满意的。向来以为自己才高八斗、学富五车，今日冥思苦想，却想不出一句好语，他真的有点着急了。

子夜已过，他仍在书房搬书查找。马夫人见他夜餐未进，定有什么忧愁之事，心里惦记着，几次打发丫鬟过来探望并询问晓岚进展如何。回说老爷愁容满面，焦躁异常。马月芳想：丈夫一定是有什么不痛快的心事了，于是亲自来到了书房询问情况。

纪晓岚哀叹一声，将今天的事情经过告诉夫人，马夫人听完，禁不住也笑了起来，随即说道：

"你真是聪明一世，糊涂一时，现成之语，为何不用呢？"

纪晓岚茫然不解不知如何应对，赶快请教夫人。

马月芳说："'天子重英豪'啊，岂不恰切无比？"

"咳——"纪晓岚喜出望外异常兴奋，在自己头上轻轻一拍，"我尚且不如一位裙衩！"

夫妇俩相视而笑，这时他的肚子也觉得饿了，狼吞虎咽地吃下五斤熟牛肉，躺到床上，甜甜地睡了一大觉。

纪晓岚上朝，信心十足地将"天子重英豪"一句，献与皇上，乾隆果然喜欢。原来这是人们熟知的一首诗中的句子，诗云：

天子重英豪，
文章教尔曹；
万般皆下品，
惟有读书高。

头一句被用之后，下面这三句之意，自然就联想起来。皇上所限之意，也全部流露在字里行间，乾隆皇上问道：

"爱卿一向以才思敏捷，应对从容而名震朝野。昨日不能撰词，朕想一定是被难住了。今日回奏上来，确实名不虚传。这其中有些什么缘故吗？"

纪晓岚便将昨日听题着急，越着急越想不出的感受，以及昨晚夫人提醒他用的诗句，回明皇上。皇上随即也来了兴趣，便接着说道：

"爱卿学识超群博览群书，全在你勤学好问，得益于众多师友，朕早已知晓。只是今日方才晓得，爱卿还是夫人马氏一门生啊！呵呵呵……"

纪晓岚的脸，一下红到颈项，自我解嘲说：

"古人云：圣人无常师。道之所存，师之所存也！"

"呵呵呵呵……"

时间飞逝，日月如梭，纪晓岚选进翰林院，已是第三年了。这年夏初的一天，忽然接到朝廷的御旨，命他侍驾去热河行宫。原来，乾隆皇帝害怕暑热，到了夏季，便去热河行宫避暑。同时一些大臣也跟随前往，朝中大事，也在行宫处理。纪晓岚到内宫行走一年多，由于他机智幽默博学多才，为皇上增添了许多乐趣，这次皇上又去热河，因此，纪晓岚也只有随从在皇帝身边了……

纪晓岚随着大队人马，逶迤行至牛栏山。这里的山，此起彼伏，连绵不绝，青黛一色，宛如画中美景，文武大臣们不由得驻足观赏起来。在山路的一侧，离他们不过几十丈远的地方，有一座马神庙。青翠环秀，香烟缭绕，身处此地，使人不免生出身临仙境之感。

从正面望去，两扇庙门一启一闭，上面门的一句清楚可见，那上面写道：左手牵来千里马。

一位大臣站在纪晓岚近处，看过对联，向纪晓岚说道："纪大人，那门联你可看到？"

"看到啦。"

"你猜下联当为何语？"

纪晓岚不假思索，语气坚定地说，"下联定是'前身终是九方皋'。"

"你敢断定？"

第三章 机智风趣赢得君心

"非此莫属。"

另外几位大臣也赞同纪晓岚的断定。问话的大臣却意存犹疑，说未必如是。于是几人来了兴致，一同走到庙前，验证一下判断的对误。到门前一看，却出乎纪晓岚意料，另一扇门上写的却是：

右手牵来千里驹。

一帮人哭笑不得，那位大臣笑道：
"看来世上之事，不可妄下断语，往往有出人意料之处啊！"

纪晓岚此时没有猜对，触动很深，上马之后，仍想着刚才的情景。怎么偏是"右手牵来千里驹"呢？自己过于自信，在一帮老臣面前，未免有些太不成体统了。

车马行至古北口，山路狭窄蜿蜒曲折，一时拥塞在隘口前，纪晓岚随人到客店中小憩。他见墙壁上写有残诗一首，已剥落过半，只有三、四句一联，还依稀可见：

一水涨喧人语外，
万山青到马蹄前。

纪晓岚看到此处心里一乐，心想这两句很好，简直可以同古人的"云中路绕巴山色，树里河流汉水声"两句相媲美。只可惜其他几句分辨不清，又不清楚作者为谁。其他的人看了，也觉得两句诗意境非凡。有人提议由纪晓岚主持并补上所缺句子，纪晓岚这回不愿轻举妄动了，赶忙推辞：
"使不得，使不得。"

他自己暗自想道，若非前次经历了马神庙联一事，真说不定借着兴浓，给它来个补缺，假若如此，那就要出大笑话了。

整个夏天，纪晓岚陪从伺候皇帝在热河行宫度过。每日里他小心谨慎，恭恭敬敬，惟恐稍有不慎，忤怒圣上，影响了自己的前程。闲来无事，便和同僚们各处游转，欣赏那碧波荡漾、洲岛错落、亭榭掩映、宛似江南水乡的湖区美景，绿草如茵、麋鹿成群的草原风光，峰峦叠嶂、溪流淙淙、松涛阵阵的山林秀色，全然没有了难耐的酷热和嘈杂的喧闹，悠然自得。但是，思念妻妾儿女的心情，与日俱增，有时感到日长如年，好不容易到了金菊盛开的季节，离归期不远了，心中也稍稍有些安定。

这天他陪从皇帝出了宫，到野外观赏山林秋色，满山遍坡，连绵不断，簇簇野菊，也显得娇娇可人。

乾隆也来了兴致，触景生情，漫山的美景触发了情思，突然想出一句联语，要和大臣们对对儿为戏，乾隆吟道：

"塞外黄花，似金钉钉地。"

大臣们听完，绞尽脑汁，冥思苦想。几位大臣奏上对句，乾隆都不太满意。人们不约而同地注视纪晓岚看到有何句能对上。以往逢此情况，都是他独占风流，今天低头不言，不知为何。

几日来纪晓岚思念妻妾儿女，情绪不振，今日不愿抢先说话。再说他看皇上的出句儿，两个"钉"字连用，读音不同，意也有别，能够对出此联，绝非易事。况且，以往总是跑在前头，不免招人嫉妒，今日等群臣对过之后，他再讲话，拿定主意，他静静地坐以待对。

群臣对过之后，没有令皇上满意的对句，大臣们急得皱眉搔首，乾隆看看后面的纪晓岚，朗声说道：

"纪爱卿，为何缄口不语？"

皇上指名点将，他不能不回答了，便向皇上奏道：

"微臣想出一句，虽然可同圣上的一句属成一联，但同圣上一句相比，可是天地之差。"

"你且说来，朕倒要听听。"乾隆看出他在卖关子。纪晓岚听皇上这样说，便胸有成竹地答道：

"为臣对的是，'京中白塔，如玉钻钻天'。"

在场的大臣们听了，立刻叫好。上下两联，对仗工整自然，浑然天成，读来更是抑扬顿挫，铿锵有致，确实高人一筹。

乾隆虽点头赞成，但没有开口说话，炯炯有神的双目，在纪晓岚身上看来看去，似乎在揣度什么。大臣们不知圣上何意，住口等待皇上说话。纪晓岚见乾隆神态非同以往，心中不免一阵紧张和不安。

皇上声音平和，语气关切地说：

"纪爱卿，你面有犹疑之色，必有心事在怀。朕来替你猜猜，你看如何？"

"陛下请猜。"纪晓岚看乾隆帝看出自己心中这几天有心事，心中忐忑不安。

"朕出'塞外'一言，你对'京中'一语，依朕看来，你定是——'口十心思，思父、思母、思妻子。'"

"啊？"纪晓岚大吃一惊。皇上看透了自己的心事。但听语气，又没有责怪之意。噢，明白了：皇上又给他出了一个上联，等他来对呢。对上这个联，对纪晓岚来说，是很容易做到的，但他为使乾隆高兴，立刻跪在了地上，低头奏道：

"圣上明鉴，臣确有心事。连夜来辗转反侧，未曾安眠。如蒙陛下恩准，微臣早日还京省亲，纪昀恭谢圣上隆恩。为臣是——'寸身言谢，谢天、谢地、谢君王！'恭祝吾皇万岁，万万岁！"

几句话说得恰如其分，又巧妙地回答了下联一举两得，乾隆听得满心欢喜，当即说道：

"离家日久，思念家中妻儿，本是人之常情。朕准你提前回京，回家省亲去吧！"

就这样，纪晓岚凭着自己的智慧，赢得了皇帝的恩准，提前月余，踏上了回京的路程。

纪晓岚一回到北京，那些文友们便闻讯赶来，围着他问这问那恨不得让纪晓岚一口气说完。晓岚拨弄簧舌，把四面云山、梨花伴月、北枕双峰等行宫景物，描绘得淋漓尽致，镜湖泛舟、澄湖赏月、梨树峪观花，诸多经历如临其境，更讲得让人向往不已。

钱大昕听完讲述，漫不经心，只是兴味索然地叹了一口气，面目间流露忧郁的神色。纪晓岚问道："何事使你唉声叹气？"

"说来话长……"钱大昕打开话匣子，一股脑倒出了他所有的心事。

原来，自从去年刘墉受父亲牵连，身陷囹圄，文社的活动便由纪晓岚主持。自从纪晓岚去了热河之后，这文社便群龙无首。失去了往日的生趣，渐渐地，参加聚会的人也少了下来。钱大昕、卢文弨等人尽力维持，但仍无济于事，昔日一个个朝气蓬勃的青年，如今却变得颓唐沮丧，有人热衷于寻仙访道，有人迷恋于妓馆酒楼，有的奔波于投机钻营，有的则肆意狂欢、醉生梦死。看到此种境况，钱、卢等人感慨万千毫无举措。

钱大昕一本正经地讲述起来：

有几位朋友，这期间闹出许多荒唐之事，一时传遍京城。那位张某闲来没事常出入于戏馆。一天夜里，他从戏馆出来，在街上遇见一位少妇。皓月当空，在皎洁的月光下，那少妇显得更是妍丽姣美。张某见她在路口徘徊，好像在等什么人。张某走到她近旁想探个究竟，张某站在那少妇身边时，立刻感到此女子衣香撩人，鬓影拨心，楚楚可爱，他以为她是走散了伴侣的游女，便上前挑逗。少妇只是笑而不答。又问她姓氏住处，她还是笑而不语。张某这时便怀疑和情郎密约幽会，意中人迟迟不到。

张某心怀不轨，于是约那少妇到家中小憩。少妇假装辞谢不肯同行，张某便上前拉住少妇的胳膊，强拉硬扯地把她拉到了自己家中。并且吩咐仆人摆下酒宴，让妹妹同那少妇共饮。

开始少妇十分腼腆，几杯过后，少妇红光满面，媚态横生，与张妹互相调谑，虽然只是萍水相逢，竟然和相交已久的熟人一样，张某和妹妹交替劝酬，少妇渐渐地露出醉意。

张某高兴得有些发狂了，他把她留在家中。奈于妻子之面，当夜不敢同宿一室，只好由妹妹陪伴。

次日天亮，张某便早早起身，到妹妹房中探望少妇情况，早没有了少妇的影子。再看妹妹，倦容满面，如残花败柳。问起她时，脸上红云乍起，羞涩不语。一经询问，才知昨夜拉来的，哪是什么少妇，而是集会秧歌队中的男扮女装的拉花。天还未明，就叫开门逃之夭夭。

钱大昕说完，纪晓岚笑得是前仰后合。

接着，卢文弨又讲了一段刘某、于某的故事——

刘某和于某，先后相隔一个月，各纳一名侍妾，遂退出文社。

刘某纳妾时，妾家索要的聘礼很轻，只是说，她母亲很疼爱女儿，每月要十五天伴丈夫，另外十五天归家陪伴母亲。

那小姬楚楚动人美丽迷人，而且聘礼低廉，竟也屈意相从，刘某便聘回家中。

一月之后，于某在纳妾时也遇到了同样的要求。起初于某不肯，小姬却举出刘某为例，于某去向刘某询问小姬所说的是否真实，事实也是如此，便也屈从而纳之。

过了月余，刘某、于某相见，刘某问起于某：

"你家'阿娇'归家,是上半月,还是下半月?"

于某答说:"下半月。"

刘某方才醒悟,急忙将于某叫到家中看个究竟,进内室一看,两人聘娶的是同一名女子。

晓岚听到这里,莞尔一笑,说道:

"文社之事,就由它去吧!即使文社不存,诸位同样可互相往还,切磋学问,诸位意下如何?"

钱大昕、卢文弨惋惜一阵,遂也打消了恢复文社的想法。此后,钱、卢、纪等几位挚友,依旧十分契合,诗词唱和,往还不断,直到晚年。

纪晓岚任庶吉士满期之后,擢为散馆一等,被授为翰林院编修,此后更加受上司的赏识,连续几年被举荐充压乡试的正考官或同考官,在考试中严格把关选拔了一批有作为有影响的人才,声望也随之大展。

这期间不得不说的一件事,是乾隆二十五年,皇上五十圣寿,纪晓岚所撰寿联,后世广为流传。

是年八月十三日,是弘历五十岁整寿,会试一结束,礼部官员便分成三班人马,各司其职,为皇上庆寿做准备。

一班人马负责街面和宫殿布置工作。进入七月后,自西华门至西直门外高粱桥十余里内,金宫银阙,剪彩为九华之灯,七宝之座,丹碧相映,未可名状;每数十步,搭一戏台,南腔北调,极尽四方之乐;美男俊女,欢歌妙舞,前部未歇,后部已到;观者如海,游者如潮,夜以达旦,日日如此。

第二班人马负责登写贡赋礼品。地方官绅,都把这次给皇上祝寿看成是巴结皇上的最好时机,于是或献银,或贡物。尽管宫廷已堆起一座座小山似的贡品,但插着"进贡"小黄旗的一辆辆马车还是源源不断从各处涌进宫门。九州大地更是一派壮观景象,凡是通往京城的道路上,人抬、驼负、车载、马拉,势如风雨,日既黄昏,车马争道催赶,灯火相互映照,铃铎动地,鞭声震野。

第三班人马负责收摆寿联。朝中大臣,除了敬献金银细软稀世珍物之外,不少人还敬献寿联特别是文臣,他们把敬献寿联看得最为重要,因为都知道皇室里金银珠宝有的是,只要够不上"稀世",皇上就不会太喜欢,也记不住是谁敬献的,唯独这寿联不同,他不仅可以使自己的才华在皇帝面前得以表现,而且一旦得到皇上的欢心,高兴之下升迁你几级也未曾不可。所以每个文臣都是挖空心思、绞尽脑汁、翻阅书卷、拣最美最华丽最吉祥的词藻,写了改,改了写,反复多日,直到自己满意了才送交礼部,由礼部悬挂大殿,请皇上审选。

整个乾清宫,成了寿联的世界。到处都有悬空挂的,案上摆的,全是寿联。弘历自然是心中愉悦,可一经阅过,竟没有一副使自己感到满意的。和材官有意把弘历领到司空文敬献的寿联前停下来,弘历看了两眼,怏怏不乐地走出了乾清宫。

傅恒、刘统勋知道自己敬献的寿联皇上也没看上,跟在后边不敢多说话。唯恐触怒皇上。而就在这时和材官心里却乐滋滋的,心里说,这回闹了个平局,彼此彼此。他跟上两步,道:"皇上,站了这大半天,回房歇息歇息吧。"

皇上像是没听见,仍然默默朝前走。忽然他想到没有看见纪晓岚敬献的寿联,便停住脚步不高兴地问道:"纪晓岚哪儿去啦?"

刘统勋忙道:"回皇上。皇上日理万机,怕是忘记了。会试刚刚结束的时候,他已奉旨去热河当差了。"

皇上:"传朕口谕,召他即刻还京。"

距皇上寿辰还有五天的时候,纪晓岚赶回北京,他不知道皇上这么急召他回来做什么,一进养心殿便跪伏于地:"臣纪晓岚,奉旨回京叩见皇上!"

皇上见纪晓岚回来,脸上泛出笑容:"纪爱卿请起!"

"谢皇上!"纪晓岚起身退至一旁。

这时,皇上又收敛了脸上的笑容,脸上显示出一些不满之意。他吁出一口气,道:"朕,岁在五十寿辰,诸卿呈献诗联,可谓盛况空前。可这些诗联,纪卿你看看,都不是别致新颖之作,没有一联使朕满意的。朕召你回来,是要你试为朕白描一联,纪卿以为如何呀?"

"臣遵旨!"纪晓岚马上一副就要做联的样子。

刘统勋先是一怔,心想:朝中这么多的文人大臣,数日冥思苦索都没有做出一副使皇上满意的寿联来,你怎么可以张口就来呢?须知这可不是儿戏。做好了皇上会嘉奖你,做不好是要影响你的前程的!忙婉言劝道:"皇上的意思是让你用白描的手法,不喜欢在词藻上追求华丽、渲染浮夸。你回去好好想一想,这大殿上悬挂的、摆放的,你也可以暂

且看一看，想好了再敬献皇上也不迟。"

傅恒也接过来劝道："是啊，给皇上的寿联是不能轻率的。"

皇上知道两位老臣这么说，都是为了让纪昀把寿联作好，于是道："纪爱卿就回去想想，想好了再说吧！"

皇上的话音刚落，纪晓岚眼前一亮抬起头来道："皇上，臣有了。"

"哦？"皇上马上向纪晓岚投去一副且喜且疑的目光并等待他的寿联。

傅恒、刘统勋又气又急，忍不住朝他瞪去两眼，"这是给皇上的寿联，不是随便说来就来的！"

皇上："纪卿既然已经想出来，你就说出来，让大家听听吧！"

"臣遵旨。"纪晓岚开口吟道：

四万里河山，伊古以来，未闻一朝一统四万里；
五十年圣寿，自今而往，尚有九千九百五十年。

乾隆仔细琢磨刚才纪晓岚的对联，越看越想越是高兴。自大清入关、定都北京以后，逐步统一全国，版图之大，历史上是数得着的：西起葱岭、北达萨彦岭，东北到外兴安岭，东临大海，南达南海，西南抵帕米尔高原，纵横均为四万里，此联颂扬清帝国强盛至极，实可称妙语连珠呀！五十圣寿，加上九千九百五十年，正是一万岁啊，这样敬祝万岁，别有新意，更觉意味深长。

乾隆喜出望外，当即传旨行赏，并将纪晓岚擢为京察一等，以道府记名。

这天纪晓岚因作联得到皇上满意领到赏赐物品，万分高兴，同僚及亲友也前来祝贺，晚宴持续到深夜，宾客们才慢慢散去。赏赐的物品中，有一件绣花箭衣，绣工精美，试穿在身上，人人赞不绝口。

众人散去以后，纪晓岚来到侍妾郭彩符房中，方要歇息，亲家母王夫人也闻讯赶来了。她听说箭衣穿到身上分外好看，要亲眼观赏观赏。

王夫人来到屋里，要亲家把箭衣穿上，她在灯光下围着转了几圈，前后左右，甚是仔细看了一番倍感兴奋。

王夫人是纪晓岚长子汝佶的岳母，从宝坻进京，来探望女儿，遇到这样光辉荣耀的喜庆场面，自然会喜上眉梢。她一边观看绣衣，一边赞

不绝口地夸赞亲家公的才干。纪晓岚看着心里美滋滋地,有点飘飘然了,于是戏谑无常的毛病又犯了,笑嘻嘻地对王夫人说道:

"多谢亲家母夸奖,我这里有一诗相赠。"

"什么诗,你快说说!"王夫人兴奋不已便仔细听着。

纪晓岚看房中只有他俩和侍妾彩符,便放心大胆地吟诵起来:

今宵亲母太多情,
贪看绣衣绕膝行;
看到夜深人静后……

郭彩符见他要开王夫人的玩笑,怕他说出有失体面的话来,赶快拦住他的话,说道:"老爷说些啥话?"

晓岚见彩符阻拦,"噗嗤"一笑,把原想说的一句咽了下去,顺口吟道:

"平平仄仄仄平平。"

王夫人听了,不知道纪晓岚的话中有何蹊跷,高高兴兴地回房歇息了。郭彩符这时却捂着肚子大笑了起来,撒娇地用两手捶着纪晓岚的肩膀。纪晓岚故意装傻,问道:

"你为何傻笑?"

郭彩符听罢也不示弱,双目一瞪:"'平平仄仄仄平平',是啥意思?咯咯咯……"郭彩符话刚说完,又止不住笑出声来。

"没啥意思呀!一时语塞,顺口吟来而已。"纪晓岚郑重其事地说着。

郭彩符把头一歪,便诘问道:"那你给王熙平的对联,也没啥意思啦?"

这回纪晓岚终于憋不住了,"嗤嗤嗤"地笑了起来。笑后问道:"你是怎么知道这件事的?"

郭彩符故作嗔怪的样子,看他如何解释此事。

前不久,二十五岁的新科进士王熙平,大登科之后又小登科,在京中娶了一位侍郎的女儿。

大礼之日,宾客盈门热闹非凡,纪晓岚自然也前往祝贺。但是,他送的一份礼物与众不同,写了一副对联。对联是:

· 55 ·

平平仄仄平平仄；

仄仄平平仄仄平。

还有一句横批：平上去入。

这下可把在场之人难住了，谁也不知道他的用意何在，讨论了半天，终不得其中要领。

王熙平也是一位深思好学的俊才，早听说纪学士才学超人才华横溢，所以对他的贺联不敢等闲视之，越是不明白，越要不停地琢磨，非要深刻领会方可罢休。直到入了洞房，新郎还在耿耿于怀。夜深人静后，他在烛光下面，拿着对联仍然看个不停，思来想去，还是丈二和尚，摸不着头脑。

新娘出身于书香门第，也通翰墨，见新郎痴痴地发愣，觉得十分奇怪，凑到跟前看来看去，也像坠到了五里云雾之内，弄不清其中的底细。

偏偏到了他们同享夫妻之乐时，新郎眼前一亮，忽然大叫一声："我明白了，我明白了！"接着就咻咻地笑个不停。

新娘子见到新郎如此之处先是吃了一惊，接着又被他笑得莫名其妙，联系到此刻之事，心中甚不自在，终于按捺不住，问道："你这是咋了？"

"我问你，纪学士的贺联，写的什么？"新郎说。

"好像是两句对韵呀！"新娘听后不假思索地答道。

"不。我说是连同横批，这里面讲答什么你知道吗？"

新娘在床上摇头不解。

"那么，我再念一遍，你就明白了，你可听好。"

"噢。"新娘应了一声，满脸疑惑不解地听着他念。

"平，上去入（日）！平平仄仄平平仄……"

"哎呀！羞死了……"新娘子恍然大悟，赶紧扯被角把脸遮了起来……

前几日，王熙平的新娘子到纪府走动来往，和郭彩符一见如故，非常契合，偷偷地将此事告诉了彩符，彩符笑骂几句之后，红着脸赔罪道歉。

听完彩符的讲述之后，纪晓岚更是得意。彩符止住笑声劝告他：千万收敛一下这个老毛病，尤其是官场上，更要出言谨慎，自尊自重否则惹出一身麻烦就会很难处理。

郭彩符说得句句在理，纪晓岚也连连点头称是。心想没想到这个小妾竟如此通达事理，简直可以同夫人马月芳不相上下了。于是更加喜欢这位只有二十多岁的侍妾。

郭彩符的话不无道理，这让纪晓岚沉思良久，伴君如伴虎，现在只是一时的官运亨通，至于今后的前途怎样，这就很难预料，谁也说不清楚了。

不过，乾隆对纪晓岚真正的赏识和宠爱是在清军平定准噶尔叛乱之后。

准噶尔是居住在我国新疆地区的漠西蒙古部落，清初一直与清廷通好，是我国西北地区颇具实力的割据政权。但自康熙中期以后，准噶尔一度处于混乱动荡之中，势力迅速衰败下去。

乾隆十九年（1754），准噶尔首领噶尔丹策零死后，统治集团内部为争夺汗位不断爆发内战。兵祸连年，众多牧民纷纷逃往内地，请求清朝政府的庇护。后来，贵族达瓦齐被拥立为王。没过多久，他又与辉特部首领阿睦尔撒纳发生冲突。阿睦尔撒纳无力抵挡，也向清朝皇帝求救，请求出兵伊犁。

乾隆对西部边疆问题一直比较关注，如今阿睦尔撒纳率部将来降，真是大快人心啊。乾隆立刻册封阿睦尔撒纳为亲王，并在热河行宫宴请他们。

第二年，清军两路出兵进攻伊犁，直捣敌营，达瓦齐军惊慌奔窜，自相踩躏，降者六千余骑。达瓦齐仅率数十人，向南疆逃窜。其余各部都不战而降。从此准噶尔割据政权结束，伊犁平定。

消息传来，乾隆为这次辉煌的战绩感到欣喜，立即下旨将军功告祭太庙，并设宴庆贺。席间乾隆兴致勃勃地作《午门受俘》诗一首：

鸳瓦缤纷积瑞银，受俘军礼举重新。
丹墀群辟齐肩侍，白组名王系颈陈。
天德好生还贷死，海滨多寡又逢屯。
刑曹宪典聊迟待，指日欧刀刳叛臣。

纪晓岚不失时机地做了一首《平定准噶尔赋》，跪呈乾隆皇帝。赋中称：

皇帝规晚年之计，答眷佑之心，命将出阵，戡凶察暴。牙璋方起，捷书旋来。锋娟斧蟷，莫敢龃龉。……

是役也，动乎九天之上，决胜万里之外。建斗极以握奇，规地員而执契。葱岭之陬，视如闾内。开陵之属，役如仆隶。熊虎之臣，运如指臂，不须乎授钺登坛，玛牙军祭。出偏师以临之，蹴铁山而立碎。方叔召虎莫能测其机，风后力牧莫能效其智。按六经而校德，合雏摄提，未屈指以一二。

然而皇帝方穆乎深思，持盈保泰。谨驭贵之大权，示宴安之炯戒。震动恪恭，式序在位，复与天下沿溯乎道德之源，磨砻乎邹鲁之治。备九献与八佾，观车服与礼器。《天保》《采薇》，文经武纬。且将法周室之四巡，准《虞书》之五岁。乔岳怀柔，翕河哀对。奖力田，劝孝弟。采风谣，礼耆艾。功弥大而弥勤，卜亿龄之永赖。声灵赫濯，湛恩汪濊。

全赋洋洋洒洒三千多字，用典准确，文字优美，气势恢弘，巧妙地歌颂了清朝平定准噶尔部的武功之盛，特别是乾隆皇帝在其中的英明韬略，表现出这位年轻的翰林渊博的知识学问，老到的文字功力和高远的政治见识。这是纪晓岚从政以来，颂扬皇清圣朝的无数文章的开篇。此赋一出，几乎成了朝中大臣表达忠心的典范。

纪晓岚在这次宴席上大出风头，给乾隆留下的印象太深刻了。次年秋天，纪晓岚这样一个小小的庶吉士，竟被选为乾隆扈从随驾巡行，之后还被授命同钱大昕一起撰修《热河志》。这在翰林院，可是头一遭。后来负责增订《热河志》的嘉定文士曹仁虎有诗纪其事：

河间著作才，舆志资编纂。
初登词苑班，即备属车选。
踵事逮末儒，依类订成卷。
余义在引申，匪曰夸证辩。

纪晓岚入翰林时间一长，早已磨练出一套随机应变方圆之道。他知道乾隆一向喜欢舞文弄墨，特别喜欢作诗，凡是他经心的事，包括天时农事、朝廷盛典，以及巡行见闻，山川名胜，风土人情，莫不写诗记载。这样一来，只要纪晓岚和皇帝亲密接触，投其所好，是很容易得到乾隆的欢心，那前途自然是不可估量。

这年秋天，艳阳高照，乾隆率领军民离开京城，迤逦前往承德避暑山庄和木兰围场。出行之时，车马隆隆，仪仗威严，充分显示出大清帝国的威仪。纪晓岚和钱大昕二位才子，以敏捷的才思竞相恭和，殷勤从事。此行纪晓岚作了大量恭和诗，如《恭和御制怀柔县元韵》《恭和御制出古北口咏古元韵》《恭和御制晚荷元韵》《恭和御制至避暑山庄即事元韵》等等。这些诗多描写乾隆帝在行围途中的所见所感。纪晓岚将这些诗恭和进呈，深得乾隆欢心，经常得到"天语嘉奖"。我们不妨挑选一首御览诗以悦读者，如《恭和御制至避暑山庄即事元韵》：

　　黄伞亭亭初驻跸，碧城隐隐宛仙游。
　　寒山影里开天阙，流水声里敞御筵。
　　玳押珠帘旁掩映，红桥翠渚一沿缘。
　　菊花恰值重阳闰，好待君王大猎旋。

这首诗描绘了乾隆皇帝驻跸避暑山庄行宫的富丽宜人、王者气象。在避暑山庄，离开皇宫大院的乾隆，欣赏着山野之间自然朴素的田园风光，心情无比畅快。他与群臣一路吟诗作赋，猜谜对句，一派欢乐祥和的气氛。纪晓岚小心谨慎地随侍左右，灵活地应付皇帝的提问和对句。

一天，众人行走到一池塘边，满池的荷花映入眼帘。风一吹过，嫣然摇动，娇艳无比。乾隆随口吟道："池中莲藕，出红拳打谁？"纪晓岚则指着池边茂密的火麻答道："岸上蓖麻，伸绿掌要啥？"

不一会儿，来到一小桥边。只见这小桥造型别致，由汉白玉雕成，呈八方形，引起乾隆极大的兴趣。他便以桥为题吟成一上联："八方桥，桥八方，站在桥上观八方，八方八方八八方。"这一连串的"八方"让人难以应对。谁知纪晓岚却立即对出了下联："万岁爷，爷万岁，跪在万岁爷前呼万岁，万岁万岁万万岁。"这马屁可真是拍得恰到好处啊。乾隆听了，龙颜大悦。

在休息的时候,乾隆皇帝看见桌子上放着两碟豆,就想考考纪晓岚,于是出了一句上联:"两碟豆。"纪晓岚环顾四周,略一思考就对出了下联:"一瓯油。"乾隆见难不倒纪晓岚,便改口道:"我说的是——两蝶斗。"纪晓岚随即说:"我说的是———鸥游。"乾隆是个很聪明的皇帝,他见纪晓岚又对上了,就在上联前加了两个字:"林间两蝶斗。"纪晓岚对道:"水上一鸥游。"乾隆开心大笑。就这样,他们在游玩过程中以对对联为乐,充满了情趣。

扈从热河这段经历,对于纪晓岚以后的人生、事业的发展都具有重要的意义。可以说,纪晓岚正是从承德开始发迹,日后扶摇直上,鹏程万里,成为乾隆皇帝身边须臾不可离的大人物,甚至连皇帝玩笑都敢开的特殊侍从。

就在纪晓岚初入翰林,随侍乾隆、广为交游的时候,有一个江南学者走进了他的交际圈,这人就是戴震。

戴震,字东原,安徽休宁人。休宁属徽州,那里山清水秀,竹茂林丰,溪流纵横,山村佳秀。戴震出生在休宁与屯溪之间的隆阜老街。隆阜老街是一处风水宝地,"溪流一线、小舟如叶,鱼贯尾衔,昼夜不息"。

据说戴震十岁才能说话,大概是聪明蕴藏积蓄得太久,跟随老师读书,看一遍就能背下来,每天背几千字不肯停下来。有一回,戴震读到朱熹《大学章句》中的一节,他问塾师:怎么知道这是孔子所说,曾子所记?师答:朱熹说的。又问:朱熹是何时人?师答:宋人。再问:孔子、曾子是何时人?师答:周人。接着问:周朝宋朝相距多少年?师答:差不多两千年。可戴震还是不肯罢休,打破砂锅问到底:那么朱熹是如何知道的?塾师汗流浃背,无以为答,只好说:这孩子真是不同寻常啊。十六七岁时他就精研注疏,与同乡郑牧、汪肇龙、程瑶田等人,从师于著名学者江永。他学识广博,天文、历算、地理、音韵、文字,样样精通。可是他在科场上却不得意,二十九岁才补诸生,四十岁才中举,未中进士,五十一岁时任《四库全书》纂修官,两年后才得赐同进士出身,不久就病死了。

乾隆十九年(1754),因为族中豪强欺负戴震家贫势单,强占了他家的祖坟,戴震不得已跑到县吏那儿告状。但由于县吏收了豪强的重金贿赂,不但没有为他主持公道,反而诬陷他。戴震只好告别家人,从偏远的江南小镇来到了喧嚣的京城避难,暂住歙县会馆,生活十分窘迫。尽管戴震当时的身份不过是一介县学生,可他的深厚学历和不图虚名的学风早已声名远扬,王鸣盛、钱大昕、朱筠等一大批新科进士慕名前来拜访,"叩其学,听其言,观其书,莫不击节叹赏","折节与交",以至戴震"声重京师"。钱大昕在《戴东原传》中记载了他与戴震的一段交往:戴震来到京师之后,听说钱大昕在学界很有威望,就带着自己撰写的著作前去拜访。两人一谈就是一整天,戴震天文、地理、文学、历史等无所不涉及,其学问之广博、议论之精深,令钱大昕大为折服。戴震离开后,钱大昕由衷地发出感慨:"真是天下奇才。"钱大昕当时已经是名气不小的学者,能够令他叹服的人可以说是少之又少,他能给予戴震如此高的评价,可见戴震的确非凡夫俗子。

乾隆二十年(1755)夏天,纪晓岚与戴震相识。戴震比纪晓岚年长一岁,虽然家境寒微,却也是博学之士。纪晓岚特别钦慕戴震的学问,便"折节与定交焉"。为了能朝夕相处,纪晓岚将居无定所、生活靠朋友接济的戴震接到了自己家中,一边让他教授自己的儿子,一边与他谈道论学。在作于乾隆二十四年(1759年)夏的《审定史雪汀〈风雅遗音〉序》中,纪晓岚记述道:"于时休宁戴君东原主予家,去取之问多资参酌。"可见两人在一起既有面红耳赤的争论,也有和颜悦色的探讨。

闲暇之时,纪晓岚和戴震经常以对句为戏。有一次,两人吃西瓜消暑,说起对子来。纪晓岚先出上联:"吃西瓜皮向东抛。"戴震看到桌子上摆着一部《左传》,灵机一动,随口答道:"看《左传》书往右翻。"

这下把纪晓岚属对的癖好勾起来了。他接着出了一个俗联:"屎壳郎,撞南墙,乒乓,扑拉,炭!"戴震听了这个滑稽而又刁钻的上联后,忍不住哈哈大笑。他思考了一会,说出了下联:"癞蛤蟆,跳东洼,咯呱,咕咚,薑!"真是绘声绘色,相映成趣。

接着,轮到戴震出上联了。戴震略一思索,吟出一句:"太极两仪生四象。""太极"指天地未分之前的混沌世界,后来清轻者上升为天,混浊者为地。"两仪"便指天地了,"四象"指的是春、夏、秋、冬四季。这虽然是短短的一句话,却概括了太极生天地,天地生阴阳,阴阳互相作用,生出天地间万事万物的丰富内涵。戴震的才学,不能不让人刮目相看。对上此句,不仅要形式上工稳,而且要蕴涵深刻才为上乘之

作。然而才思敏捷的纪晓岚马上引用苏东坡诗中的"春宵一刻值千金"来应对，实乃天衣无缝啊。戴震对此赞叹不已。两人唱和不断，互相切磋，互相砥砺，学识日进。

也就是在纪晓岚的寓所里，戴震将自己著的《考工记图》呈给纪晓岚，纪晓岚看后赞叹不已，称其为奇书，并"欲付之梓"。戴震十分高兴，对纪晓岚说道："昔日丁卯戊辰间，先师程中允将此书拿给齐次风先生指教，齐学士一见而叹之为奇书。想不到今天您再次称之为奇书，这部书没有什么遗憾的了。"一年后，经过再三修订的《考工记图》在纪晓岚的支持下刻印成功。纪晓岚亲自为此书作序。在序中，纪晓岚盛赞戴震的学问："戴君深明古人小学，故其考证制度、字义，为汉已降儒者所不能及。以是求之圣人之遗经，发明独多。《诗》三百、《尚书》二十八篇、《尔雅》等，皆有撰著"，并称其所著《考工记图》亦"为治经所取溢固巨"。纪晓岚又指出：《考工记图》虽颇有价值，"然戴君不喜驰骋其辞"，"余独虑守章句之儒不知引申，胶执旧闻，沾沾然动其喙也，是以论其大旨以为之序首"。

从此以后，纪晓岚与戴震成为莫逆之交。戴震后来几次到京师都住在纪晓岚家，相互切磋学问，倾诉离情别绪。

乾隆三十八年（1773），戴震在纪晓岚的推荐下进入四库馆。当时的戴震仅仅有举人功名，能进入冠盖云集的四库馆，可谓是殊荣。纪晓岚是戴震生命中的一大贵人，戴震后来成为卓有影响的思想家、史学家，与纪晓岚的帮助和影响是分不开的。

当然，纪戴之交对纪晓岚的影响也很深远。戴震去世后，纪晓岚曾深情赋诗说："披肝露胆两无疑，情话分明忆旧时。"戴震对程朱理学"存天理、灭人欲"等扼杀人性的尖锐抨击，深深地影响到了纪晓岚！在纪晓岚纂修的《阅微草堂笔记》和《四库全书总目》中也都有相当深刻的反映。

古人说："文人相轻，自古亦然。"纪晓岚与戴震同为学界大师，彼此能够诚心相待、虚心切磋，的确难能可贵。他们的高尚情操值得后人学习借鉴。

第四章

福建督学，才压群芳

乾隆二十七年冬，纪晓岚被乾隆皇帝任命为福建省提督学政。在赴闽途中南渡黄河时，千里一泻、盘涡十丈的激流激起纪晓岚万千思绪。他回顾商周以来的黄河之患，更反省千百年来治河的种种教训，在"众手捩舵呼邪许"的船工号子声中，纪晓岚不禁吟道：

书生每喜谈水利，尸祝欲代庖人谋。
世间万事须阅历，百不一效空贻羞。

他正站在船头眺望江中景色，后面一条大船鼓帆而上，很快就超到前面。

大船上坐着一位老年人，灰白的长髯迎着江风在胸前飘荡，看上去甚是潇洒，那位老人回头打量着纪晓岚。忽然间，大船慢下来，两舟并行前进。老人站起身来，差人递给纪晓岚一张纸条，纪晓岚不解其意，赶忙接在手里，展开看时，只见上面写道："我看阁下必是一位文上，现有一联，阁下如能对出，敝船自当退避三舍，如对不出，只好委屈阁下在后啦。"接着写的是他的上联：

两舟并行，橹速不如帆快。

一向才思敏捷的纪晓岚，这次居然碰到了对手，一下子被这句上联给难住了。

这是一副语意双关，而又谐音与两位古人名字相同的联语，"橹速"暗含"鲁肃"，"帆快"暗含"樊哙"，一文一武，正巧构成了双重含义：表面的意思是橹不如帆，暗含的意思是讥笑文不如武。"看来这老家伙一定个武夫出身喽，我必须回敬他一句。"但一时想不出恰当的对句来，纪晓岚心中急如火燎。那位老者看纪晓岚皱起眉头，半天没

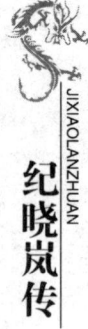

有答话的样子,想必是对不出下联,哈哈一笑,向船夫挥挥手,鼓棹扬帆而去。

纪晓岚听到他的笑声,心里像打翻了醋坛子,酸溜溜的不是滋味。

一代奇才纪晓岚,第一次被人难住,怎肯善罢甘休,一路上他搜肠刮肚,竟没有想出下联,不敢相信眼前发生的是事实。一路上闷闷不乐,几乎到了如疯如魔的地步,再好的风景也无心观赏了。

当时南方的文人,有一种偏见,认为南方人天资优越,所以文士多出在南方,北方则愚氓不化,没有什么才学。北方人到南方做官,往往受到南方人的轻视。

纪晓岚暗暗想道:尚未到任,就吃了一闷棍。南方文化发达,确是地灵人杰,人才荟萃。唉!今后尚不知会遇到什么麻烦。到了福州,主持院试的抡才大典时,乐声轰鸣,他心头一亮,暗叫"下联有了。"他对的是:

"八音齐奏,笛清怎比箫和!"

"笛清"暗含"狄青","箫和"暗指"萧何",也是一句语意双关,谐音喻人的对联,一文一武,文胜于武,对得天衣无缝。

纪晓岚对出了下联,打消了心中的块垒,恢复了往日的诙谐、乐观、旷达的本色,但没有当场对出下联,失去扬眉吐气的机会,成为他久久的遗憾。纪晓岚到任第一天,就听侍从人员向他禀告:有人说他只不过是读过(《三字经》《百家姓》之类的东西,没有什么真才实学,怎么配到南方来做提督学政呢?纪晓岚心想,果然不出我所料,要是没有点真本领,他们还真的不会把我放在眼里,我且不露声色,看看再说。

过了几天,寓所门口贴出来了一副联,却只有上联,没有下联,联语是:

"我南方,多山多水多才子;"

纪晓岚一看笑了,这不是公然挑战吗?看来不露一手,还真有点压不住邪气。便对官署里的人们说:

"此联出的很好,可惜是没有下联,诸位谁来补个下联?"人们正要看看这位新任督学的才华呢,当然谁也不肯多事,纷纷推让说:"我辈才疏学浅,还是由大人来题吧。"

纪晓岚微微一笑,说道:"既然诸位赏脸,我就献丑啦。"

当场唤过笔砚，大笔一挥，写就下联：

"俺北国，一天一地一圣人！"

众人看过，啧啧不已，下联不仅对仗工整，而且气势磅礴，寓意精深：山多水多，也要由天覆地载；才子再多，也是圣人的学生，看来这督学大人确实有两下子。

原来纪晓岚心想，不是有人说我只读过（《三字经》《百家姓》之类的东西吗？好，我就从这上边出题，看看才子们会不会《三字经》和《百家姓》。他出了三篇文章的题目，第一篇用的是《三字经》的头一句："人之初"；第二篇用的是《三字经》的第十一句："子不学"；第三篇用的是《百家姓》上的第一句："赵钱孙李"。

这下可好，参加考试的秀才们都傻了眼，不知道这文章怎么做。一场下来后，有人抱怨起来说道："大人出题太平，我们学的是（《五经》《四书》，这里却只出《三字经》《百家姓》，这岂能算作出题？"纪晓岚微微一笑："《三字经》《百家姓》都是启蒙文字，各位生员尚且未曾读过，难道尚须重新开蒙吗？"生员们感到受了奚落，很不服气，论说纷纷。有人议论道："我们不会，他也不一定会，无非是故作高深，让我们出丑罢了。"于是有人串通了一下，生员一起要求京师大人赐教，讲讲文章该怎么作。纪晓岚答应的很爽快："那好吧，我念你们记好了。"于是他把众生员召集到一起，像高山流水一样，滔滔不绝地朗诵起来，毫不迟疑，一气呵成，文章起伏跌宕，很有气势，而且词章华丽，妙语连珠。

生员们都听得有些发呆，不少人记都记不上，甚至把字写错了。三篇文章做完，秀才们无不叹服，都感到督学大人确是天下奇才。谁再也不敢小看他一眼了。但还是有人感到这样违背科试惯例，应当出《五经》《四书》上的题目。

纪晓岚笑道："刚才是和你们开玩笑，考好考坏，无关紧要。下面再给你们出个《四书》上的题目，各位考生务须郑重答卷。"于是重新开考，这次的题目是："今也南蛮，鸟夫。"这倒是《四书》上的一句话，用它来作文章题目，考生们无话可说了。但这个题目不但本身十分刁钻，而且是让生员们自己写文章骂自己，生员们个个犹豫不定，沉吟再三，难以落笔。有的憋得面红耳赤，心中连连叫苦；有的气急败坏，心中暗骂不已；有的看着试题发呆发愣，紧皱眉头。心中都憋了一肚子

第四章 福建督学，才压群芳

火,但这次又找不到借口发泄,只好把苦水往肚里咽。有的人忍气吞声地把文章写完了,但都属勉强成文,文理难求通达,根本不能正常发挥水平,文章中闹出了许多笑料,让人忍俊不禁。纪晓岚在写批语时,来一番戏谑挖苦,把一帮自恃才高八斗的才子们,搞得威风扫地,狼狈不堪。还有不少的生员,一是气愤已极,二来是确实难于落笔,不得已交了白卷。这场下来,生员们不得不服气了,都承认这位督学大人不但有学问,而且肚子里很有些花花肠子。消息很快传出去,那府、州、县的官员们,更对这个北方才子敬慕三分。纪晓岚认为,一个人与最要好的朋友之间,也有对立面;与最仇恨的敌人之间,也有依赖面。处理好人际关系,主要就是根据彼此依赖面大还是对立面大,巧妙地把握"方"与"圆"的转化。

一天,纪晓岚在城中微服游逛,走到城西的碧云茶楼,见二楼的阳台上写有"以文会友"的字样。停在下面细听,楼上人语纷纷,喝彩声不断。纪晓岚猜想是文人在此聚会,想起自己当年在文社与诸友唱和的情景,不由得心里痒痒。心想我何不登楼一观,看看这南方文友相会是什么场面,他们的才学到底如何。

想到这里,迈步登楼。见十几位文人学士正在这里吟诗作赋,四周墙壁上挂满了他们的诗文书画,纪晓岚要了一壶茶,静静坐到一个角落里,慢慢喝着茶,听着文士们的高谈阔论,观看墙上的诗词文赋,觉得这些人的谈吐和诗文没有什么高雅之处,与他们潇洒的装束打扮相比,简直有些金玉其外,而败絮其里。

这时有人发现纪晓岚,看他也是一副斯文打扮,便上前询问。纪晓岚只称自己是经商到此,不便通报姓名。

座中人听他是北方口音,顿生捉弄之意,有人说道:"贵客适临敝会,实是增辉不浅。但余等有约在先,与会者必须吟诗一首,以助雅兴。"纪晓岚连忙推辞:"不敢,不敢。敝人才疏学浅,作诗更非所长。"众人一听,越发不肯放过,你一言我一语,要他作诗一首,方许下楼。纪晓岚装作十分为难的样子说:"既然诸位不肯见谅,只好献丑了。"于是提笔写道:

"一爬爬上最高楼。"

众人一看,这哪里叫诗呢?都哗然大笑,要他继续作下去。他装出思索的样子继续写道:

"十二栏杆撞斗牛。"

大家看了，认为这句还可以，颇有诗意。有人却怀疑，这不定是从什么地方抄记下来的诗句，这会儿用上了。这时，纪晓岚抬起头来，看看大家，十分为难地说："诸位见谅！我这人有怯场的毛病，有人看着就写不出来，诸位可否暂避一下，让我把诗句写完。"大家不由笑得更欢了。为了继续取笑，还是同意了他的要求，便躲到一旁，不再看他，等他写出后面的诗句。

纪晓岚这回笔走龙蛇，眨眼间写完后面两句，掷笔于案，转身下楼扬长而去。

众人转身看时，他已经不存，看到案上已写好的两句诗是：

纪某不愿留名姓，
恐压八闽十二州。

这些人都被这两句惊呆了，原来是宗师大人到了！想起刚才奚落的话语，众人惊恐不迭，跑下楼来，欲要赔罪，早已不见踪影。这不仅是纪晓岚的职位，更重要的是他这诗的作法，叫做"逆挽法"，起得平平，把惊人之句放在后面。没有很高的文化修养是作不出来的。

这年冬天，福建闽侯县农民金焕根运了一船慈菇到县城，卖到菜行。老板匡连诚说泥水很多，硬要打六折。其实，金焕根已将售价打折扣，本应九百文钱一担，他只要八百文钱。但闽侯县菜行就此一家，老板欺金焕根远道而来，又急于卸货，只肯给他四百八十文一担。他说："不然，你把泥土洗净了，我给足你八百文一担。"可是泥水都干了，再淘洗慈菇头就会脱落，那样一来，更卖不出什么钱。

金焕根实在没有办法，在街上走来走去，最后只好到县衙告状。此时间知县范正朋是纪晓岚的老友，又恰遇身任福建学政的纪晓岚正在县里监考童生，范正朋便邀纪晓岚代审此案。

纪晓岚故意对金焕根说："买卖各有自由，人家不收你的慈菇、又不触犯王法，我怎好处罚人家？若我硬要人家收下慈菇，有人告我袒护菜农，贪赃枉法，我可担当不起。"

金焕根慌了："这船慈菇是我们金家庄八户人家的血汗，八家老小都等着这船慈菇卖钱过年哩！菜行老板有意压价，可要我们的命了！"

纪晓岚其实早已胸有成竹,他对金焕根说:"你先回船,我马上就来。你听到鸣锣喝道的声音,就在菜行门口泼一点泥水,我自有道理。"

金焕根回船不久,就听到鸣锣喝道的声音,连忙将一桶泥水泼到菜行门口。菜行老板匡连诚气得一把抓住金焕根的衣襟。正巧纪晓岚轿子到了,老板就扭住金焕根告状:"这个刁民竟将泥水泼到俺菜行门口,请大老爷惩处。"

纪晓岚连忙下轿,对着泥水就作起揖来。旁人都看呆了,纪晓岚却说:"农民乃我等衣食父母,泥土乃养命粮食之源,焉有不拜之礼!"

匡连城见状,只得改变腔调,唯唯诺诺地说:"是!是!官太爷家乡之土比金子还值钱。"

金焕根恍然大悟,插上话来:"匡老板,我这带泥的慈菇大概比金子还值钱了?"

匡连诚老板自知说漏了嘴,只好吩咐伙计:"这些带泥土的慈菇,全部按九百文一担收下!"

纪晓岚连忙拦住说:"不必多加一百文一担,我看,菜农金焕根只要你八百文一担,你仍按八百文一担付钱吧!"

就这样,纪晓岚既维护了菜农的利益。又制止了菜行老板加价收购慈菇以求讨好巴结官府的丑行。

几月过后,纪晓岚来到泉州。泉州太守刘知远是直隶真定府人,真定与河间两府相邻。这刘太守与纪晓岚当然就是同乡。两人相见,倍感亲切,相识之后,情深意笃,这期间往来频繁。

这天早晨,纪晓岚又来到泉州府衙,正遇刘知远升堂断案,便去后堂等候。衙役知他是知府大人的同乡密友,便去堂上禀告了刘大人。刘知远听说纪晓岚来了,心里一喜,顿时紧锁的眉头舒展开来,赶快退堂,到后堂接见。两人寒暄过后,纪晓岚问道:

"仁兄面有倦色,不知为何事操劳?"

刘知远说道:"纪兄,愚弟实不相瞒,今日遇到了一个很棘手的案子,也是个无头案子。被告是晋江县的知名秀才黄正轩,其舅父乃是当朝的吏部侍郎,他岳父陈蒲田任过礼部侍郎,虽致仕在家,京中故旧颇多。假如审理不当,将会影响今后的前程不说,更重要的是食君之禄,便应忠君之事。而黄正轩除是知名秀才之外,无论供词之中或其神情,均不像刁钻奸诈之人,如若用刑逼讯,又恐冤枉了此人,愚弟不愿了草结案，为此负君害民之事，而又无疵瑕可寻，是以为难，还望仁兄多多赐教！"

纪晓岚见刘知远神情忧郁，问道："请仁兄一叙案情。"

刘知远说道："这黄正轩的岳父陈蒲田状告黄正轩逼死女儿陈雪娇。"说道此处，刘知远差人取来状纸，交给纪晓岚观看。

纪晓岚看完状了，说道："即蒙仁兄见爱，纪昀愿意效劳。"纪晓岚让刘太守在二堂提审被告黄正轩。为什么纪晓岚要在二堂审讯黄正轩呢？大堂和二堂又有什么区别呢？在大堂审讯，除允许百姓听看之外，还要三班皂隶、刑房书办等人参加站堂，呼喊堂威。如犯人不招，还可用刑，而二堂则不允许百姓旁听，除一两个差役提人外，一般由刑名师爷录供。纪晓岚估计此案必有隐情，为保密起见，故而在二堂审讯。原来黄正轩成婚那天，天气炎热。夜幕降临，暑热未消，室内闷热难耐，黄正轩便请新娘陈雪娇到院中，在梧桐树下纳凉，待稍觉凉爽后再入洞房。

俄而月上枝头，院内清幽静谧，五颜六色的灯笼将夜中的庭园装点的美丽宜人。黄正轩和陈雪娇在院中谈着笑着，两情欢洽，其乐融融。陈雪娇激励丈夫日后要刻苦读书，争个三元及第。黄正轩自命不凡，声言稳操胜券。

陈雪娇微微笑道："既然夫君这样自信，为妻出一题目，考一考你怎样？"

黄正轩不肯示弱，摇着手中的折扇，一笑说道："我虽不敢说胸怀二酉，学富五车，然自幼饱读诗书，难道还怕娘子考倒不成，爱妻尽管出题是了！"

陈雪娇看丈夫傲然不凡的态度，便说道："倘若此题应答不出，为妻罚你书房独宿，不知夫君能否应允？"

"噢！敢情是爱妻要扮作那苏小妹的角色，为夫也当一次秦少游，这又何妨！倘若我回答不出，也无颜在洞房内见娘子，任娘子惩罚就是了！"

"郎君可比秦少游，但妾岂敢比苏小妹。不过，我出上一副对联，夫君何时答上，何时进入洞房，如果对不出来，今夜就要委屈夫君一夜啦！"说完雪娇看看天上的明月，略一沉思，用银铃般的声音吟道：

"移椅依桐同望月。"

第四章 福建督学，才压群芳

黄正轩听了上联，开始觉得很容易，可是仔细一推敲，觉得此联确不易对，"移椅依"三字是同音异声，"桐同"二字则是音同义异，下联也要如此对出，方可成为一副佳联。起初他心里还是蛮有把握，但越想越觉得心里没底了。沉吟良久，仍然不能对出下联。陈雪娇见他都急得头上挂满汗珠，一边递过手帕让黄正轩拭汗，一面取笑道：

"既然我们有约在先，只好委屈相公一夜啦！天色已晚，早点儿回书房歇息去吧！"

陈雪娇说完，自己到洞房。不过她这是戏言，并未认真，料想黄正轩也会随自己而入的。她哪知新郎黄正轩正在年轻气盛，自以为文场中首屈一指，不想竟然在一个女人手中栽了跟头，"栽在别人手犹可，可偏偏是自己的娘子，若对不上，岂非一辈子的话柄？"黄正轩想到这里，抱着对不上不入洞房的劲儿，负气一夜未睡，思来想去，直到天明尚未想出下联⋯⋯两日过去，黄正轩仍未属出下联。这天夜深，他正在书房秉烛读书，丫鬟挑灯来到书房，说夫人差她请老爷回房歇息。黄正轩满脸愧色说道："未能属出下联，无颜见到娘子。"不肯回到洞房内与雪娇圆房。

第二天早晨，发现新娘陈雪娇已经自缢身亡。黄正轩痛断肝肠，自恨自己无才无能，妄夸海口，使新人大失所望，遂至走向绝路。陈老员外视爱女雪娇为掌上明珠，噩耗传来，悲痛欲绝，询问其死因，黄家人也说不清楚，只好将婚后之事，一一回明，陈蒲田哪肯相信，愤怒之下，投诉官府，状告黄正轩逼死女儿。

刘太守受理此案后，经仵作验明，陈雪娇死前不久已经破身，并非处女。然而被告黄正轩咬定尚未圆房。是新娘与人通奸？还是被人强奸？疑团难解，查无线索，几日来刘知远一筹莫展。

纪晓岚见黄正轩情词恳切，跪在堂下悲泪横流，痛断肝肠。纪晓岚沉思片刻，心想必须查明与陈雪娇同房之人，才能了结此案，便向黄正轩问道：

"花烛之夜，新娘出题之事，是否尚有他人知道？"

黄正轩哭哭啼啼地回道："夫人死前两日，几位同学曾到府上，看我愁眉不展，坐立不安，问起是何缘故，学生便将夫人所出一联，说将出来，请他们帮助属对，以求早日圆房。"

"是否属出下联？"纪晓岚继续问道。

"没有。"

"噢——"纪晓岚恍然大悟,令黄正轩退下,传讯陈雪娇的贴身丫鬟,也命在二堂审讯,丫鬟讲了夫人死前两日的情况:那天夜深以后,服侍夫人睡下,丫鬟也回到另一间房中歇息,朦胧中听到"吱"的一声门响,丫鬟坐起来问了一声:

"谁呀?"

"是我,你不要起来了,我来给少爷开门。"说话的是新娘陈雪娇。

丫鬟心中替姑娘一喜:"定是新郎刚才对出了下联,来房中圆房。"

但丫鬟忙碌了一天,身上十分疲倦,翻个身就又睡觉了,新娘房中的事,并没有听到。

次日,新娘陈雪娇喜悦异常,丫鬟怕她害羞,也没有问起昨夜的事。但直到夜已很深,仍不见黄正轩回房歇息。新娘便打发丫鬟去书房,请黄正轩回房。丫鬟来到书房,见他仍旧愁云满面,传过夫人话后,他仍不肯进入洞房,说未能对出下联,无颜去见夫人。丫鬟十分纳闷,只好回房禀告新娘。

新娘听了丫鬟的回话,说了一声:"哦?怎么昨夜……"

话没说完,陈雪娇脸色发黄,呆坐在床沿上,丫鬟忙问:"您身上不舒服?""哦……没有什么,你回房睡觉去吧。"

丫鬟要服侍雪娇睡下再走,雪娇不肯。再三催促丫鬟去睡,丫鬟才回到自己房中。天亮以后,雪娇已在屋中缢死。审完丫鬟,纪晓岚显得成竹在胸,吩咐丫鬟回去对任何人都不要说过堂情形。

又给刘太守出谋献策放还黄正轩,要他像没有发生任何事一样,同他的一帮同学来往。严令所有知道此事的人,不准向外走漏消息,速将陈雪娇埋葬,只说是黄府里死了一名陪嫁丫鬟。刘太守按照纪晓岚的嘱咐一一作出安排。纪晓岚回到寓处,想起陈雪娇为丈夫出的那副联语,要为它对上下联,沉思良久,也没有想出一个满意的下联来。暗暗说道:"这陈雪娇果真是位才女,所出一句实难属对,怪不得这黄正轩两日都没能对上。"夜晚,纪晓岚叫仆人搬来一把椅子,放在院中的一棵大树下,他坐在椅子上仰头望着天空的明月,嘴里不停的低声吟道:

"移椅依桐同望月,移椅——依桐——同望月,移椅依——桐同……"

不知不觉一个时辰过去了,他的脖子都仰得有些发酸,但觉得仍不

困倦，便想回屋内读书，忽然想到这院中有座壶天阁，阁上藏书甚丰，便让仆人叫来在壶天阁当差的人。差人来到跟前，见是督学大人，要到阁上借书，即便在夜里也不敢怠慢，说声："大人稍候，小人取盏灯笼就来。"差人说，扭头取灯笼去了。纪晓岚在阁下等候，不停地来回踱步，脑子里又想起那副对联，忽然停住了脚步，猛地想出了下联，自言自语道：

"噢——对！就是这句：'等灯登阁各攻书。'"

"对对！只能是这个对句！"纪晓岚心中豁然开朗，出句对句，暗暗为陈雪娇之死感到惋惜，弄清此案真相的愿望更加迫切了。

按照当时的制度，乡试以前，各府、州、县的生员、增生、廪生，都要参加提督学政州内巡回举行的科试。科考合格的生员才能应本省乡试。这时实行六等黜陟法：一二等与三等名次靠前者有赏，四等以下有罚或者黜革，不能取得乡试资格。考试揭晓，平素与黄正轩有交往的生员都被列在四等以下，这些人怨声载道，反映评卷不公。

几日过后，督学大人纪晓岚把这些人招来，先是一番训教，然后要出一副联，能对上者可破格擢为一、二、三等。这十几个人都非常奇怪，但他们早就知道这位督学大人十分古怪，在主持院试时曾以"人之初""赵钱孙李"和"今也南蛮，鸟夫"为题，把参加考试的生员都考得叫苦不迭，不知这次又是什么古怪刁钻的题目？但也无可奈何，只好听从督学大人的摆弄。督学大人出的上联是：

"移椅依桐同望月。"

过了多时，时间已到。生员们一个个愁眉苦脸地交了白卷，走出场去，最后只有一个晋江县的吴绍智，临出场时提笔写出了下联，与纪晓岚所想下联一字不错：

"等灯登阁各攻书。"

纪晓岚看后哈哈大笑，赶忙差人报告刘太守：罪魁祸首已经查明，就是晋江县秀才吴绍智。

将吴绍智带到堂上审问，那吴绍智哪里肯招。刘太守吩咐大刑伺候，吴绍智见不招就要皮肉吃苦，只好供认不讳：那天他和几个同学，到黄府看望黄正轩，得知新娘出题难住新郎，不能圆房，便问起那副上联，同学想来想去，当时谁也没有对出下联。

吴绍智回到家中，越想越是有趣，反复地思来想去，夜晚叫书童打

· 72 ·

着灯笼要到楼上的书斋里读书,在攀登楼梯时突然想出了下联,心中暗自得意,心想何不扮作新郎,去洞房戏耍一下。

第二天夜晚,吴绍智换上新郎装束,逾墙进入黄府,躲在洞房前的花丛中,从窗户向房中观望,看新娘子陈雪娇生得玉人一样,心想:真是天赐良机!这样一个佳人,若能消受一夜,也是三生有幸。等到夜深人静,听着丫鬟也已睡下,他才从花丛中钻出来,来到陈雪娇窗前,模仿黄正轩的声音说道:"爱妻开门,你害得我苦啊!今日才对出下联。"陈雪娇隔窗听见丈夫说对出下联,喜上心头:渴望已久的时刻终于到了!隔窗问丈夫如何属对,吴绍智便回答了"等灯登阁各攻书"一句。陈雪娇听了,细细品味,对得十分巧妙,称得上是天衣无缝,心中万分欢喜,便亲自启户,将他迎进洞房。

吴绍智走进房中,把灯吹灭,把陈雪娇抱上绣床,做了一夜夫妻。次日拂晓,陈雪娇还没睡醒,他就悄悄地溜出洞房。听完吴绍智口供,纪晓岚又给刘知远分析起第二夜的情形:这天雪娇十分喜悦,等着丈夫回房倾诉衷肠,重温昨宵欢爱,直到夜深时分,仍不见丈夫来临,便差丫鬟书房去请。

不料新郎回说尚未属出下联,不肯回房。陈雪娇听了丫鬟的回话,"轰"地一声,如五雷轰顶,头晕目眩,坐在了床沿。丫鬟走后,她前思后想,断定是恶徒冒名属对,使她被迫失身,胸中羞恨难当。想到此事传讲出去,哪里还有脸面做人,便自己悬梁自尽了。刘知远问明来龙去脉,又听纪晓岚分析得条条有理,立刻便断决此案,判曰:"男女婚嫁,需父母之命;秦晋亲盟,凭媒妁之言。黄正轩风流少年,多读孔孟之书;陈雪娇深闺丽质,颇习周公之礼。以雏凤副娇鸾,堪称良配;用美玉配明珠,适成佳偶。新婚之夜,桐下属联,无异苏小妹三难新郎;拂袖而去,闭门苦读,实同六国相再攻阴符。何期吴绍智窃联属对,遂冒新郎而入洞房,致使雪娇受骗失身,故含羞愤以自戕。陈女无心,吴犯有意。恶由吴犯起,罪无可逭,律应抵命,重惩示儆。黄正轩无罪放还。"此案了结,督学大人纪晓岚的名声又一次轰动了闽州,上上下下无不叹服这位督学大人才智超群。纪晓岚走到哪里,拜谒求见的人便蜂拥而至。官场上一些自恃才高的人不得不退避三舍。

纪晓岚自从把新娘子离奇死亡这个案子破了以后,名声越来越大了。他来到福建柘荣察访疑案时,一上手便遇到了一个争立嗣子的案

第四章　福建督学,才压群芳

件,那是前任知县遗留下来的疑案。

告状的是位老妇人,她说她丈夫早就去世,没留下儿子,她丈夫的哥哥却有两个儿子,为了占有她的产业,大伯想把他的小儿子过继给她,做合法继承人。可是,小侄儿的品行很坏,挥霍无度,经常辱骂顶撞婶母。婶母十分厌恶他,便收养了另外人家一个孩子。大伯发怒说:"按法律应由我这个儿子继承!"

她也很生气地说:"立谁为嗣是我的事,我爱立谁就立谁。"双方告到县衙,但拖了几年不能判决。纪晓岚当然很郑重地审理这件案子。

双方齐集于公堂,大伯坚持说:"我有两个儿子,按法律规定,应过继一个给我弟弟家。"

纪晓岚说:"对!你说得很有道理。"

于是问女人:"你有什么理由来告状?"

妇人说:"照规定是应立他儿子为嗣,可是,按人情应允许我自行选择。他儿子浪荡挥霍,来到我家必定败坏家业;而且他性情凶顽,经常顶撞我,我已年老,怕靠他不住,不如选我称心如意的人来继承家产。"

纪晓岚大怒:"公堂上只能讲法律,不能徇人情!怎么能任你想怎么样就怎么样呢?"那哥哥一听赶快叩头称谢,旁边的人也齐声说对。于是,纪晓岚让他们在状上签字画押,然后把哥哥的小儿子叫到面前说:"你父亲已经与你了断关系,你婶子就是你的母亲了,你赶快去拜认吧。这样一来,名正言顺,免得以后再纠缠了。"那孩子立刻向婶母跪下拜道:"母亲大人。请受孩儿一拜!"

婶母边哭边说:"要立这个不孝之子当我的儿子要我的命,我还不如死了好!"

纪晓岚说:"你说这个儿子对你不孝,你能列举事实吗?"

于是,那妇人便一件件地叙述,说得清清楚楚。纪晓岚对那哥哥说:"按照法律规定,父母控告儿子不孝,儿子便犯了十恶大罪,应当处死,现在这个孩子也应该按法律处治。"于是立即命令差役:"用棍棒打死那个不孝之子!"

那个哥哥一听要打死自己的儿子,慌忙苦苦哀求,旁边的人也纷纷跪在纪晓岚面前请求免刑。纪晓岚沉默许久才说:"我怎么敢不依法办事?现在只有一个办法,就是不要他去做婶母的儿子,这样,她也无从以不孝重罪来告她侄儿。你儿子也可以不死在棍棒之下了。"

那哥哥急忙叩头，连称照办。于是，纪晓岚让众人改口供，由妇人立她所选中的人做了嗣子。

老妇人连连向纪晓岚磕头谢恩说："民妇拜谢青天大老爷，青天大老爷一招'欲擒故纵'谋略帮民妇卸下了心头重压！"

不久后，在一次宴会上，出席者都是当时福建的风流名士，一个个才高八斗，学富五车。谈笑间有人向纪晓岚问道："纪大人学识如此渊博，除了得天独厚，天赋异常而外，当另有什么治学的秘诀吧？"纪晓岚听了，谦逊地说道："常言说，'梅花香自苦寒来'，我并非得天独厚，也没什么捷径可循，只不过是苦学不倦罢了！"大家听了，点头称是，有的摇头一笑。纪晓岚又一本正经地说道："要说秘诀嘛，也算是有的，不妨我为诸位写在纸上。"说着，找来文房四宝，挥笔而成一联，只见纸上写道：

睡草屋闭户演字，卧樵榻弄笛书符。

在这副联里，俨然描写了一个超然物外的读书人的形象，尽管住草屋，睡樵榻，一贫如洗，仍然读书不倦，闲来吹笛品箫，悠然自得。

纪晓岚写就，在座的要争着传看。但座中人多，一时传不过来。正好纸幅被一位常大人拿在手里，纪晓岚便说道："有劳常大人为各位大人读上一读！"常大人便高声地为大家读了起来，语音刚停，座中各位便一个个捧腹喷饭，笑得直不起腰来。

原来两百多年前的乾隆年代，那时还没有推广普通话，南方与北方的语音相差很大，尤其是福建、广东一带的差距更大。参加宴会除了纪晓岚和刘知远来自北方，其他都是广东、福建、浙江等南方人士，纪晓岚见他们说话，与北方话音调不同，便写出此联戏谑。常大人不知其中奥秘，读出这副对联时，已经面目全非，大家听到的却是：

"谁操吾屁股眼子，我叫他弄地舒服。"

见大家笑得如此失态，常大人尚在纳闷，等他一回味自己的语音，明白纪晓岚是有意奚落，不巧被自己碰上，不由得脸上通红起来，十分难堪。转脸看纪晓岚，他却端坐在那里，正冲着自己皱眉头呢，看他这副一本正经的样子，常大人的怨气也不便发作，只好苦笑起来。时间很

快过了三年，纪晓岚提督学政任满，即将离闽回京，消息传开，一帮文人学士们感到松了口气，因为有纪晓岚在此，他们是较量不过他的，如不避锋芒，将会防不胜防地受到他的耍笑，早已没有人敢说北方没有人才了。

纪晓岚启程这天，有人送来一个礼盒，纪晓岚打开一看，里面只有一个禀帖，上面写着一行字：

虎起山还在。

纪晓岚呵呵一笑，心想自己这三年还真有点虎威，有不少人受了冤枉气，盼我早点离开，我何不吓他一吓！随即提起笔来，就在原帖上写上一行字，令送礼人带回，他写的这行字是：

山在虎还来。

在场的人看了，称赞纪大人毕竟是才高无量，无人敢比。

归帆经过浙江，纪晓岚在舟中写了一首诗：

山色空蒙淡似烟，
参差绿到大江边，
斜阳流水推篷望，
处处随人欲上船。

这首诗把静态的山色写得活灵活现，尤其是最后的结句，虽是平常语句，但用在此处，便显得灵巧鲜活，使读者如身临其境，回味无穷。

第五章

奔丧守制

就在纪晓岚即将踏上返京征途时,突然传来父亲去世的消息。纪晓岚悲痛万分,急忙向朝廷告假回家奔丧。

赶回崔庄老家,纪晓岚到灵前哭拜父亲之后,着手安排殡葬事宜。

纪晓岚的父亲生性严峻,有威仪,教子经心。他以精深的学问,丰富的阅历,广博的见识和熟谙官场的练达,对纪晓岚从读书、治学、做人、处世、交友、为官等各个方面悉心指导,谆谆教诲,因而纪晓岚对父亲十分敬重。纪晓岚晚年著作《阅微草堂笔记》时,多次提到父亲"先姚安公"。常说:"每忆庭训,辄悚然如侍左右也。"

纪晓岚追述父亲种种贤德懿行,总想为亡父留存一些可供后人瞻念的遗迹,准备在厂里村修建一座"瑞杏轩"。厂里是纪家的一处庄园,原名宋村厂。明朝时,村边有一座砖厂,建有七十二座连窑,专为烧制进贡的澄浆砖。人们习惯把那儿叫做厂里,时间一长,原来的村名反倒不用了。早年肃宁老儒王德庵先生在厂里设帐教书。纪容舒就读于王先生门下。康熙五十二年(1713)春天,纪容舒随意折了一枝杏花插入水中,谁知那树枝竟然活了。花落后结出两个小杏,逐渐红熟,跟树上长的一样。就在那年,逢万寿恩科,纪容舒得中举人。王德庵(又作王德安)为这事题写了一幅匾额"瑞杏轩",悬挂在学塾里。

纪晓岚回乡葬父,想起这件旧事,去寻那学塾和匾额,可惜事隔多年,物换人非,匾额早已没了踪影。厂里那处庄田在分家时落到堂弟纪盼(东白)名下。纪晓岚打算把房子买过来,回北京后请刘墉重新写一匾额,刻石镶嵌于屋内墙壁上,后因自己在仕途上遭受变故,此举未能实施。

古代制度,官员死了父母叫丁忧,需要解职回乡居丧,以尽孝道,叫做守制,俗称守孝。原则上守制三年,实际上只需二十七个月,首尾

相接够三年就算满期。丁忧守制,使纪晓岚有暇与分别多年的兄弟子侄、乡邻亲友畅叙别来之情,尽享天伦之乐。

纪晓岚那位大哥纪晫(晴湖),此时已年届六旬,成了一家之长。堂兄纪昭、纪易,堂弟纪盼、纪晖、纪旭、纪昉都在家中。兄弟之间常常聚坐长谈。

纪晓岚的父亲一生娶过三位夫人。原配献县留福庄安氏,生子纪晫。安氏于二十九岁上病故。继配沧州张氏,未育,于二十六岁上去世。又继配张氏之妹,生纪晓岚。大户人家嫡出庶出之间,常常亲疏远近,机械万端。由于父亲善于治家,常言"世情万变,治家者平心处之可矣",所以纪晓岚与前母所生的大哥相处得亲密无间。大哥性格淳实淡静,从小就提挈保护自己的小兄弟。其亲密程度胜过同胞亲生。在七八岁之前,纪晓岚不知道自己和大哥是异母兄弟,年龄稍大虽然知道了,由于晨夕相处,一点也不觉得有异母的生分。纪晫一生不善钻营,如今愈加老成持重。兄弟们谈话中提及世态万状,人情冷暖,纪晫说:"与人交往是件很累的事,有些人为了会见客人,又整衣又正冠,说话还要字斟句酌,简直如临大敌,何必如此费尽心机!"

纪晫也曾涉足科举,乡试未得中,他也不在乎。他说,仕宦之富贵,文章之名誉,不过如流云逝水,瞬息而没,无所谓的。四弟你善作议论驰骋之文,我就不喜欢那样张扬。不过你做得对,总算没有辜负父亲的期望,圆了父亲的梦想。看到你博取了功名,又仕途顺畅,父亲生前非常高兴。如今父亲寿终正寝,可以含慰九泉了。

纪晓岚跟堂兄纪昭(懋园)交谈,更多的是切磋学问。二人于乾隆十二年(1747)丁卯顺天乡试一同中举。之后纪昭会试也未能过关,随即在内阁任中书舍人。当时纪晓岚在京城与一班少年才俊诗句相唱和,纪昭只是偶尔参与,更多的时间则恬然寂寞,闭门和两三位志同道合的人切磋学问。乾隆二十二年(1757),纪昭成进士。他已经在内阁干了八年,正值宗人府主事有缺,本来很有希望升迁,但第二年纪容雅病危,纪昭便告假归里侍奉父亲。父亲死后接着守孝,后来再没入仕,隐居乡间研究学问,教授学生。

纪昭的文章宗法韩愈、欧阳修,学问则服膺宋五子周敦颐、程颢、程颐、张载、朱熹。他对阴阳、舆地、医卜、算术等学科都有深入的研究。此时他正在编纂《毛诗正义》《养知录》《骚经章句》《文选赋注》

等书。后来，前两种被收入《四库全书总目》。

纪昭生性和善，敦睦亲旧，急人疾苦。早在内阁为官时，多次帮助同僚排解家中疑难。回乡后他在村南旧园里盖房子。风水先生告诉他说，那块地基正在八卦的离位上，最吉利，如果把房子盖得高大，居住者有利，而对周围兄弟住户则稍微有些不利。于是他便把房子盖低些，宁可自己不利，也决不损人利己。到了晚年在病危之时，纪昭把平生著作交给儿子汝伦，并口授五言诗一篇：

    人生天地间，有生必有死。
    生者动有为，死者长已矣。
    劳逸固有节，否泰亦其理。
    余生薄祜相，事顾不获已。
    我欲效古人，古人不易企。
    俗士之所营，我心又不喜。
    徒抱耿介性，兀兀遂至此。
    晚年思奋发，锐意攻其里。
    缅惟古圣心，精荟儒先旨。
    先儒世不同，异论以时起。
    群言日淆乱，谈经经逾否。
    还以衷诸圣，庶几澄其滓。
    但很才力弱，志远而识迩。
    亦有会心时，欣然忘其鄙。
    直蹒古人室，相与观无始。
    服兹未历年，时光惊逝水。
    一病不获安，二竖常依倚。
    壮志曷有极，悲哉从此已。

诗句表现了纪昭钻研儒学经典至死不渝的执著精神。就在这次纪晓岚守孝期满临回北京之前，纪昭为堂弟送行写了一首《送晓岚弟赴补》诗：

    祖帐春园俨画图，新莺求友遍相呼。

　　座倾宾客真输汝，老怯津梁定笑吾。
　　敢道山林胜钟鼎，无如鱼鸟乐江湖。
　　归途便赴邻翁约，以备看花酒满壶。

　　表现了他淡泊仕途，甘居林泉的志趣。

　　居家之日，纪晓岚逐渐从丧父的悲痛中缓解过来，尽情感受故园的乡风野韵。多年在外历经书山险路，宦海惊波，难得有如此安闲舒适。

　　他徜徉于田间林下。深秋枣熟季节，鲜红的枣果成串成簇，压得树枝下坠接地。红果绿叶之间，三三两两男女枣农在举杆扑枣。枣随杆落，滚珠跳跃，如红雨洒地，煞是好看。纪晓岚触景生情，想起《诗经》里"八月剥枣"的古韵，随口吟咏：

　　　　八月剥枣时，檐瓦晒红皱。
　　　　持此奉嘉宾，为物苦不厚。
　　　　岂知备赞谒，兼可登笾豆。
　　　　桂子不可食，馨香徒满袖。

　　他感叹故乡枣树动辄成林，枣子俯拾皆是，但枣农不把它看作稀罕之物，甚至觉得招待客人都拿不出手。岂知此物早在上古时期就被用来充当晋见的礼品和祭祀的供品，远比南方的八月桂花珍贵和实惠。可喜的是那时已有人懂得调剂余缺，长途贩运，往北用车辆运到京师，向南随漕船捎去南方各省贩卖。不少人家以此为业。

　　崔尔庄往南六里，有一古镇名叫高川。高川地势呈鱼背状隆起，滹沱河东支流由镇南向东绕行。那里有一处码头，设有把总驻防。平原地势平坦，一览无余，唯高川一带，望去林木荫翳，蔚然深秀。纪晓岚听父亲说过，乾隆八年（1743）夏天，高川村北天坠一龙。纪容舒坐着马车前去观看，赶到后听说龙已经升天了，地里的庄稼被践踏了一大片。实际上那是下暴雨时形成的一种弯转悬垂，宛如龙形的积雨云。

　　纪氏在崔庄有一处规模宏大的宅院。院内小巷曲折，若干处四合院毗连坐落，又有几座小楼耸立其间。被称作九门九贯巷。纪晓岚回乡之后，在院中又修筑了一所小楼。登楼远眺，长风扑襟，彩云入目。纪晓岚为它取名"对云楼"，并赋诗二首记之：

还乡翻似到天涯，筑得书楼便作家。
偶睇郊原成野趣，拟从田老课桑麻。

长夏云峰入望深，轩开四面好凭襟。
儿曹莫笑村居隘，两载经营一片心。

这期间，纪晓岚又将父亲所刊订的《家谱》重加续修，取名《景城纪氏家谱》。冠名景城，就是为了纪念始祖落籍景城，以示不忘本。谱中体例一一参照古来名家谱牒。纪晓岚下笔记载自己的母亲张氏时，措词极其谨慎："（容舒）元配同县安讳国维之女……继配沧州张讳棻第二女……继配张讳棻第三女。诰封宜人，晋恭人，累赠一品夫人。"在《序例》中他引经据典，说"妇曰某夫人，据欧阳氏谱也"。"士庶妻亦曰夫人据朱子语类也"。"曰元配，据《晋书·礼志》文也"。"曰继配，据王介甫《葛源墓志》，介甫又据《仪礼》也。不曰继室，古之继室非妻也；不曰中娶，不曰次配，皆僻也"。在这里，纪晓岚为了给作为父亲第三娶的生母正名分，可谓煞费苦心。

纪府女眷中，纪晓岚的两位前母早已过世，生母也于乾隆十五年（1750）驾鹤西归。此时长辈中尚有两位婶母。一是三叔的继配夫人高氏，一是四叔的继配夫人李氏。按大排行，纪晓岚称纪容雅为三叔，称纪容恂为四叔。纪晓岚对两位婶母非常孝顺，待如亲母，两位婶母待他也像亲儿子一样，特别是四婶李氏对纪晓岚更亲。

他回到北京之后，四婶常常亲手缝制些鞋袜佩囊之类的物件捎过去。其实，当时三婶高氏只有四十八岁，四婶李氏则跟纪晓岚同龄，时年四十一岁。在当时那种社会里，大户人家的男人续弦、纳妾的事司空见惯。所以年龄跟辈分常不相符。这并不影响长幼次序，况且继配也属正娶，更应受到尊重。二十六年之后，纪晓岚在北京得知四婶去世，十分悲痛，亲自撰写《祭四叔母文》，对这位同龄长辈口口声声称作"老人"。说自己朝廷为官，身不由己，不能时常在老人身边侍奉。他原计划在三年后叔母七十寿诞之日，邀同僚为她置酒庆寿。只惜在他们六十七岁上，传来讣音。纪晓岚深深为此而抱痛。

纪晓岚为父亲送葬是带着家眷回乡的。督学福建，他就携家同去。途中有《初到江船》二绝，其中一首写道：

芦篷团坐似茅庵，大妇携将小妇三。
白舫青帘行画里，拥炉一夜话江南。

诗中"大妇"自然是指纪晓岚的正配马夫人，"小妇三"应指纪晓岚的小妾郭彩符和两个儿媳张氏、赵氏。那年长子汝佶二十岁，次子汝传十六岁。他俩都已娶妻。

纪晓岚这次里居期间，正赶上岳父马永图的三叔马雍去世。马雍曾任直隶元城县（今属河北大名县）训导，故又称元城公。乾隆三十年（1765）四月，纪晓岚去东光参加了元城公的葬礼，留宿岳父家。晚年的马永图，操持建宗祠、置祭田、主持重修家谱。他嘱咐女婿为重修的《马氏家乘》作序。

马氏也是明初移民，一世祖马十六原籍山西陵川县。明永乐二年（1404），马十六来东光县城南十里落脚，立村称老马庄，渐渐成为东光望族，自明嘉靖朝到清乾隆年间，有九人中进士，《马氏家乘》很早就已修创。康熙末年，翰林院侍讲陕西绥德人马豫，应邀以同宗身份为《马氏家乘》作序称："开马氏之基业者，乃十六公也。阅五世而至节甫（汝松）公，登嘉靖甲辰进士，位列谏垣，名著朝右。嗣后，科第蝉联，簪缨蔚起，累累若若，分猷赞化者几遍皇衢。东西朔南啧啧称东邑马氏为巨族焉。"马永图主持的是第五次续修。当年七月，纪晓岚践约把序写成。序中称"推一本之爱，油然而生孝悌之心"。

乾隆三十一年（1766）马永图逝世。七年后，儿子马兆晟将父母遗骨迁葬于东光县城西六里路庄（今属阜城县）新茔。纪晓岚为岳父撰写了《墓志铭》。《墓志铭》把马永图为本族节妇捐田、立嗣、请旌之事作了详细介绍，由此而推论墓主"行谊政绩虽不尽传，然知九族为一体，必知万物为一体，此一二事者，天下后世想见公之生平矣"！

嘉庆元年（1796）四月初八，七十六岁的马夫人病逝。已经做了太上皇的乾隆帝派侍卫前去纪宅祭奠。这属于特殊礼遇了，纪晓岚即刻去向太上皇帝当面谢恩。乾隆帝问道："你是海内有名的文豪，而且夫妻感情深厚，一定会有很好的悼亡之作呀。"纪晓岚说："臣年岁老了，体衰多病，文字也渐颓唐，不足以登作者之堂。然而，我们毕竟是六十多年的结发夫妻，鼓盆之痛，哪能没有！仅抄袭了古人的一段陈言，聊致怀念之意吧。"用古人现成文字为自己妻子致悼也算是一件新鲜事，乾隆帝愿闻其详。纪晓岚把王羲之《兰亭序》中的一段念给他听：

夫人之相与，俯仰一世，或取诸怀抱，晤言一室之内；或因寄所托，放浪形骸之外。虽取舍万殊，静躁不同，当其欣于所遇，暂得于己，快然自足，不知老之将至。及其所之既倦，情随事迁，感慨系之矣。向之所欣，俯仰之间，以为陈迹，犹不能不以之兴怀。况修短随化，终期于尽。古人云："死生亦大矣，"岂不痛哉！

乾隆帝听了大笑，说："王逸少的《兰亭序》被你这么一截，便成了一段精彩的哭妻祭文。你真会抄人家的蓝本啊！"

其实原文中开头那个"夫"字，本是起提示作用的语助词，纪晓岚把它作为实词来用，与后面的"人"字巧妙地合成"夫人"一词，倒也天衣无缝，十分贴切。

纪晓岚与马氏的婚姻，虽不能说有什么爱情可言，但是，他们相伴终生，按照封建官僚缙绅家庭中的正统礼法来衡量，似乎是圆满、完美，无可挑剔的。

纪晓岚共生有四儿四女。他对晚辈不仅严教不倦，更是疼爱有加，舐犊之情，深厚挚切。四个儿子是：汝佶、汝传、汝似、汝亿。纪晓岚督学福建带去长子和次子，三子汝似是回老家第二年出生的，四子汝亿是他六十一岁上老年得子。

纪晓岚丁忧故里的第二年，二十岁的汝佶得中举人。这个使父亲寄予厚望的儿子最终却未能成才，于乾隆五十一年（1786）过早地去世，终年四十五岁。对于他的死因，民间有种种不同的说法。

汝佶，字御调，《大清畿辅书徵》载："御调，字侠如，又字半渔，有《丰舫诗钞》。"《景城纪氏家谱》记载他为候选知县。民间则说他是一位武官，在押运粮草途中遭劫被杀。支持这一说法的证据，一是纪晓岚墓地被掘时，有目击者说，纪汝佶的棺材前堵头上刻有"督粮大将军"烫金字，骨骸旁边摆有一口锈迹斑斑的大刀。二是沧州朱氏家族中，有其先祖朱庆长同纪晓岚儿子押运粮草遭劫遇害的传说。

这种说法纪氏家族中很多人不认可。纪晓岚自己在《阅微草堂笔记》中，记载了亡儿汝佶死亡的情景：

亡儿汝佶，以乾隆甲子生。幼颇聪颖，读书未多，即能做八比。乙酉举于乡，始稍稍治诗，古文尚未识门径也。会余从军西域，乃自从诗社才士游，遂误从公安、竟陵两派入。后依朱子颖于泰安，见《聊斋志异》抄本（时是书尚未刻），又误堕其窠臼，竟沈沦不返，以迄于亡。

仅仅"误堕"离经叛道的诗文流派，落入杂书窠臼，还不至于造成人的早亡。纪晓岚的门人梁章钜《楹联丛话》中转述南皮张浮槎的《秋坪新语》，提到了汝佶的死。说纪汝佶病危之时几次昏迷，又苏醒过来。有一天，他说话的语调像是一个山西人，说是来讨要拖欠的。家里人赶忙如数焚化了纸钱，汝佶才闭上眼。家人们正环绕痛哭，汝佶忽又苏醒过来，睁开眼说，他骑的马后脚瘸了，要求换一匹好马。纪晓岚的三女儿哭着说，刚才烧的那匹纸马后腿上的纸破了，于是家人赶紧又糊了一匹纸马焚化，汝佶再也没有醒过来。

这故事说明纪汝佶是病死的，但病因却另有缘故，其中有一节是与晋商债务纠纷之事。纪晓岚在《阅微草堂笔记》里对这件事辨白说：

南皮人张浮槎的《秋坪新语》里记载我家两件事，其中有一件是记我儿子汝佶临死前的情况，倒也有六七成的真实性；只是操西商语调向我家讨债的事不属实，那是野鬼假托以索祭求食。后来我们紧紧追问那讨债鬼的姓名、住址、欠账年月及见证人，那鬼便理屈词穷地逃走了。至于汝佶与别人的债务涉讼案，刑部曾作过核查，详细罗列了债务数目，都记录在案，其中并没有这一条。

这段辨白反倒说明，纪汝佶与人债务纠纷确有其事。乾隆三十九年（1774），在御史参奏的一桩案件中，牵涉到纪汝佶拖欠之事，吏部请分别议处。十二月初九得旨："纪昀不能约束伊子，致令借欠生事，固属咎有应得，但其学问尚优，为四库全书处得力之人，着从宽改为降三级留任，仍令在馆办理总纂事务。"不管汝佶因何而逝，反正纪晓岚直到晚年仍念念不忘这位亡儿，说明他们之间定然有过一段父子相悦、共乐天伦的温馨时光。

其他几个儿子，都有所成就。二子汝传由四库馆议叙，历任湖北布政司经历，江西南昌、九江等府通判。三子汝似善交际，纪晓岚对他的交友十分关注。汝似与兵部主事蒋东桥的儿子蒋秋吟相契。纪晓岚起初对他们来往频繁有些反感。后来见到蒋秋吟的《考具诗》一册，发现那是个有才气有出息的孩子，便听其往来不再阻拦。蒋秋吟通过纪汝似求纪晓岚为其父五十大寿作序，由于纪晓岚跟蒋东桥并不相识，汝似也觉得不好说，没想到纪晓岚竟然爽快地答应了。他说："我们这些人读书论古，碰到高风逸韵的，常常可以抚卷而想见其为人，不必曾经相识。"此后由子交而父交，遂成世谊。纪晓岚多次为蒋东桥父子诗文画题咏，并为蒋秋吟诗集《沽河杂咏》作序。从这件事也可以看出，纪晓岚对儿子汝似爱重之深。汝似先在掌管朝会和国家庆典的鸿胪寺做序班，是一个掌序百官班次的小官，后加捐广东候选县丞。纪氏家族中传说，他在广东省东莞县任县丞。

纪晓岚对女儿择婿之事十分认真。长女嫁给山东德州望族卢家。女婿卢荫文的父亲卢谦（撝吉），历任刑部陕西司郎中、广平府同知。祖父卢见曾有诗名，爱才好客，官居两淮盐运使。后因盐引案发，被逮入狱而死。纪晓岚正是因为牵念女儿，瞻顾亲情，在朝廷查处卢家之前，漏言通风，才招致身犯重罪，被贬谪乌鲁木齐。尽管卢家遭受变故，卢荫文仍未放弃进取，于乾隆五十四年（1789）考中进士，先后在安徽建平、泾县、舒城等县任知县，政声颇佳。

纪晓岚对二女的疼爱，可以从他题画扇诗中窥见一斑。纪晓岚的表弟、沧州画家张桂岩，博学能诗画，尤工山水花卉。他为纪晓岚画了一幅《桑叶饲蚕》扇面。纪晓岚在上面题了一首颇有唐人悯农诗味道的小诗，送给自己的二女儿，诗曰：

　　花压阑干绣阁春，朱门多少绮罗人。
　　频将画扇时时看，知有蚕娘最苦辛。

二女、四女都嫁给了山东袁家。女婿袁煦的父亲袁守诚，号曙海，官至山西按察使；伯父袁守侗，累官直隶总督。二人都是纪晓岚的至交。纪晓岚晚年写作《槐西杂志》时，所居槐西老屋，就是女婿袁煦家的房子。当时袁煦在朝任内阁中书军机章京。最近我们发现纪晓岚佚作两篇，一是为济南李廷芳诗集《安蔬草堂诗详注》作序，一是为该书赋诗。序中写道："余于和斋袁婿处见此集，如逢故友。"该诗集的作者李廷芳（湘浦）是纪晓岚的门人。这件事说明，他与女儿家时相往来，亲串密切。

三女许婚献县戈源之子,只惜命运不济,未嫁而亡。戈氏为献县望族,与纪氏世为姻亲,关系亲密。戈源和纪晓岚同年进士,官至太仆寺少卿。戈源的兄长戈涛曾与纪晓岚同任翰林院编修。其父戈锦,与纪晓岚的父亲纪容舒同为康熙万寿科举人。乾隆二十四年(1759)夏天,戈锦、纪容舒二人结伴到北京看望各自的儿子。正在京师的钱塘画家沈朗为他们画了《二老比肩图》两幅,戈纪两家各存一幅。河北省博物馆今存有《二老比肩图》原作和嘉庆五年(1800)临本各一幅。画中有远山近石,绿树清泉,两位身着长衫的老者并坐于山林之中。图上留有刘墉、翁方纲、陈枫崖等文士的题款、题诗、题跋和印章。图卷真实地记录了两家几代人的友情、亲情。戈源于嘉庆四年(1799)逝世,纪晓岚作挽联曰:

元白旧同年,紫陌寻春,犹记初登同喜宴;
朱陈原共住,黄泉哀逝,竟谁续画比肩图。

纪晓岚和戈源同年进士。联中纪晓岚把自己与戈源的亲密关系,和唐朝诗人元稹和白居易之间的交情相类比。两家的关系也像白居易诗《朱陈村》所写的那样"一村唯两姓,世世为婚姻"。

对于三女儿的夭亡,纪晓岚在《阅微草堂笔记·滦阳消夏录》中做了这样深情的记述:

我三女儿自幼许配给太仆戈仙舟的儿子。不幸的是她于庚戌年夏至那天死去了,那年她才十岁。临死的前一天,病情已经很重了,我却因去方泽参加祭祀土地的典礼不在她身边。她忽然自言自语地说:"今天是初八,明天辰时我就要走了,还来得及和父亲见一面。"守护的人问她何以知道?她便合上眼不说话了。初九那天典礼完毕,我回到府中,果然见到她临死前的那一刻了。她咽气的时候,墙上的洋钟琤琤地打了八响,这事真是够奇巧的。

纪晓岚对侄辈也悉心指导。回乡期间,从侄汝伦(字虞惇,纪昭之子)正在学习制义、试帖,准备应乡试。纪晓岚在汝伦所作的试帖诗作业上题诗云:

十年珥笔凤凰池，格律潜教小阮窥。

他日三条官烛下，诸公应识纪家诗。

"珥笔"是指侍从之臣插笔于冠侧，以备记事。"凤凰池"原意指禁苑中的沼池。后用以代指中书省或宰相。此处指皇宫内苑。"小阮"指侄子。晋朝阮籍、阮咸叔侄都是当时名士，同列竹林七贤，时称大、小阮，后以小阮为侄子的统称。诗的大意是说，自己已经做了十年的内廷词臣，如今要将试帖诗的格律专心教给侄子。将来官场上的同僚，都会知道我们纪家的独特诗体。

试帖诗是一种应试诗体。唐朝以诗取士，进士科必考律诗，以致形成一种专门诗体"试律诗"，又叫"试帖诗"。宋、元、明三代不再考试诗赋。清朝前期只在朝考中有试帖，到了乾隆二十二年（1747）以后，又在会试、乡试中增设五言八韵试帖诗一题。

试帖诗有很多清规戒律。要求必须是五言律诗，但又不同于一般的五律；一般五律是八句，它却要十六句，即所谓八韵。正格为仄起不入韵式，偏格首句入韵，但不许用邻韵。诗的前四句要把题目大意包括进去，类似八股文的破题；末尾两句必须颂圣，赞扬皇帝或歌颂时政。

纪晓岚承认"诗至试律而体卑，虽极工，论者弗尚也"。但为了应试，他不能不研究它。在去福建之前，纪晓岚在阅微草堂教习儿辈读书，对试帖诗下了很大的功夫。他选编《唐人试律说》后，又编成《庚辰集》五卷。取康熙庚辰年至乾隆庚辰六十年间时人优秀试帖作品，对每首诗详细注释和点评。其用心在于引导学子们在应试学习中不迷失诗法。他煞费苦心地辅导学子作好试帖诗，还身体力行地将本来体裁僵化、内容狭窄的试帖诗尽量作出不同一般的风格。他自称："试帖多尚典赡，余始变为意格运题，馆阁诸公每呼此体为'纪家诗'。"

纪晓岚作于乾隆二十二年（1757）的散馆答卷《夏云多奇峰》和他按己卯科乡试题所作的《秋日悬清光》，是当时试帖诗中两种典型的格式。

夏云多奇峰得峰字

七十二芙蓉，参差淡复浓。

乍疑青嶂合，却是碧云重。

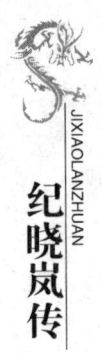

长夏炎蒸气，非烟峭蒨容。
南风吹片片，东岳起溶溶。
触处原从石。飞来即作峰。
凌虚时落影，拔地本无踪。
缥缈三霄近，玲珑四面逢。
会看时雨降，膏沃遍尧封。

秋日悬清光得清字

素节澄西颢，灵曦卓午晴。
霜高秋色净，云敛日华清。
碧落无边阔，红轮别样明。
炜煌含火德，萧爽带金精。
白道凌虚转，黄人驭气擎。
全如开水镜，谁拟挂铜钲。
霁宇羲和驾，凉飙少昊行。
圣朝平秩典，早命省西成。

多年后，纪晓岚又作《我法集》一部，是作为试帖诗范本。他的门人梁章钜在《退庵随笔》里说："凡作诗不可有时文气，惟试帖诗当以时文法之。先读纪文达师《唐人试律说》，以定格局，其花样则所选《庚辰集》尽之；晚年又有《我法集》之刻。其苦心指引处，尤为深切。著名时贤所作，惊才绝艳，尽有千人所不及者，而扶质立干，不能出吾师三部书之范围也。"

纪汝伦没有辜负长辈的期望，于乾隆三十三年（1768）中举，做过满城县教谕，后因丁母忧回乡未仕，以教书为业。他始终没有放弃学问，著有《逊斋易述》《诗述》。纪晓岚亲自为《逊斋易述》作序，对该书给予很高的评价。后来纪晓岚带他到热河文津阁参加校阅《四库全书》。纪汝伦晚年游历福建、河南，有《游闽集》《中州集》传世。

孙辈中，纪晓岚对长孙纪树馨尤为关爱。树馨，字香林，是汝传的长子。生于乾隆三十六年（1771）八月。纪树馨于嘉庆元年（1796）由一品恩荫任刑部江西司员外郎。嘉庆九年（1804）又升刑部陕西司郎中。纪晓岚为了孙子的加封，两次上折谢恩。纪晓岚在纪树馨收藏的一方紫玉砚上刻有这样的铭语："端州旧砚，稀若星辰。树馨得此，我为之铭。摭一语于葩经，曰'尚有典型'。"此处他引用《诗经》中"尚有典型"一语，对于孙子既有嘉许，也有勉励。他在写给朝鲜友人洪耳溪的书信中，夸奖树馨："此孙尚能读书，俾知两老人如是之神交，亦将来佳话也。"

纪晓岚晚年将文稿和往来书信均交纪树馨保存。纪晓岚逝世后，纪树馨将祖父这些文翰遗稿整理编辑，得诗文各十六卷，题曰《纪文达公遗集》，于嘉庆十七年（1812）付梓行世，使纪晓岚的大部分诗文作品得以保存流传。

第六章

谪戍新疆

纪晓岚守制期满回到京师,因为虎坊桥的旧宅尚未赎回,一家人便暂时居住在钱香树先生的空宅里。

钱陈群,生于康熙二十五年(1686),卒于乾隆三十九年(1774),字主敬,号香树,又号柘南居士,嘉兴人。康熙时进士,官至刑部侍郎。他与纪晓岚交谊很深。纪晓岚督学福建,路过嘉兴时,还曾准备访问他,写有《舟至嘉兴拟谒乡树先生》,其中有"溯洄伊人无限思,一见挑灯眼定明"之句,表达了对香树先生的怀念之情。纪晓岚返回京师时,钱香树先生因为疾病的缘故回归故乡嘉兴修养,京师的寓所空闲,纪晓岚一家人便暂时借住其中。

钱宅因为有一段时间无人居住,纪晓岚一家住进以后,就听人传说屋子的楼上有狐仙居住。钱宅面积很大,楼上老是锁着,里面堆满了杂物,也没有人去看情况到底如何。纪晓岚是个幽默风趣之人,他听到这一消息后,很感兴趣。于是,在楼上的壁上戏粘一诗:"草草移家偶遇君,一楼上下且平分。耽诗自是书生癖,彻夜吟哦莫厌闻。"

一日,姬人到楼上开锁拿东西,到楼上一看,大呼怪事。纪晓岚听到呼叫,赶紧上楼。发现楼上地板上画满了荷花,茎叶苕亭,具有笔致。他更加惊奇,赶紧找来纸笔,又在壁上粘上一首诗:"仙人果是好楼居,文采风流我不如。新得吴笺三十幅,可能一一画芙蕖?"纪晓岚又将此事告诉了裘文达公(曰修),他听了以后,笑道:"钱香树家里的狐仙,本来就应比别家的狐仙雅致嘛!"

裘曰修,生于康熙五十一年(1712),卒于乾隆三十八年(1773),字叔度,又字漫士,新建人。乾隆四年(1739)考中进士。曾经担任过礼部、工部、刑部尚书。在治理江河方面颇有建树。因为其谥号为"文达",所以,又称他为"文达公"。他比纪晓岚年长十余年,又是纪晓岚的授业老师，对纪晓岚十分关心。返还京师后，纪晓岚受命续修《通志》，裘曰修将自己珍藏多年的《通志》作者郑樵的砚赠送给他，希望他也像郑樵那样，写出一部能流传久远的史学著作。对此，纪晓岚颇受鼓舞。铭其砚曰："惟其书之传，乃传其砚。郁悠乎予心，匪物之玩。"表明了自己的心迹。

乾隆三十三年（1768），朝廷拟让纪晓岚补授贵州都匀府知府。乾隆帝则认为纪晓岚之所长在于学问，而不在于为政，外出为官难以发挥他的才干。所以晓谕有司，命加四品衔，留任左春坊左庶子。四月，又擢翰林院侍读学士。

这年春天，纪晓岚替人题《蕃骑射猎图》。诗歌写道：

> 白草粘天野兽肥，
> 弯弧爱尔马如飞。
> 何当快饮黄羊血，
> 一上天山雪打围。

这本来是一首题画诗，就画作诗，并无深意。但是，令人不解的是，就在这年的八月份，纪晓岚被谪贬到西域，正好与诗歌中的"何当快饮黄羊血，一上天山雪打围"句暗相应合。这岂不是他自己遭贬谪的谶语吗？

果然，七月份，纪晓岚身陷盐案。八月份，纪晓岚因为徇私漏言，被革职遣戍乌鲁木齐。

纪晓岚所谓的"徇私漏言"，指的是"两淮盐引案"东窗事发时，纪晓岚私自将朝廷拟查处江淮盐运使之事私下里透露给了他的姻戚卢见曾，使之早做准备。当朝廷官员前来查处时，卢见曾预先知道，已作准备，结果朝廷官员一无所获而归。此事令乾隆帝大伤脑筋，推测其中肯定有人泄密，最后追查到纪晓岚头上。按照大清刑律，纪晓岚是要遭杀头的，但乾隆帝因为惜才，才下令从轻处罚，改为谪贬乌鲁木齐。

为了更清楚地了解纪晓岚遭贬谪的原因，有必要介绍一下"两淮盐引案"的过程。

在中国古代社会，盐是一种由政府控制的重要商品，也是封建经济的重要来源。官府主要通过"盐引"从中获利。所谓"盐引"，指的是

朝廷发给盐商准许他们经营盐务的凭据。清朝以来,政府专门在产盐的省份设立盐政、运使等官负责办理盐政事务。从盐商手里收取的交易手续费也称"盐引"。按照当时的规定,每二百斤盐得提取银盐三两。两淮盐政每年至少收缴二十多万两银盐,多时达到五十余万两。这是一个很大的数目,也是当时官员腐败的渊薮。

"两淮盐引案"起于清朝官员尤世拔出任两淮盐政的乾隆三十三年(1768)。据史料记载,尤世拔上任以后,风闻盐商积弊,居奇索贿,未能得逞。于是便向上奏称:

上年普福奏请预提戊子纲引,仍令每引交银三两,以备公用,共缴贮运库银二十七万八千有奇。普福任内,所办玉器古玩等项,共动支过银八万五千余两,其余见存十九万余两,请交内府查收。

朝廷接到尤世拔的奏章以后,立即产生怀疑。因为此项银两,历任盐政,并未奏闻,便私行支用。检查户部的档案,也无造册派用文册。而且,自从乾隆十一年(1746)提引后,二十年来,银钱数已经超过千余万两,其中显然有蒙混欺蚀情弊。于是,秘密地派遣江苏巡抚彰宝会同尤世拔详细清查。经过调查核实:历年预行提引,商人交纳引息银两,共计一千零九十余万两,均未归公。前任盐政高恒任内,查出收受商人所缴银至十三万两之多;普福任内,收受丁亥纲银私自开销者八万余两,其历次代购物件,见端开者,不计其数。乾隆帝得彰宝的奏报,大为震怒。下令革职查办所有涉嫌官员,并特别指示"将卢见曾原籍赀财,即行严密查封,无使少有隐匿顿寄。"(《清高宗实录》卷八一三,乾隆三十三年六月下。)

卢见曾,生于康熙二十九年(1690),卒于乾隆三十三年(1768),字抱孙,号雅雨山人,山东德州人。康熙六十年(1721)辛丑科进士。形貌矮瘦,不拘小节,时人称之为"矮卢"。他为人豁达,海内名彦都愿意与之交往,曾"筑苏亭于使署,日与诗人相吟咏,一时文胜于江南。"纪晓岚与卢见曾为姻戚。卢见曾的孙子卢荫文是纪晓岚的长女婿。平素两家多有往还。据《高宗实录》《东华续录》等文献记载,这时候,纪晓岚在朝中担任侍读学士,"常直内廷",对于朝廷查处两淮盐引之事,"微闻其说",特别是此案牵涉到卢见曾,他更是心急如焚。

六月十三日，纪晓岚见到女婿卢荫文，告知两淮盐务有小菜银两一事，现在查办。卢荫文则于六月十四日派遣家人送信回家。

不久，卢荫文又见到郎中王昶。王昶告知他朝廷所办的并非小菜银两一事，乃历年提引事发。随即他又雇人回家送信。后来又见到刑部司员黄骏昌，传说高恒已经被查抄家产，其叔卢谟心惧胆怯，于六月二十七日回家。卢见曾因此"先得消息，藏匿赀财"，当清廷官兵前往家中查抄时，"卢见曾家产仅有钱数十千，并无金银首饰，即衣物亦甚无几"。

关于纪晓岚"漏言"之事，民间还有一些更加生动有趣的记载。据说纪晓岚得知朝廷将要查盐案之事，十分着急。心里充满着矛盾：想要通知卢家，又惧怕此事牵涉到自己，引火烧身；不告知此事，又昧不过自己的良心。为了此事，他辗转反侧、彻夜难眠。最后，他想出了一个两全其美的办法：用一个空白的信封装了一点食盐和茶叶，连夜派人送至卢家。卢见曾收到纪晓岚送来的信，打开一看，只见里面没有一个字，只有一点茶叶和盐。开始他很纳闷，惊愕不解。细细地揣摩，他马上顿悟出来：这空白的信中隐含着"查（茶）盐（盐）"的玄机。于是，他马上行动，将剩余的资产转移到别的地方。等官兵查抄家产时，其财产已经所剩无几。

当查抄的官员将查抄的结果上奏朝廷时，乾隆帝十分震惊："查封卢见曾家财廷寄于六月二十五日驰发，而初次查办此案谕旨并未传抄，伊家何以早得风声，于十一、十八等日豫先寄顿？其中情节甚属可恶，岂有旨未到而外人已知之理"，下令"必须严切究审。"（《高宗实录》卷八一四，乾隆三十三年七月上。）经过仔细地调查侦缉，终于发现纪晓岚等人为"漏言之人"。

纪晓岚很快被软禁起来。在押期间，纪晓岚生死未卜，心里焦躁不安。

有一姓董的军官声称自己能够拆字，为之占卜命运前程。他将信将疑，顺手书写了一个"董"字。

姓董的军官仔细看了看字形，说：

"公远戍矣，是千里、万里以外。"

纪晓岚又写了"占"字请他拆。

"下为口字，上为外字偏旁，是口外矣。日在西为夕，恐怕是在西域"。姓董的军官回答说。

"将来能回来否?"纪晓岚问道。

"其字形类似君召,召则必然赐环也。"

"何年能召环?"纪晓岚又接着问道。

"口为四字之外围,而中间缺两笔,大概不足四年。今年为戊子,四年后为辛卯,夕字卯之偏旁,也是相合的。"

纪晓岚虽不太相信,但心想如今犯了大罪,这次恐怕是难得宽赦了,要是硬着头皮不招,一旦案情被查明,那将是死罪一条!我不如见风使舵,或许能从轻发落,至多遭受贬戍之罪。不久,刘统勋等又奏报审讯卢见曾隐匿家财一案的处理意见,说先后查出卢见曾的门生候补中书徐步云,其亲戚翰林院侍读学士纪晓岚,军机处行走中书赵文哲,军机处行走郎中王昶,擅自泄漏机密,照例拟徙;其刑部郎中黄骏昌口传消息,已经革职。乾隆对这些处理建议批示说:"徐步云和卢见曾是师徒关系,遇到这种重大案件,竟然私通信息,以至于卢见曾将家产转移他处,情节恶劣,发往新疆伊犁效力赎罪,其余的就按照所议办理。"

据说,第二天,乾隆召见纪晓岚问话。

"微臣纪昀,叩见皇上。"纪晓岚说。

"嗯,站起来回话。"乾隆皇帝清癯的面孔上,挂了一丝冷峻的神情。他捋了捋稀疏的胡须,慢吞吞地说:"你的儿女亲家卢见曾,亏空公帑,按律应予籍没,你可知道?"

"微臣知道。"纪晓岚答道。

"可是奉旨到卢家查抄的人,发现他已家无长物,资财已转移到别处去了,挪用的公帑,也在查抄的前夜如数补上。朕看在你的面上,格外开恩,从轻治罪。"

"谢万岁爷隆恩!"纪晓岚跪下磕头。

乾隆接着说:"纪昀,你才学过人,忠心事朕。朕对你也垂爱已久。据报,这次是你泄的密,有无此事?你如实奏来。"

"圣上明鉴,臣实未曾有一字泄密。"纪晓岚脸上带着微笑,但十分谨慎地为自己辩解。

"案情已经调查得很明白,"乾隆说,"你虽未写一字、未传一言,但事实俱在,人证确凿,掩饰也无用。朕要知道的是你究竟用什么办法,将这些事泄露给卢见曾的?如实招来,朕可以从轻发落。"

纪晓岚看自己再否认也无益,索性坦承其事,便把如何通知他亲家的经过说了一遍。

乾隆一面听,一面频频点头。

这时纪晓岚自动摘下顶戴,跪在地上奏道:"皇上严于法,合乎天理之大公;臣倦倦私情,犹蹈人伦之陋习。臣请圣上发落!"纪晓岚的话虽然不多,但讲得十分得体,乾隆听了脸上浮现出笑容。皇上念纪晓岚才华难得,又在内廷走动多年,不忍加戮于他,便在案卷上批下几个小字:"纪昀从轻谪戍乌鲁木齐。"

关于纪晓岚泄漏盐案的途径,还有另外一种说法。

据李伯元《南亭笔记》记载,当查抄卢家的消息传出时,纪晓岚正在内廷,不知如何通报,忙把他的小儿子叫到身旁,在他手上写了个"少"字,叫他赶去卢家,以掌中的字给卢见曾看。卢见纪晓岚小儿子的手上写一个"少",顿悟手字加"少"为一"抄"字,于是急忙做准备。

此说当然也是表现纪晓岚的机智,但从实情看,可能性很小,因为纪晓岚的小儿子无职衔,不能随便入宫。此外,卢家远在山东德州,距离遥远,纪晓岚的小儿子无人相伴,也无法成行。所以,这也只是想象附会而已。

纪晓岚作为一名罪人将发配到新疆,在那里经受岁月的洗礼。同是远行,这次到边塞地方,与他督学福建时情景是全然不同了。纪晓岚与家人见面,才得知八十岁的卢见曾已经死在狱中,与此案有牵连的,共有一百多人获罪,被处斩的即有二十多人。

纪晓岚虽幸免一死,但此时心中有一种说不尽的凄凉之感。

在亲友的帮助下,纪晓岚将家眷安顿好,准备在中秋过后,只身出塞服罪。这段日子里,一家人愁眉苦脸,不胜悲哀。此去关山万里,何日才得平安归来,实在难以预料。有些人就此一去不返,埋骨异域了。人生世事变化无常,纪晓岚慨叹不已,不断想起董某为他拆字时说过的话,他是多么希望能够全部应验啊!他有些相信命运了。他想:"冥冥之中,造物主对万事万物已做好了安排,谁也逃脱不了啊!"但同时他又疑惑不解,若说董某的话已经初步应验,那自己的话不也是同样能够应验吗?他想起春天曾经替人题画的事情来。

那幅画是一个朋友画的,画名叫《番骑射猎图》,只见塞外秋日围

第六章 谪戍新疆

猎的景象，跃然纸上，看了让人心胸开阔、豪情满怀。于是他欣然答应朋友的请求，在画上题下了一首七言绝句：

白草黏天野兽肥，
弯弧爱尔马如飞。
何当快饮黄羊血，
一上天山雪打围。

这首诗他题过就忘了。如今事隔半年，自己当真要谪戍新疆，"一上天山雪打围"了。

在为纪晓岚送行的家宴上，郭姨太流着眼泪说："老爷，是我害得你落到这步田地，听人说新疆那个地方苦极了，不光不产粮食，就连蔬菜也没有，吃的都是羊肉炒蘑菇，如果你吃腻了，就给你换个样儿，改成蘑菇炒羊肉。听说那儿净是沙土，天天风刮黄土，吃饭的碗里都有半碗沙土。这样的日子，老爷你怎么受得了哇！"说罢呜呜地哭了起来，家人们也跟着坠泪。纪晓岚虽然心里也很难过，但为了安抚家人的心，却哈哈地笑道："你这话说错了，我虽然吃了官司，却无性命之忧，可是救了卢亲家一家人。如不是这样，他们一家男的被杀了，女的被官卖为奴，那时我们比这还要难过呢。"停了一下，又说："况且古人有云：读书万卷，行路万里。我万卷书是读了，可万里路还没走。前几年去了一趟福建，长了不少知识，可是还不够一万里，再去一趟新疆，就差不多够一万里了。你们应当为我庆贺才对。来来来，干杯！哈哈哈哈……"由于纪晓岚的巧言劝说，家人的心情也就轻松多了。

中秋节刚过，纪晓岚就与家人洒泪而别，以戴罪之身，束装起行了。一路西行，荒山大漠，莽原丛岭。纪晓岚在差役的押解下，风餐露宿，备极艰辛，心中苦闷难熬，一直思念家中的妻子儿女，怅惘世事无常，人生艰难。不过，一路风景倒给了他几分享受。西出玉门，他饱览了"衰草连天"和"大漠孤烟直"的塞外景象，觉得古人的描绘和自己以前的想象，终究不如眼前展现的真切丰富，更深切地体会到"醉卧沙场君莫笑"的凄怆悲壮的心态。

在前往新疆的路上，虽然辛苦，但由于纪晓岚家中有钱，一路之上，不断买些酒肉请两个解差，又不时给他们买件衣服，买双鞋子，因此两个解差高高兴兴，不但不来恐吓、刁难纪晓岚，反而给他拿行李，使纪晓岚轻松了许多。他们一路之上，饥餐渴饮，晓行夜宿，顶风冒雨，走了几个月。

纪晓岚到达乌鲁木齐时，大将军温福还在乌鲁木齐都统任上。他俩在京城时就有过交往，彼此敬重，情谊深厚。温福闻报押解犯官纪晓岚来充军，感到十分意外，赶忙派副将把纪晓岚接到都统府，及时批了收文，将两个解差打发走，并设宴为纪晓岚压惊。

从宋朝时候起，对充军发配的人，当地地方官是很有权力的。可以找个借口，把你杀了；可以任意分配给你苦役；也可以分配给你轻松活计，并能以军功保你为官。所以温福对纪晓岚，既可视为阶下囚，也可待以上宾之礼。

温福对纪晓岚关怀备至，嘘寒问暖，使纪晓岚感激至深。

纪晓岚自忖这"万里他乡遇故知"，确实要比那"十年久旱逢甘雨""和尚洞房花烛夜""监生金榜题名时"胜过百倍。一时兴起，便将自己年轻时改"四喜诗"的事叙说一遍，引得在座的人无不捧腹大笑。

温福说道："真想不到，你头上的顶子都没了，还是这样无拘无束，真乃天下奇人！"纪晓岚说道："不才食朝廷俸禄，蒙圣上恩宠，本当以身许国，不徇私情，既然已坐泄漏查盐之案，又蒙圣上免死之恩，当思全力报效，决不重蹈覆辙。今日离家万里，得见温大将军，这也乃不幸之中的大幸！愿在帐下效力，纪昀冒死不辞。"温福想到，莫非他看出我有留他的心意来？帐下能有纪晓岚这样的谋士，这是做梦也想不到的。只可惜，纪晓岚是戴罪充军，无力加委，待日后立功，定当禀奏朝廷，使其早日获释。

温福安排他掌管案牍文书，可以少受征战之苦，这项工作对于纪晓岚来说，真是轻车熟路，从容自如，但他一丝不苟，从不草率行事。由于他豁达、诙谐、坦率、没有架子，很快就受到上下人的赞佩。

既然来到军队，他就想成为一个真正的军人。于是他在每天操笔之余，还演习武艺，骑射步战，威武异常。若陌生人见之，很难相信他竟然是翰林院出身的一介书生。军中高手云集，正是他学习的好机会，他勤学苦练，不耻下问，很快就熟悉了各种兵器。他又重新研读了各家兵书战策，颇有些特别的见解，成为温福的得力谋士。有了纪晓岚的帮

助,温福如虎添翼,屡建战功,很快得到了升迁,后来官至大学士之职。

比起那些尸骨不还的流放者,纪晓岚是一个幸运者。

如果说纪晓岚对自己遭遇流放毫不介意,那不是事实,远戍他乡毕竟是痛苦的经历,更何况前途未卜!

有一次,纪晓岚骑马出了乌鲁木齐城,来到城西的一片丛林之中游览。纪晓岚看这一片茂密的森林,老木参天,野花开谢,绵亘数十里,起伏跌宕,满目青翠,顿感心旷神怡。骑马在森林中穿行了一个时辰,居然眼前一亮,出现了一片空地。空地的中间建有一亭,亭额上题着"秀野"二字。纪晓岚心想,大概这就是当地人说的秀野亭了。仰望周围秀色,心想"秀野"两字最为恰切。他正看着,忽然间感到眼前的景色是那么熟悉,好像以前见到过。他想来想去,想起是从一幅画上见到的。那幅画是在京城时,好友董文恪赠送给他的,题为《秋林觅句图》。这眼前的树木、野花、亭阁,宛如画中之境,让人十分惊讶。思忖良久,以为贬戍新疆,乃是命中注定,那幅画不正是一种预言吗?

> 霜叶微黄石骨青,
> 孤吟自怪太零丁。
> 谁知早作西行谶,
> 老木寒云秀野亭。

乾隆三十六年还京以后,纪晓岚写下了上面这首绝句,以表达当时的心情。宋代民族英雄文天祥,临死之前写有《过零丁洋》诗以自哀。而此处的纪晓岚也"零丁""孤吟",其哀伤的心情可以想见。

还有一次,纪晓岚跟随巴彦弼到军台巡视,巴彦弼看到纪晓岚那细致认真的态度,心里十分高兴,便把这里的事交给纪晓岚代行办理,让他留在军台,自己回到城里去了。

晚上,纪晓岚与一位姓梁的副将同住一屋。两人谈到深夜,梁将军和衣睡下,纪晓岚取出随身携带的书卷,在灯下阅读起来。约在三更时分,侍从进来报告,有份紧急文书需要立刻传递。纪晓岚见梁将军尚在酣睡,不忍叫醒他,便唤军卒去送。谁知军卒都已被差遣出去了,身边的几个侍从又都不熟悉路途,只好将梁将军推醒。

梁将军睡眼惺忪地接到文书，策马疾驰而去。时间不长，梁将军回来，说大约行了十余里，遇到台兵，将文书交给台兵送走了。说完倒头又睡下了。

第二天，梁将军起床以后，感到屁股隐隐酸痛，怔怔地想了想，对纪晓岚说道："纪大人，你说这事怪不怪，昨天夜里，我梦见您派我送朝中的文书，我唯恐耽误了，不断地抽打马匹，那马狂奔如飞……"说着他摸摸屁股，"到了这会儿，这骶肉尚有痛楚之感，真是个怪事！"纪晓岚哈哈一笑，告诉他昨夜的经过，梁将军不好意思地说："昨夜之事，如梦如幻，这军中的生活，把人搞得疲惫不堪啊！"听了梁将军的话，纪晓岚为自己的身世遭遇感慨起来，叹息着说道："唉，人生本来就是一场梦啊！我这里倒有一首诗相赠。"接着，便吟道：

一笑挥鞭马似飞，
梦中驰去梦中回。
人生事事无痕过，
蕉鹿何须问是非？

"好诗，好诗！"说话的是一位胡须灰白的老将军，他笑着走进屋来。纪晓岚一看认识，这人叫毛功加，也是一员副将。毛功加少时胸怀壮志，投笔从戎，在军中屡建战功，无奈不受上司赏识，多年得不到升迁，现在已年迈，早已失去了青年时代的凌云壮志，整日里与酒为友，把盏狂饮，醉后倒地便睡，常与纪晓岚述其经历，两人颇为投契，常有往来。这时，毛功加拱手说道："既然老弟诗兴大发，老朽也向你求诗一首，梁将军你看如何？"梁将军得到纪晓岚的赠诗，已是十分高兴，赶忙附和说道："我们常年征战沙场，疲惫不堪，没有心思吟诗作赋。纪大人诗风刚健，沉雄古朴，与唐代岑参、高适等边塞诗人相比，有过之而无不及。以我们一介武夫看来，你这一诗也能抵千军，纪大人不要推辞。"纪晓岚见毛、梁二人一唱一和，不好再推辞，便拿起笔来，挥毫而就。毛功加看了，见这诗写得十分贴切，顿时心中洋溢出豪迈的情怀。此诗写的是：

雄心老去渐颓唐，

醉卧将军古战场。
半夜醒来吹铁笛,
满天明月满林霜。

  毛功加对诗虽有一定功底,但与纪晓岚比较相差甚远,如今得到这首诗后,高兴异常,逢人便讲纪晓岚的诗写得如何如何地好,这下倒给纪晓岚添了许多麻烦,请求题赠者蜂拥而至。本来纪晓岚到新疆后很少作诗,尤其是怕为别人题写赠诗。这次一时兴起,题写两首,后悔自己不能自持初衷。因为他现在的身份不比从前,这次是戴罪充军,岂敢任意为文?

  再说,胡乱写来,有损自己的声誉,认真为之,又难免不流露出自己的心迹,如果有人想落井下石,岂不正是授人以柄。于是更加小心,凡有求诗者,全部婉言谢绝,并将原来所作诗稿付之一炬。

  他的同年杨逢元到乌鲁木齐来看望他,两人谈起题赠之事,颇有同感。杨逢元的字写得非常好,是个书法家。但也像纪晓岚怕人求诗一样,最怕别人向他求字。纪晓岚说过为毛功加赠题一诗后,杨逢元看了,深感佩服,觉得此诗意境幽深,确实是上乘佳品,十分喜欢。后来,他游城北关帝庙时,一时兴起,将这首诗题在了关帝庙的楼壁上,但未署明何人题写。

  正巧,这时有一位云游道人来到这里,看了楼壁上的题诗,大为吃惊。诗好,字好,美妙绝伦,疑为神仙所题。此事一时间传扬开来,人们纷纷赶到这里看神仙的墨迹。

  一天,有人拉上纪晓岚同去看那庙里的"仙笔",纪晓岚一眼认出是杨逢元的字,写的是自己赠给毛功加的诗。看到人们奉若神明的样子,忍不住想笑,但一想若是泄露"天机",那将会给自己招来许多麻烦。故而,任别人如何颂扬,他只是一言不发。

  当时,人们都知道,纪晓岚的诗作得好,但书法比不上杨逢元;杨逢元字写得好,但诗却作得平平常常。所以竟没有人猜测到他俩头上去。于是"仙笔"之事越传越神,人们都信以为真,直到辛卯年纪晓岚离开乌鲁木齐还京时,他才当众把这件事说出来,众人都怅然若失,谁也没想到顶礼膜拜的"神仙"竟然是他们二位。

  纪晓岚在西域三年,一来忙于军务,二来为杜绝请托,故很少作诗。他在晚年写成的《阅微草堂笔记·姑妄听之》中写道:"余从军西域时,草奏草檄,目不暇给,遂不复吟咏,或得一联一句,境过辄忘,《乌鲁木齐杂诗》一百六十首,皆归途追忆而成,非当时作也。"纪晓岚的这些诗作,为清代诗坛带来了新鲜气息,而且今天看来,也有一定的文学价值和史学价值。其中有些较为特殊的纪事诗,记载了西地的风物人情,其功力深厚,非他人可及。

伊犁城中没有水井,有因老树得地泉者,纪晓岚认为"盖土厚水深,乃卜地通津以就流水",于是,以诗记曰:

半城高阜半城低,
城内清泉尽向西。
金井银床无用处,
随心引取到花畦。

伊犁雪消水涨,城门为之不开。于是,他登上北冈顶关庙楼,俯视全城,遂写道:

山围草木翠烟平,
迢递新城接旧城。
行到丛祠歌舞处,
绿毡毹上看棋枰。

昌吉筑城,掘土五尺余深时,挖到一只红缎面绣花女弓鞋,制作精细,尚未全朽,埋入土中五尺多深,算来最少亦越数十年。额鲁之女子不缠足,何以此鞋却是弓弯样,仅三寸许?番汉之间交往于兹可见。后传说此女尸飞到空中成精,昌吉大乱,卒遭兵败。纪晓岚见此,以诗记曰:

筑城掘土土深深,
邪许相呼万杵音。
怪事一声齐注目,
半钩新月藓花侵。

第六章 谪戍新疆

乌鲁木齐有很多狭斜的深巷，有小楼矗立其中，自谯鼓初响至寺钟晚鸣，总是灯火荧荧，冶荡之人在这里为所欲为，官府不禁，也不能禁。

有宁夏布商何某，年少美姿，资累千金，亦不太吝啬，却不喜欢做狎妓之游，只是养了十余头母猪，饲养得很肥，洗涮得很干净，"日闭门而沓淫之"，猪也相摩相倚，如昵其雄。役隶常偷偷地窥视，何某却没有发觉。忽然一天，友乘醉酒时与之戏话，何某愧而投井死，要不是迪化厅同知木金泰亲自审理了此案，纪晓岚也是不会相信的。其诗记曰：

石破天惊事有无，
后来好色胜登徒。
何郎甘为风情死，
才信刘郎爱媚猪。

有军人王某，出差往伊犁，其妻独处。忽有一天，时已过午，不见开门，邻人叫亦不应，破门而入，则见男女二人，剖腹裸抱而死，男子不知何来，人亦不识。后女复活，言男为故识，自随夫来西域，男亦随之而来，乃共约而死。纪晓岚诗记此事写到：

鸳鸯毕竟不双飞，
天上人间旧愿违。
白草萧萧埋旅村，
一生肠断华山畿。

为了打发难熬的日子，纪晓岚养了许多狗，而且每天与狗相伴。其中，有一只名叫"四儿"的黑犬与他感情最深。

乾隆三十六年（1771），纪晓岚遇赦东归时，他把所有的狗都给了别人，惟有"四儿"挥之不去，恋恋随行，竟一直跟到了北京。"四儿"一路上看守行囊，如果不是主人到跟前，就是童仆也不能动一件物品。有谁要稍稍靠近，它就像人一样立起来瞪着你。

纪晓岚一行十余人，共有板车四辆，有一天傍晚，路过名叫七达岭的山岭，天色就要黑下来，车队一半在岭南，一半在岭北。黑犬"四儿"就自动地独卧岭巅，左右看护两边车辆、物品，一夜不曾休息。后来，纪晓岚为此写了两首诗：

（一）
归路无烦汝寄书，风餐露宿且随余。
夜深奴子酣睡后，为守东行数辆车。

（二）
空山明月忍饥行，冰雪崎岖百廿程。
我已无官何所恋，可怜汝也太痴生。

"四儿"一直追随纪晓岚进京，后来被人毒死。有人说："奴仆们讨厌它守夜太严厉，就借口强盗杀死了它。"纪晓岚念其忠心耿耿，特别伤心，收了它的骸骨，埋葬入土，做了一个坟墓，并在墓前立碑，题："义犬四儿之墓"。原本还想雕一些石头像，象征随他出塞四奴的形状，跪在"四儿"的墓前，分别刻上：赵长明、于禄、刘成功和齐来旺。后来有人又说："让四个奴才在四儿身边，怕是狗也嫌弃他们。"于是作罢，只是在这些奴才房门楣上题写"师犬堂"几个字而已。

这件事在当时人袁枚的《随园诗话》中也有记载。纪晓岚为了一条狗而如此动情，如此不惜笔墨地加以描写、记述，恐怕不仅仅是喜欢宠物的心理，而是与当时的心情有密切的关系。清代臣民例称奴才，纪晓岚归程有义犬相伴，忠心耿耿，无疑是他为大清效忠的个人写照，故诗中有"空山明月忍饥行"句，然而无官可恋，只有自嘲"太痴"了。远戍万里之外，回首前程，真不知如何度过，故以"四儿"之名作诗自况，寄托自己充满心酸的记忆。当然，对"四儿"的赞扬，也成了对人类正直、忠诚等美好品质的渴望与赞扬。

且说纪晓岚离家以后，纪府就像塌下半边天，虽然有友人和门人接济，但削去了俸禄，生活日渐拮据，入不敷出。多亏马夫人十分精明，治家有方，样样节俭，尚能维持家用。但丈夫服罪在外，一家大小失去了往日的欢乐。马夫人忧戚劳累，终于积劳成疾，生了一场大病，病愈后身体更加消瘦了，精神也大不如前。马夫人看到自己力不从心，就将家中之事，交给郭姨太料理。姨太郭彩符，是一个贫寒人家的女儿，其

父是山西大同人，流寓在天津。

郭彩符十三岁开始给纪晓岚当侍妾，勤恳恭俭，十分贤惠，深得纪晓岚眷爱，马夫人对她也相当满意。郭彩符先后生了几个儿子，但都夭折了，惟独女儿纪韵华长大成人，她把女儿视若掌上明珠。这次老爷获罪，是因女儿纪韵华的公公爷引起的，所以郭姨太感到老爷对自己和女儿的感情，丝毫不在结发夫人马氏之下。正因如此，老爷发配边疆历尽人生磨难，全家人也跟着吃苦受罪，郭姨太感到负疚更深，想竭尽自己的力量帮助马夫人将家治理好。

马夫人患病以后，郭姨太像当年侍奉老爷那样照顾夫人，亲自烹食煎药，一勺一勺地给夫人喂食，整夜守在马夫人的床头，使夫人感激不已，两个人亲如姐妹。同时，郭姨太也表现了治家理财的才干，马夫人卧病期间，她把全家的大小事体处理得井井有条。郭姨太为一府主事之后，更加勤恳地操劳，对夫人恭敬有加，对下人恩威并施，极力维持着一家的安宁。

本来纪晓岚的长子纪汝佶已乡试中举，且年已二十三四岁，应该由他代父料理家中的一切，但自父亲离家以后，他厌恶人世间的一切，对科举失去了兴趣，只是在诗社中与一帮诗友才士交游，迷上了公安、竟陵两派诗作。朱子颖进京探望时，听马夫人介绍了汝佶的情况，便提出带他去山东。马夫人知道朱子颖是纪晓岚的得意门生，又对纪家关怀备至，便同意让汝佶跟朱子颖去了他的住所泰安府。

汝佶到了泰安，起初尚让人满意。等到后来，他从友人那里见到了《聊斋志异》的抄本，一下子就被其深刻的思想内容、高超的艺术手法和动人的故事情节迷住了。《聊斋志异》重要的主题之一，是暴露封建政治的黑暗，谴责贪官暴吏、土豪劣绅压迫劳苦百姓的罪行。尤其震撼汝佶心灵的是那些讽刺科举制度的作品，使他完全丧失了科举入仕的兴趣。

当时，《聊斋志异》尚未刊行，汝佶看到的也是抄本，但他爱不释手，便不分昼夜地抄录起来，并模仿着写了一些此类借谈狐说鬼、志人志怪来表达人生理想的作品。

汝佶二十五岁时，就是纪晓岚离家的第二年，在泰安患病亡故。

噩耗传至京城，马夫人和郭姨太都昏厥过去。汝佶虽非郭姨太所生，但他是纪家的长子，郭氏也十分疼爱他。同时，他又是在纪晓岚离家之后走上黄泉路的，郭氏觉得更加难以推卸自己的责任。她觉得假如他父亲在家，他怎么会那样消沉颓唐，以致误入歧路、亡身异地呢？她认为自己是个罪人，要不是她生的女儿出事，纪家怎么会有这样的灾难呢？这样一来，她忧虑过度，加上一天到晚的辛劳，终于积劳成疾，病倒在床榻之上。辛卯年过后，闻朝廷已下诏，赦免纪晓岚的罪过，郭氏的病情才始见好转，但不久病情又剧。

乾隆三十五年（1770），也就是纪晓岚到达乌鲁木齐的第二年冬天，乌鲁木齐提督要在吉木萨设后营。就在纪晓岚忙着筹划设营的时候，一道将他赦还回京的谕令正飞快地递向乌鲁木齐。

当时从北京到新疆有专门的军台路，沿途有若干军台营塘、驿站、卡伦。京都与边疆之间政令、军令和军需供应线畅通无阻，谕令的传递十分快捷。

转眼新年来到，过了除夕就是辛卯年，纪晓岚于辛卯年得以赦还，倒也正应了董姓军官当年的预言。

谪戍遇赦是天大的喜事，驻守乌鲁木齐的将士和纪晓岚的僚友们自然要为他庆贺一番。在为纪晓岚送行的宴会上，有人于酒酣耳热之际，唏嘘不已地提起城北关帝祠上的一首诗，这首诗萧索悲凉，催人泪下，道出了谪戍人的无限心境：

雄心老去渐颓唐，醉卧将军古战场。
半夜醒来吹铁笛，满天明月满林霜。

人们纷纷议论说，这首诗的作者不知是谁，据说是仙人之作。

此时的纪晓岚当然是心情畅快。他向大家说破一个秘密，这首诗不是出自什么仙人之笔，而是他纪某所作。众人听了怅然有所失，叹惜这样一位高才就要舍他们而去了。

乾隆三十六年（1771）二月初一，纪晓岚治装东归，套上几辆马车，装上衣物、书籍，带上几个仆人。临出门时，一位翟姓举人送给他的一只小黑狗恋恋不舍地跟着他，轰也轰不走。于是，纪晓岚把这条叫做"四儿"的小黑狗也带上了路。

东归的路程并不好走，沿天山南路行走，过大风区，又过达坂山口，山路险峻。一路上，四儿忠实地陪伴着纪晓岚，不仅给他消除寂

宽,而且看护行装非常严厉,只要人一靠近,它就直立起来,愤怒地狂吠乱咬。如果不是纪晓岚亲自到场,仆人们休想取出东西。

一天,纪晓岚一行走到辟展(今鄯善县)地界的七达坂,此地有七重险坡,称为天险,车辆行走缓慢。眼看着天黑了下来,纪晓岚一行的四辆车,两辆已翻过岭北,另两辆还在岭南,只得就地歇息。这一下可难为了四儿。只见它独自蹲到山岭上,左右兼顾,看护两边的车辆。发现哪边有可疑的响动,就飞跑过去巡视一番。

回想起当初离京西行之时,奴仆于禄在天将下雨的时候,自顾自藏匿自己的衣服,如今这只狗却如此忠诚,纪晓岚不禁无限感触,遂写下两首诗:

归路无烦汝寄书,风餐露宿且随予;
夜深奴子酣眠后,为守东行数辆车。

空山日日忍饥行,冰雪崎岖百世程。
我已无官何所恋,可怜汝亦太痴生。

走到巴里坤附近,碰上天降大雾。老仆咸宁十分疲乏,坐在马鞍子上睡着了。这匹马无人驾驭,信步沿着野马的蹄迹走进乱山之中。待咸宁醒来,已找不着出山的路了,心想这下肯定活不成了。忽然他发现山崖下有一具躺卧的尸体,原来是逃亡的流犯冻死在这里,尸体的旁边还有一包行囊和一些干粮。咸宁向尸体下拜说:"我掩埋你的尸骨,你要有灵请引导我的马出山。"他把尸体搬到一个岩洞里,运来碎石将洞口砌死,惘惘然信马而行。行走十来天后,忽然找到了出山的路,走出来一打听,已经到了哈密地界。想起哈密的游击徐某与纪晓岚熟识,咸宁于是投奔徐游击的官署,在那里等候。两天之后,纪晓岚赶到哈密,主仆相见,恍如隔世。

对于纪晓岚来说,从巴里坤到哈密也是道路难行。自从走过巴里坤后,地上冰雪融化,道路一片泥泞,必须等到夜深地冻后才可以行走,白天则在馆舍歇息。"旅馆孤居,昼长多暇",两年来的所见所闻浮现脑海,纪晓岚的诗情潺然奔涌。他"追述风土,兼叙旧游","自巴里坤至哈密,得诗一百六十首","意到辄书,无复诠次,因命曰《乌鲁木齐杂诗》"。

《乌鲁木齐杂诗》是一组绚丽中蕴激昂,平易中含凝重的旋律,多民族国家的统一和强盛便是它高亢的主调。《乌鲁木齐杂诗》又仿佛一幅色彩绚烂、满壁风动的边陲风俗长卷,画卷上,纪晓岚以"大清气象"为底色,以西北边陲的安定、统一和繁荣为主色调,或挥洒或工描,多层次、多侧面地对当时的新疆加以激情描绘。

农耕经济在塞外的发展,是乾隆盛世时新疆经济生活中的雄浑篇章。纪晓岚在《杂诗》中声色并茂地描绘了塞外农业的一幅幅鲜活的图景:

秋禾春麦陇相连,绿到晶河路几千。
三十四屯如绣错,何劳转粟上青天。

从乌鲁木齐到晶河(今精河县),一片葱绿,田陇相连,如同锦绣交错铺设在塞外,这是何等生气勃勃的画面。

新稻翻匙香雪流,田家入市趁凉秋。
北郊十里高台户,水满陂塘岁岁收。

这是一幅丰收的图景,其间盈溢着农家的欢欣。在这首诗后,纪晓岚特作注云:"高台户所种稻米,颇类吴杭",可见塞外水稻栽培已达到较高技术水平。由于新疆地广人稀,再加清政府积极鼓励开垦,新疆农民"人无徭役,地无丈量,纳十亩之税,即可坐数百亩之产"。因此,"农家多就水灌田,就田起屋","往往自筑数椽,四无邻居,如杜工部所谓一家村者",其生活富有特殊韵味:

鸡栅牛栏映草庐,人家各逐水田居,
豆棚闲话如相过,曲港平桥半里余。

粗犷的塞外风光由此平添一番江南的妩媚。

在新疆蓬勃的经济生活中,商贾是一支活跃的力量。清廷积极鼓励内地商人前往天山南北进行贸易,凡商人愿意出塞者,"即给予印照,毋使胥吏需索"。纪晓岚在《杂诗》中便多方面地描述了商贾们在新疆

的贸易活动。据纪晓岚考察，当时活跃于新疆的大贾"皆自归化城来，土人谓之北套客。其路乃客赂蒙古人所开，自归化至迪化仅两月程"。这样一来，就"省却官程三十驿"，大大加快了入疆贸易的行程。在新疆，这些北套客倍受欢迎，他们风尘仆仆，既带来新疆人颇感新鲜和陌生的关于外部世界的消息，又能满足因边疆与内地宏大经济交流所滋生的新的时尚需要。如远在塞外的新疆人"不重山肴重海鲜"，对"蟹黄虾汁银鱼鲞"一类海产品颇感兴趣，而"一切海鲜皆由京贩至归化城，由北套客转贩而至"，故"北商一到早相传"。吐鲁番以盛产水果著称，"然土人唯重内地之果"，商贾们针对当地流行的新嗜好，将大量内地水果运至天山南北，以获取高额利益。纪晓岚在《杂诗》中对此番情形生动地加以描画：

　　红笠乌衫担侧挑，频婆杏子绿蒲桃。
　　谁知只重中原味，榛栗楂梨价最高。

　　在蓬勃兴盛的贸易活动中，商贾们把敏感的触角伸向新疆生活的各个侧面。"天下粮价之贱，无逾乌鲁木齐者。"巧于心机的商贾从内地与新疆巨大的粮价之差中窥见到可图巨利。他们往往当"二三月间田苗已长"时，"以钱给农户，俟熟收粮，谓之买青"。由于聚居于天山南北的大量中亚、西亚居民嗜饮，内地来的酒商也十分活跃，他们投其所好，开起座座酒店，"一路青帘挂柳阴"。每岁当酒商们东归时，"率携银二三万去"。

　　经济的发展、文化的交往是文教事业勃兴的有力杠杆。"迪化、宁边、景化、阜康四城，旧置书院四处，自建设学额以来，各屯多开乡塾，营伍亦建义学二处，教兵丁之子弟，弦诵相闻，俨然中土。"与此种情形相适应，书商也开始活跃于新疆。纪晓岚在《杂诗》中记述道："初，塞外无鬻书之肆"，故"郑樵《七音略》谓'孔氏之书不能过斡难河一步'"，"间有传奇小说，皆西商杂他货偶贩至"。"自建置学额以后，遂有专鬻书籍者。"纪晓岚欣然地关注新疆文化生活中出现的新趋向，并作诗咏唱道：

　　山城是处有弦歌，锦帙牙签市上多。
　　为报当年郊渔仲，儒书今过斡难河。

文教事业的兴盛，潜移默化地改变了新疆人传统的价值观念：土俗以卒伍为正途，以千总、把总为甲族。自立学校，始解读书。从"以卒伍为正途"到"始解读书"，看来平平淡淡，然而，这一转变却潜藏着文化质的巨大变易，昭示着精神启蒙的开启。

"戍屯处处聚流人，百艺争妍各自陈。"纪晓岚以浓酣的兴趣抒写新疆文化的开发，更以独具的学者慧心去注视和描述塞外流人在新疆生活中所扮演的文化角色。诚然，因罪获谴、谪戍塞外的流人在新疆处于社会最为卑下的层次，但他们来自文化传统深厚博大的中原，具有高于塞外人的文化素养以及多姿多彩的才能。而这一切，在纪晓岚饱含热情的笔端下，表现得淋漓尽致：一位名叫方正的流人精于修表，"携得洋钟才似栗，也能检点九层轮"。来自贵州的夏髯善于酿酒，"携得江南风味到，夏家新酿洞庭春"。把总茹大业则酿醋有方，诚所谓"茹家法醋沁牙酸，滴滴清香泻玉盘"。流人中擅长演戏说书者，更是不乏其人。如"遣户孙七能演说诸稗官，掀髯抵掌，声音笑貌，一一点缀如生"，俨然塞外柳敬亭。"刘木匠以旦擅场"，"红粉青娥闹扫妆，仿佛徐娘风韵在"。"简大头以丑擅场，未登场时与之语，格格不能出口，貌亦朴僿如村翁。登场则随口诙谐，出人意表，千变万化，不相重复，虽京师名部，不能出其上也"。"遣户何奇能以楚声为艳曲"，其销魂夺魄的演唱使"四座衣裳浣酒痕"。"遣户中又有能昆曲者"，"以杭州程四为冠"，他们的表演使"越曲吴歈出塞多"。在"地炉松火消长夜"的孤寂中，流人艺术家的表演抚慰了多少人的心灵，"消除多少乡关愁"。他们那豪放、乐观、质朴、单纯，不为生活的屈辱所压倒，反而在命运的蹇落中迸发出才干和光彩的文化品性，不仅使他们自身获得前所未有的美的价值，而且赢得纪晓岚和后来人对他们油然而生钦佩之心。

经济的开发，文化的发展，从来是生活丰富多彩的原动力，乾隆盛世的乌鲁木齐在纪晓岚的笔下满盈欢笑地向我们走来："廛肆鳞鳞两面分，门前官书绿如云。""江西蜡，虞美人，万年菊"，"朵似巨杯"，万紫千红，把乌鲁木齐装扮得十分娇艳。"割尽黄云五月初，喧阗满市拥柴车。"丰收时节的乌鲁木齐，粮车拥道塞途，人头攒动的喧嚷流溢出农夫丰收的欢悦。"凉州会罢又甘州，箫鼓迎神日不休。"乌鲁木齐城内，"诸州商贾各立一会，更番赛神"，好不热闹。城南城北的酒楼，

"日日演剧","数钱买座,略似京师"。酒楼通宵达旦的"玉笛银琴",使夜色中的乌鲁木齐于边陲风貌中平添中原都市的神韵。塞外丰盈的生活,吸引来内地"游民鬻技者","马解妇女亦万里闻风而赴",献技塞外:

> 桃花马上舞惊鸾,赵女身轻万目看。
> 不惜黄金抛作垮,风流且喜见邮郸。

当风和日暖之时,乌鲁水齐"空中千百(鸽)为群,铃声琅琅",其情景明朗动人。

节日的乌鲁木齐更是热闹非凡。除夕之夜:

> 犊车轱辘满长街,火树银花对对排。
> 无数红裙乱招手,游人拾得凤凰鞋。

塞外元夕灯船之戏亦与内地仿佛:

> 摇曳兰桡唱采莲,春风明月放灯天。
> 秦人只识连钱马,谁教歌儿荡画船。

"绛蜡荧荧夜未残,游人踏月绕栏杆。"乌鲁木齐的元宵灯谜"亦同内地之风",而灯谜的奥妙无穷有时竟连博学如纪晓岚者也无法猜答,他只有吟喃道:"迷离不解春灯谜,一笑中朝旧讲官。"

"箫鼓分曹社火齐,灯场相赛舞狻猊。"中原舞狮习俗也在塞外流行开来。在孤木地屯和昌吉头屯的元夕舞狮赛中,"狮忽喷出红笺五六尺,金书'天下太平'字,随风飞舞,众目喧观"。元夕的欢乐顿时达到高潮。

这种具有盛清气派的"一统之极盛"是十八世纪中华民族生长的主旋律,更是中华文化共同体在未来岁月中屹立于世界民族之林的历史根柢。《乌鲁木齐杂诗》歌咏祖国边陲的安定、繁荣和统一,与盛清的时代精神息息相通,由此获得独具深厚的美学价值和文化价值。

《乌鲁木齐杂诗》是纪晓岚诗创作上迸发异彩的一个高峰。他早期为应试而作的试帖、馆课类诗,虽有其"纪家诗"的个性特点,毕竟摆脱不了"极工"而"体卑"的窠臼。在帝王身边作的恭和、呈进等馆阁诗,纵然属才思敏捷之作,也无非是点缀浮华,取悦君主。即使视学福建所作的风日清华的《南行杂咏》,抒发的也不过是个人情怀。而这组《乌鲁木齐杂诗》则满盈执着的爱国之情、深沉的历史意识以及强烈的时代感,从而成为纪晓岚思想中颇具光彩的篇章。电视剧《铁齿铜牙纪晓岚》告诉人们的是纪晓岚能言善辩、机智善谐的一面,而《乌鲁木齐杂诗》则见证纪晓岚并非仅仅是铁齿铜牙。

　　《乌鲁木齐杂诗》也是乌鲁木齐的历史见证。晚清以降,新疆多次陷入战乱。同治年间,阿古柏入侵乌鲁木齐,乌鲁木齐遭到严重破坏,地方档案几乎无存。《乌鲁木齐杂诗》以及《阅微草堂笔记》中的相关记载成为后人了解乾隆中期乌鲁木齐历史的权威资料。而纪晓岚也成为深受乌鲁木齐人民尊敬和怀念的一位历史人物。

第七章

总纂《四库全书》

乾隆三十六年（1771）元月，风尘仆仆的纪晓岚回到北京。他立刻递上谢恩折子，等待朝廷的重新任命。但乾隆皇帝在承德避暑，并没有立即召见他，纪晓岚只好闲居待命。

纪晓岚在埋头读书之余，时刻关注着朝廷的动向。"功夫不负苦心人"，纪晓岚终于等来了觐见乾隆皇帝的机会。乾隆三十六年（1771年）十月，乾隆从避暑山庄起驾回朝，纪晓岚马上赶往密云顺天府行宫迎接皇上。此时的乾隆正沉浸在土尔扈特部回归的巨大喜悦之中。

土尔扈特部原本是漠西厄鲁特蒙古四部之一。早在十七世纪二十年代末，他们因不堪忍受准噶尔部落的欺凌，从天山以北迁移到了伏尔加河下游地区游牧，开创了自己的家园。好景不长，不久俄国的势力也到达了他们的北边，并力图把土尔扈特变成他们的附庸。土尔扈特极力维护自己的独立，继续保持和蒙古其他各部的联系，互通婚姻，参加集会，不断向清朝进奉表贡，与沙俄的奴役与压迫进行着不屈不挠的斗争。沙俄政府为了对外扩张，加强了对土尔扈特部的控制，向他们征收苛重的赋税，不断地征发兵员。

乾隆二十六年（1761），年轻的首领渥巴锡继承汗位。他清醒地认识到：土尔扈特部如果继续生活在沙俄的魔掌下，除了整个部族趋向覆灭的命运之外，是没有别的出路的。为了挽救民族危亡，他决定发动武装起义，摆脱俄国的羁绊，重返同宗同教的故土，归顺大清。

乾隆三十六年（1771）正月，也就是纪晓岚从新疆返回京师时，土尔扈特人开始了全部回归的重大行动。在经过周密的谋划之后，渥巴锡率领三万二千帐十七万人组成的浩荡大军，消灭了数千沙俄官兵，烧掉了帐篷、带不走的东西和渥巴锡的木制宫殿，拔营起寨，惊天动地踏上了万里归途。成千上万的妇孺和老人乘着马车、骆驼和雪橇，在跃马横刀的勇士们的护卫下,离开了白雪皑皑的伏尔加河草原,一队接一队地迤逦前进。一路上,他们遇到了各种艰难险阻,但向着太阳升起的地方——祖国前进的愿望始终激励着他们。他们摆脱了沙俄军队的追袭,战胜了风雪、严寒、劳累和饥饿,行程万余里,跋涉半年多,终于于六月到达伊犁河畔。

对于土尔扈特的回归,乾隆皇帝给予满腔热情的欢迎,并对接待、救济和安置工作进行周密细致的安排。九月中旬,渥巴锡和另外几位首领被接到承德,在木兰围场随围观猎,在避暑山庄里盛会赐宴。所有土尔扈特的各级头领都封了官爵。乾隆帝十分高兴,当即赋诗一首:

通使曾经丙子年,兹徕统部不期望。
名编典属非招致,礼肄鸿胪合惠宣。
类已全归众蒙古,峪征嘉兆信伊绵。
无心蜀望犹初志,天与钦承益巩虔。

这首诗歌表达了乾隆皇帝作为大国君主,欢心喜悦、踌躇满志的心情。

土尔扈特的回归,标志着蒙古族全部归属大清。这件事生动地昭示出大清朝皇恩浩荡,威加四海的盛世气象,是乾隆皇帝文治武功的又一大功绩。乾隆帝为此亲自撰写了《土尔扈特全部归顺记》和《优恤土尔扈特部众记》,镌刻成两块巨大的碑石,永至纪念。

俗话说:"来得早,不如来得巧。"纪晓岚算是赶上了好时机。就在乾隆皇帝心情最佳的时候,纪晓岚在密云行宫朝拜了皇上。乾隆帝一见到纪晓岚,不由想起十五年前君臣唱和《宴土尔扈特使臣》的事,高兴地说:"土尔扈特已全部归顺了,你应该作诗纪念才是。"纪晓岚不愧是大才子,他一气呵成写下了五言三十六韵进呈御览。诗中写道:

醲化超三古,元功被八纮。圣朝能格远,绝域尽输诚。
往者星弧指,俄然月窟平。威棱震瀁汜,兵气扫欃枪。
赤坂骁腾度,黄云指顾清。峰开回乐雪,迹陋受降城。
别部留余种,当年早远行。慕容随马徙,蛮氏怯蜗争。
杳隔罗叉地,空传赞普名。冰霜途久阻,葵藿意常倾。

贡篚先遥至，宸章忆载赓。初来瞻禁御，早已仰天声。
迩日乌孙部，全归定远营。随阳都似雁，出谷尽如莺。
喜近层霄路，无辞八月程。自歌唐祚曲，不假贰师征。
东道艰难达，西琛拜跪擎。露章飞入告，星使远相迎。
绥辑劳都护，金银发水衡。流离怜琐尾，奔走悯孤茕。
汤纲原常祝，尧天许再生。寒岩俱变暖，枯卉忽含萌。
踊跃瞻风意，殷勤献曝情。黄龙何用约，白马不须盟。
恰值慈云普，方恢寿宇宏。感恩齐挟纩，效祝愿称觥。
紫塞沿冰谷，丹梯觐玉京。省方随日驭，大狩侍霓旌。
益地图新启，钧天乐正鸣。殽烝雕俎列，酒醴羽觞盈。
带砺崇封锡，衣冠异数荣。试看歌舞乐，真觉畏怀并。
从此皇风畅，弥彰帝道亨。梯航遍陬澨，寅昭集寰瀛。
清宴三灵叶，升恒两曜贞。铭功葱岭石，万古峙峥嵘。

这首诗中除了对土尔扈特部回归情况的基本记述外，更多的是对乾隆统治德被化外、功勋超越三代的歌颂。特别是"汤纲原常祝，尧天许再生。寒岩俱变暖，枯卉忽含萌"，更是对乾隆皇帝"仁慈高厚"的颂扬。它写的虽是乾隆对待土尔扈特部的厚待，但也反映了纪晓岚自己受乾隆召回京都的感激之情。这种表现形式，字里行间洋溢出的真挚情感，很合乎乾隆皇帝树立"仁慈君主"形象的心理。所以乾隆看了后非常高兴，颁旨嘉奖，复授纪晓岚翰林院编修。

上天跟纪晓岚开了一个天大的玩笑。他34岁时初入翰林就已经取得了这个职位。经历了宦海浮沉的颠簸，14年后的他又回到了原点，一切都要从头开始。

再入翰林院的纪晓岚，经历了远戍边疆的挫折后，对人生有了更加深刻的认识，体会到了君主的无常、官场的险恶与世态的炎凉。他的心情是矛盾和忐忑不安的。他在一方玉井砚背戏书一绝以自嘲：

万里从军鬓欲斑，归来重复上蓬山。
自怜诗思如枯井，犹自崎岖一砚间。

诗中既有对自己年近五十顺利返回京城以及重新获得皇上的认可、

重入翰林工作的喜悦,也有对自己近年来文字荒疏的担忧,更有对自己再次从编修做起、仕途渺茫的惆怅,总之是悲喜交加。

面对友人送来的一幅《八仙对弈图》,他感慨万千。画上,韩湘子、何仙姑对弈,五仙旁观,只有铁拐李酣然大睡。纪晓岚在这张画上题了两首诗。诗中写道:

十八年来阅宦途,此心早似水中凫。
如何才踏春明路,又看仙人对弈图。

局中局外两沉吟,犹是人间胜负心。
那似顽仙痴不省,春风蝴蝶睡乡深。

这两首诗,可以说把他此时此刻的心境烘托得十分恰当。纪晓岚在诗中对"世事如棋"发出了感慨,向往"春风蝴蝶睡乡深"的境界。但这只不过是一种心灵的安慰和憧憬而已,功名的诱惑使他难以放弃一切。

此时的纪晓岚陷入了仕与隐的两难抉择之中。如果像古代隐士那样归隐山林,过着"采菊东篱下,悠然见南山"的自在闲适生活,对于个人来说不失为一条好的选择。但是那样的话,报国济世的志向,国家兴盛繁荣的大环境、个人及家族荣耀的社会地位就都无从谈起了。而如果留在朝廷,"伴君如伴虎",尤其是遇到乾隆这样精明的"老虎",一个不小心,轻则丢官,重则失了卿卿性命。纪晓岚在人生的十字路口,苦苦思索,徘徊不前。火热的经世情怀终于战胜了退隐的念头,他最终还是选择了继续过那种"水中凫"的生活。

在一首题为《己卯秋,钱塘沈生写余照,先师董文恪公为补幽篁独坐图,今四十年矣,偶取展观,感怀今昔,因题长句》的长诗中,纪晓岚对这一时期的思想历程做了淋漓尽致的描写。

当年,阅历丰富的老师董邦达为他补作《幽篁独坐图》,旨在劝诫他不要律津玩味宦途生涯。聪明的纪晓岚当然明白老师意在规劝,要他隐身山林。可是,人不摔跤是不会接受教训的。那时纪晓岚仕途上正春风得意、事事顺心,他不愿意放弃拥有的一切,"拈花微旨虽默解,拂衣未忍犹留连"。

不久,他遭受了谪戍西域的劫难,"人生快意果有失,一蹶万里随

戎旃。孤城独上望大漠,泱漭沙气黄无边。慨然念此画中景,犹如缥缈三神仙。枯鱼书札寄鲂鱮,风波一失何时还?玉门谁料竟生入,鸣珂又许趋仙班"。

归来以后,"少年意气已萧索,伤禽宁望高飞翻。但思臣罪当废弃,骖鸾忽蹑蓬莱巅。友朋知己尚必报,况乃圣主恩如天。文章虽愧日荒落,江淹才尽非从前。石渠天禄勤校录,尚冀勉涤平生愆。以此踌躇未能去,故人空寄归来篇。湖州妙迹挂素壁,风枝露叶横苍烟。弹琴长啸悬日月,相从但恐终无缘"。

受过一次大的挫折之后,少年意气已经消退,受过伤的飞禽哪里还敢指望凌云高飞!但是圣上恩宠,让自己重进翰林院,又不得不尽心竭力地在内廷文馆为朝廷效力。这首诗清晰地反映了纪晓岚心理的矛盾以及抉择的过程。他之所以没有选择归隐的生活,除了他难以抛弃的功名以外,更重要的原因还在于乾隆对他的知遇之恩。圣主的青目促使他坚定了"以文章报国"的信念。

一个人要想成功,固然离不开坚韧和努力,但也同样离不开时代赋予个人的机遇。试想想,假如没有随之而来的《四库全书》的编纂,纵使纪晓岚才华横溢,学富五车,胸藏三坟五典,他的人生宦迹或许也只是平平常常,黯淡无光。然而,上天眷顾了这位才子,一项重大的历史使命很快就落到了纪晓岚的肩上。天降大任于斯人,纪晓岚受命总纂《四库全书》,他一生的荣耀与辉煌,在此达到了巅峰。

《四库全书》的纂修不是一个偶然的文化现象。它既包含有整理古代典籍、总结传统学术的时代要求,又蕴藏着封建帝王标榜文治、强化专制统治的私意。

到了乾隆中期,政治、经济、军事都发展到中国封建社会的顶峰,国家呈现出一片欣欣向荣的局面,文化事业的勃兴成了历史的必然和时代的要求。学术界出现了收集整理贮藏古代典籍的呼声。早在乾隆初年,山东学者周永年著《儒藏说》,大声疾呼收藏儒家经典的必要性和迫切性。他指出要想让古代儒家经典得到保存,必须利用朝廷的大力,建立"儒藏",把天下书籍征集到一起,妥善保管,使古人著述中可以传世者,从今以后永无散失,天下万世都能读到它们。周永年的建议,得到学术界的广泛响应。

朝廷方面,从康熙年间,就有了博采群书之议。康雍两朝编辑刊印了一些规模较大的类书，如《康熙字典》《佩文韵府》《古今图书集成》等。乾隆皇帝也懂得思想统治的重要性。早在继位之初，他就开博学鸿词科，扩充科举录取名额，搜罗天下人才，为他的统治效劳。同时他还开馆修书，先后完成《皇朝文献考》《续文献通考》等一大批史籍的编纂。到了他继位30年以后，在武功显赫的基础上，他更要通过文化事业来标榜文治，体现和张扬祖国大一统的气象。

纪晓岚的一生心血都交给了这项旷世工程。个人的事业如果能与兴趣结合起来，会感到乐此不疲，也会使事业如日中天，获得巨大成就。但如此幸运的人不多，纪晓岚编纂《四库全书》，按说是一个苦差事，但这是他的兴趣和长处，因而能在繁忙中得到乐趣。

乾隆知道这一副担子不轻，擢升纪晓岚为翰林院侍读，并把陆锡熊同时诏命为侍读充任纪晓岚的副手，职务为四库全书副总纂官，同事们口头习惯称呼为"副宪"。

陆锡熊，字健男，号耳山，"耳山"之号比"健男"之字名气更大。他是上海人，比纪晓岚小十岁，且比纪晓岚晚七年登进士金榜。但他博闻强记，资禀绝人，又没有遭受纪晓岚贬戍新疆那样的挫折，所以一直留存朝中编辑史书，如《通鉴辑览》《契丹国志》等。当时他的职务是内阁中书。

自纪晓岚从新疆还朝之后，乾隆认为其聪明才智超过了陆耳山，所以诏命陆耳山当了纪晓岚的副手。

对于这一点，陆耳山心里颇为不服，认为自己的才气并不比纪晓岚差，而自己又一直留朝任职，万没想到纪晓岚作为一个罪人从新疆刚刚进朝就爬到自己头上去了。陆锡熊心里打定主意总要当着众人的面羞辱一下纪晓岚。

陆耳山走马上任副总纂官是中秋节后的八月十六，他早听说纪晓岚最善于快捷联对，便想在这方面压一压他。

一天，陆耳山走进《四库全书》馆署，陆耳山便来了一个先发制人，老远便喊：

"晓岚！昨晚中秋好月亮，赏月中我突然得一句下联，再找不出好的上句，今天倒要请教于你。我这下联是……中秋八月中。"

纪晓岚佯装懵懂说："哦？竟有这等巧事，我昨晚赏月刚好找到一句上联……半夜二更。"

陆耳山一听对得天衣无缝,岂肯罢休,马上又说:"刚才来时我路过药店,看见门上贴着五个大字,晓岚你看,是不是一句好下联……祖传狗皮。"

纪晓岚一听,陆耳山在联句中暗暗地将自己骂了,骂自己卖"狗皮膏药",于是爽口接话说:"耳山这又巧了,我们家正有一个祖传秘方,你看做不做得你那个上句——秘制乌头。"

陆耳山一听纪晓岚又骂回来,骂自己是"秘制乌头药"的里手,这还了得?马上又反击过去。他说:"晓岚,刚才我骑马来的路上,马口渴了,我让马在一个叫做四眼井的地方饮了水,你看这是不是一句上联——适饮马四眼。"

纪晓岚说:"耳山,你自己就对好下联了,还要我对什么?"

陆耳山说:"我没有对啊!"

纪晓岚眨巴着眼睛问:"你的马为什么口渴要饮水?"

陆耳山说,"当然是我把它骑累了。"

纪晓岚说:"这就对了!马何以饮水……盖驮人陆耳山。"

"哈哈哈哈!"一听这话,纪晓岚的知心朋友一齐大笑起来随即就你一言,我一语地说起风凉话来:"今天我们可知道成语'班门弄斧'是怎么回事了。世间万事万物都可以作假,唯有肚子里的才学是真的……"

纪晓岚却板起脸,说:"你们胡说什么?不是莫逆之交的朋友,耳山会和我斗嘴谐趣?"

陆耳山对纪晓岚的才学佩服得五体投地,对他的为人和品质有了了解以后,两人之间再也没有闹过隔阂。共同为《四库全书》的正副总纂官。

也许是命运不好,陆锡熊与纪晓岚同为总纂官,虽然没有取得纪晓岚那样大的成就,但受到的处分却不比纪晓岚轻。乾隆因为《四库全书》里面诸多错识,大为震怒,谕命将《四库全书》"重为校对",此番的缮写之费,"责锡熊与昀分任",陆锡熊掏了大部分,纪晓岚拿小部分。又诏令陆锡熊去奉天,校正文溯阁藏书,没等校书完工,陆锡熊便命归黄泉,死在了奉天。

总纂、总校几人中,最幸运的还数纪晓岚。承上诏谕特准免议,但他身为总纂,在责难逃,就让他出点钱了事。直到七阁《四库全书》

全部告竣时，纪晓岚的官职已升至礼部尚书。这当然是因为与他受命纂改遗诏有关。但皇上深知他勤勉于事，编纂、校正不辞劳苦。那年夏天，乾隆到总纂处巡视，看到纪晓岚脱光膀子苦干的情景，心中颇为感动。

表面上看，纪昀豁达、乐观，应付周围，能够左右逢源。但实际上他的处境仍然是非常艰难的。在四库全书馆编纂处，纪昀虽然名誉上是第一位的总纂官，但是在他之上还有二十几名正副总裁官，乾隆还亲自干预，不断地谕示，要"朕亲批阅厘正"。一部书辑录完稿，待逐层交皇帝御览时，编纂人等便是提心吊胆，以待御批示下。据云，一部书写好进呈时，往往还要在开卷首页故意留下一两处比较明显的错误，以便御览时易于发现改正。这样做是为了满足皇上比人高一等的心理，这就是所谓的"钦定"。然而皇帝又哪里有那么多工夫用在书本上，于是来不及一一御览的错误之处，就在"钦定"的招牌下，"合法"地留下来了。也难怪事与愿违，拍马屁拍得太不是地方了。皇上发现伪谬如此众多，龙颜火怒，责令重为校正，因此负责校勘的官员，受到处分的人次，为数众多，也是罪有应得。

乾隆对《四库全书》的评论也有该书"草率讹谬，比比皆是"的话。作为总纂官，对于此类情况，怎能不因左右为难而头痛呢？

乾隆于四十二年十月二十九日，命以哈密瓜颁赐四库全书馆诸臣，全馆一百五十四臣，联句讴颂，视为无上荣光。纪昀为《恩赐四库全书馆哈密瓜联句恭纪一百五十四韵》作序说："此日分尝，真作逢春之草，恩逾常格。"但就在赏瓜后没几天的十一月间，新昌举人王锡候，因考证《康熙字典》，另著《字贯》，以"有辱圣祖"罪而被诛。总之，乾隆对待当时知识分子的方法，就是恩威兼施，把许多人攥到四库全书馆，做编纂，搞"学问"，发扬汉族传统文化，使之在书海中消磨终身。如稍有逾越者，便采取杀一儆百手段，示意尔辈须俯首帖耳，做御用文人。

至于陆锡熊、陆费墀以下的校勘人员，有很多人所受的处分是很严厉的。翰林蔡葛山就是其中一员，他与纪晓岚交情很深，曾向纪晓岚发牢骚说："我校四库书，因为讹字夺俸，实在觉得冤枉。但又有什么办法呢？这些年，白白辛苦了一场，不但得不到升迁，还把这些年积存，全搭进去了。"纪晓岚劝慰道："事已至此，先生何必太认真？因此事

受罚之多,多至几百人。您与他们相比,境况尚属不错。您不见总校陆费墀,新近郁郁而死,落得倾家荡产,人亡家败吗?先生何不想想,若非此事,那些遗书秘籍,一生还会有读到的机会吗!""要说也是。"蔡葛山点点头,"我确有一事,深得校书之力。"

"是哪件事?"

"我的一位幼孙,偶然吞下一枚铁钉,郎中以朴硝等药,攻之不下。幼孙日渐弱,就在这时,校《苏沈良方》,见有小儿吞铁物方写道:'剥新炭皮研为末,调粥三碗,与小儿食,其铁自下'。依方试之,果然炭屑裹铁钉而出。我这才知道杂书也有用啊!"说完蔡葛山欣慰地笑了。

纪晓岚在编著《四库全书》的时候,有个戏班进京演戏,听说纪晓岚滑稽有才,而且有求必应,就托人求他为戏台题对,纪晓岚沉思半晌,欣然命笔,写了一个七十六字的长联:

二帝生,三王净,五伯七雄丑末耳。汉祖唐宗,也称一时名角。其余拜将封侯,不过掮旗打伞跑龙套;

四书白,六经引,诸子百家杂曲也。李白杜甫,能唱几句乱弹,此外咬文嚼字,总是沿街乞讨耍猴儿。

对联一贴,立刻轰动一些本来无心看戏的人,也纷纷前来观赏,很为这台戏壮了门面。时过境迁,戏为哪家所演,所演又为何戏,早已不为人们记忆,而纪晓岚为戏台所题的这副对联,却在民间一直流传了下来。

在纪晓岚看来,戏演历史,历史演戏,中华民族几千年的历史本身,就是一台好戏。在这台戏中,炎黄二帝为生角,夏禹、商汤、周文武三王算净角,春秋战国的五霸七雄,只能是丑角、末角的行当。汉高祖刘邦、唐太宗李世民,搞得不错,也称得上一时名角。其余那些封侯拜将的,不过为扎旗、打伞、跑龙套的角色而已;儒家经典四书六经是这史剧的念白和引子,先秦诸子百家之说,是戏中之杂曲。唐代大诗人李白、杜甫,应说能唱几句乱弹,此外,历代咬文嚼字,大多称不上真正的艺术,总是把它作为向帝王讨生活的一种手段,就如同那些耍着猴儿沿街乞讨的一样。

此联上句从人物谈历史。下句从文化谈历史,句句以戏剧作比,形式新颖,别开生面,生动含蓄。耐人咀嚼,艺术上很有特色,从内容看,全联都渗透着作者的历史观和人生观。乍看起来,好像表现的是历史虚无主义,实际包含的是纪晓岚细微复杂的切身经验之谈。在他看来,历史上真正有作为、有贡献的帝王将相空空可数,多数是历史舞台上的匆匆过客;浩如烟海的诗书文字,真正经世致用,有历史价值的,其实并没有多少。多数是粉饰太平,向帝王邀功请赏的平庸之作,与耍猴儿要饭并无本质的不同。纪晓岚涉足宦海,亲眼看到帝王将相的腐败无为,亲身感到文化统治之苦,如临深渊,如履薄冰,说话、办事、写诗文,处处加着小心。很多情况下不得不迎合"圣意",委曲求全。但他自恃满腹才华,不甘于碌碌无为,把才华作为向皇帝乞讨的资本。他心里是矛盾而痛苦的。由这种亲身感受而纵观历史,他才写出了副别有点玩世不恭的对联。今日读来。仍令人感慨。

纪晓岚编撰《四库全书》时,前后十余年,由编修升至礼部尚书,文人的习惯始终保留。为编《四库全书》查找秘籍,他曾四进承德避暑山庄查点文津阁秘籍。

有一次,在承德避暑山庄检点自己编纂过的书稿,忽然从书中掉出一张纸条,他捡起来一看,不由得高兴地大叫起来:"找到了,找到了。沉没数百年,终见于世,岂非贞魂怨魄,精贯三光,有不可磨灭者乎?"陆锡熊等同僚见他这样高兴,不知何故,都奇怪地望着他。

原来,他见到的是几年前从《永乐大典》中抄录出的一首不见传本的佚诗。此诗抄后夹入书中,后来书被人搬动,竟忘记夹在哪一本,多次查找,均无所获。现偶然得到,岂不令他高兴异常!

这首诗题名《李芳树刺血诗》,没有注明朝代,也未说明李芳树是什么人,更未注明为何而作。当时陆锡熊为它作了一次小小的考证。根据诗在诸诗中的排列次序,断定李芳树为宋人。即使是宋人,到清乾隆间也已几百年了。诗作缠绵悱恻,婉转哀怨,与汉乐府《孔雀东南飞》颇为类似。纪晓岚本是个多情种子,见此绵绵情诗,怎不珍爱非常?诗云:

去去复去去,凄恻门前路。
行行重行行,辗转犹含情。
含情一回首,见我窗前柳;
柳北是高楼,珠帘半上钩。

昨为楼上女，帘下调鹦鹉；
今为墙外人，红泪沾罗巾。
南外与楼上，相去无十丈；
云何咫尺间，如隔千重山？
悲哉两决绝，从此终天别。
别鹤空徘徊，谁念鸣声哀！
徘徊日欲晚，决意投身返。
手裂湘裙裾，位寄稿砧书。
可怜帛一尺，字字血痕赤。
一字一酸吟，旧爱牵人心。
君如收覆水，妾罪甘鞭捶。
不然死君前，终胜生弃捐。
死亦无别语，愿葬君家土。
倘化断肠花，犹得生君家。

　　这首诗写得何等凄怨，难怪纪晓岚爱不释手了。由此也可见纪晓岚的文人纯真气息，以及对人间挚爱真情的歌颂与向往。

　　本来，在宋明理学的体系中，只有"天理"才是唯一的、实在的，人的感性自然欲求则被绝对加以排斥，所谓"天理存则人欲亡，人欲胜则天理灭"，乃是中国传统道德可怕的变态和扭曲。

　　但是，压抑从来不是万能的。理学家们消灭欲念的强力主张，自晚明以来便不断地受到来自各方面的反击。纪晓岚在写作《四库全书》提要时，也站在这一阵线之中向理学出击。他叙述了如下两则抉择于"欲"与"理"之间的故事，它们的主人公分别是北宋陈烈与南宋胡铨。

　　陈烈一次出席宴饮，东道主请来官妓于席间助兴，"烈闻妓唱歌，才一发声，即越墙攀树遁去，讲学家以为美谈。"对于理学道德准则来说，陈烈确是严守名教大防、坚守纯正"天理"的典范。

　　胡铨是南宋名臣。绍兴年间，秦桧主和，金使南下诏谕江南，他上疏请杀秦桧和使臣王伦，被谪吉阳军（今广东崖县）十年，直到孝宗即位，才被序用。在从贬地北归的途中，胡铨饮于湘潭胡氏园，题诗曰："君恩许归此一醉，旁有梨颊生微涡。"所谓"梨颊生微涡"者，即"侍妓黎倩也"。胡铨之诗后为朱熹所见,于是朱文公题诗曰:"十年浮海一身轻,归见梨涡却有情,世上无如人欲险,几人到此误平生。"在这位理学大师看来,胡铨虽气骨铮铮,却因把持不住"方寸之间"的自我,从而在一念之差中堕入险恶的"人欲"陷阱。系于人生全副身心和性命之上的伦理道德这把达摩克利斯剑,终于无情坠落,胡铨由此而被判定,"自误平生",此番情形正如乾隆帝所声言的:"天理与人欲,只争一线多。""出此入乎彼",其间绝无调和余地。纪晓岚却不然,他针对朱子对胡铨的斥责而发出这样的议论:

铨孤忠劲节,照映千秋,乃以偶遇歌筵,不能作陈烈逾墙之遁,遂坐以自误平生,其操之为已蹙矣。平心而论,是固不足以为铨病也。

在这里,纪晓岚以一种现实的富于人情的态度来解说胡铨"归见梨涡却有情"的"失误",其批判锋芒所及则是理学扼杀人的情感欲望的禁欲主义以及道德神圣、道德至上的泛道德主义。其立场和志趣大不同于宋明理学家。

纪晓岚为编写《四库全书总目》,将从各地搜集到的逾万部书籍,以及宫中秘籍,一一细细审阅,披览无余。但起初,明代的《永乐大典》藏置何处,一时寻求未获,使他为此事十分焦急。

后来有一个老太监说他幼年进宫后,有一回打扫敬一亭,曾见过《永乐大典》。

这让纪晓岚大为兴奋,因为范围就缩小在皇宫中,他立即派人到敬一亭寻找,却找不到,纪晓岚为此苦恼不已。这时同为编修的朱筠便说道:"晓岚,我想这是上天要考验你的诚心与耐心,你身为总纂,要编修的可是要流传百世的巨著,不如你斋戒沐浴三天看看,也许感动了上天,有奇迹也不一定。"

对一般人而言,斋戒三天,并不是什么了不得的大事。可是对纪晓岚而言,这真是天大的难题。纪晓岚自小到大,三餐无肉不食,现在叫他茹素三日,简直是要他的老命,可是纪晓岚竟然答应了。当真是心诚则灵,斋戒后三天不到,几个太监踏着梯子在搬动敬一亭的书籍要找《永乐大典》时候,一个重心不稳,连人带梯撞上柱子,结果柱子上掉下一件物事,太监们一看,不禁大声叫道:"找着了,找着《永乐大典》了!"原来掉下的东西正是《永乐大典》的其中一册,纪晓岚闻讯立即跑到敬一亭,看到太监从柱子上一本一本地将《永乐大典》传下

来，高兴得眼泪不停落下。

各省进呈的书也陆陆续续地送进宫中，纪晓岚认为各省送来的书籍，大小不一，编成后，若用木刻则太过费时，不如改用抄写，可以随时订正改错，书本规格也可以统一，便呈奏朝廷恭请圣裁，乾隆立即照准。纪晓岚便将书籍分发到各部门的校官手上，集"总阅""总纂""总校""提调""缮书"等处，动用文臣两百四十九人、抄录员一千余人，总人数超过四千余人，动员人数之多，规模之庞大，创了当时的世界纪录。

能编辑《四库全书》是纪晓岚最感光荣的事，却也是纪晓岚最惶恐的时候。因为乾隆在编辑《四库全书》时，挑剔万分，其用意就是要控制全国的思想，所以只要是出现忌讳之书，如果作者在，必定下狱；与作者有关系，下狱。所搜集的书经统一整理后，供全国士子阅读。

如此，全国只有朝廷规定的书可读，集权统一思想的目的也就达成。为此，乾隆下一道谕旨，要求所有校正官员，严格执行检查之责，不得留存忌讳之书，日后若有讳碍书籍或文字存留，一经发现，罪不可赦，监督者亦难辞其咎。乾隆三十八年，文字狱大开，月月皆有狱案发生，读书分子人人自危，身为总纂官的纪晓岚更是战战兢兢。

因为虽然是说监督者自行斟酌，但是忌不忌讳根本没有一定标准，唯一的标准是在乾隆的心里，忌讳与否，全凭乾隆意思。纪晓岚编辑《四库全书》十几年，简直如履薄冰，好像脖子后头摆着一把大刀，随时都有人头落地的可能。虽然纪晓岚这么小心谨慎，三十九年九月，仍被"王珣遭兄投递字帖"案牵连，险遭下狱。

王珣是直隶省盐山县回民，他派遣其兄王琦进京，向户部侍郎金简进呈字帖，没想到其中诗文三本内文多狂悖，又语多涉及纪晓岚。当时因为文字狱已起，金简觉得事关重大，立即呈报朝廷并将王珣兄弟逮捕，王珣押解京师问讯。王珣供词中提到扶乩者说他和纪翰林同为圣人子弟，王珣是颜回，纪昀是子贡转世等语。纪昀自恃是圣贤转世，讽刺朝政，要挟圣上，平时更搜集鬼神精怪故事，大有蛊惑人心之嫌。乾隆一看奏章，顿时大怒，便速召纪晓岚问个究竟。

纪晓岚一到宫中，乾隆便问："纪昀，直隶盐山县回民王珣，你可认识吗？"

"回皇上，臣不认识这人。"

"哦！王珣诗文中许多提及你的地方，你知晓否？"

"回皇上，臣实不知啊！"

"那他曾送两次仙笔仙诗去你家，你知道吗？"

"王珣确实有送诗文到臣家中，不过都是由下人传话，而臣一概拒绝接见，东西也没有收下。"

"嗯！"乾隆听到这也就稍稍放心下来，可是不一会儿又沉下脸来说道，"那你自以为是圣贤转世，所以才胆敢讽刺朝政、顶撞朕？"

纪晓岚非常镇定地说道："绝没有此事，臣被人说是圣贤转世，乃乡野无知之人所言。至于对朝政的批评，臣承认难免为之，毕竟臣自己在朝为官，自然对有些政策会有些质疑，但臣绝对是忠心为国，决不曾也不敢对皇上有任何批评，请皇上明察。"

乾隆听完又更放心，他当然知道朝中所做的决策，无法做到让每个人都认同，纪昀能承认更显他的诚实与正直，而且君臣在一起多年，纪昀对他的忠心，他怎么会不知晓？转而一想，这金简必是假公济私，利用无知乡人之言来对付纪昀，自己一定是被最近的狱案搞得心神不宁，竟然相信金简低级下流的奏本内容。

这时乾隆对纪昀是完全信任，但是他还是有些不放心，又问："听说你在搜集鬼怪仙狐故事，借以蛊惑人心，有这种事情吗？"纪昀虽然跪在地上，看不到皇上的脸色，但是听声音知道乾隆已经不怪罪他了，心里一放松，说话时更稳定，他大胆地说道："回皇上，臣的确有在整理一些乡间传闻故事，但是臣以为百姓识字不多，不能写书，但是他们仍知道什么是善恶，何谓是非，便将抑恶扬善、明辨是非的道理寄存于故事中，只是故事太过粗鄙，所以臣想将这些故事整理润饰，将来可公诸于世，让世人知道扶正抑邪是天理所在，臣虽力微，然意志坚定，恳请皇上答应让臣继续此事。""好！哈哈！平身吧！纪卿你这件事做得好，朕知道了。"便不再追究纪晓岚，不过王珣仍被判处斩，王琦充军发配边疆。纪晓岚这次虽然逃过一劫，但是已经让他惊吓一场。

经过这么一回的折腾，纪晓岚编书更是小心谨慎，校阅订正不敢掉以轻心，尤其是乾隆对于校阅要求极为严苛，只要不合意就得小心脑袋。有一次编辑宋朝人李荐《济南集》，有一首《咏凤凰台》的诗中有句"汉彻方秦政"，直呼汉武帝刘彻及秦始皇嬴政之名，乾隆为之恼火，立即颁旨：

秦始皇焚书坑儒，其酷处不可枚举，号为无道，秦后之人深恶痛绝，因而显斥其名，尚无不可。若曹丕躬为篡逆，称名安宜。至汉武帝在汉室尚为振作有为之主，且兴贤用能，独持纲纪，虽黩武惑溺神仙，乃其小疵，岂得直书齐名，与秦政曹丕并论乎？……此等背理称名之谬，岂可不为改正，以昭示方来……并谕四库全书馆臣等，于校刊书籍内遇有似此者，俱加签拟改，声明进呈，勿稍忽略。……

《四库全书总目　卷首》

这时的乾隆登基已经超过四十年了，帝王无比的尊严，决不容许别人诋毁，他不希望后世之人也学李荐直呼汉武帝的名字刘彻一样，把他这位圣明的帝王直接叫爱新觉罗·弘历，因此在《四库全书·卷首》中严格规定，再将李荐诗歌中的"汉彻方秦政"改为"汉武方秦政"。文字的对错删改全凭乾隆的心意，比如乾隆对"夷狄"两字就非常敏感，一回他发现馆中进呈的《宗泽集》中将"夷狄"皆改成"彝敌"，乾隆大为光火，立即颁旨责罚要求复原。乾隆说：

前日批览四库全书馆所进《宗泽集》内，将"夷"字改为"彝"字，"狄"字改为"敌"字，昨阅《杨继盛集》内，改写亦然，而此两集内又有不改者，殊不可解。"夷狄"二字，屡见于经书，若有心改易，转为非理。如《论语》："夷狄之有君"，《孟子》："东夷西狄"，又岂能改易！亦何必改易！宗泽所指系金人，杨继盛所指系谙达，更何所用其避讳耶？

可说把他的自尊心推到巅峰。从此以后《四库全书》编纂的方法，完全以乾隆的意旨为依归，也因此扼杀了许多珍贵的文化典籍。不过既然乾隆已经下旨明文规定，校对的工作就较为迅速起来，纪晓岚本来就熟知乾隆的心态个性，这次的白纸黑字让他心里有个底，编纂校阅成绩斐然，乾隆大为高兴。乾隆四十四年己亥（1779），擢升纪晓岚为詹事府詹事。詹事是个从三品的虚职，却也是翰林升迁的必经之道，这表示晓岚就快升到有实权的高位。果然隔不到一个月，乾隆就升纪晓岚为内阁学士负责传达奏章诏命，是个从二品的大官。这时的纪晓岚已经走出翰林院，进入更高一层的朝政决策圈。

由于编纂《四库全书》势必得览遍群籍，才能考定真伪，校正错误，所以身为总纂，纪晓岚举凡宫中秘典、私人珍籍通通可读到，在当时没人读的书能比得上他，他也为此而感到自豪，曾在《自题校勘四库全书砚》中说过：

　　检校牙签十万余，濡毫滴渴玉蟾蜍。
　　汗青头白休相笑，曾读人间未见书。

馆中的同事对纪晓岚也颇为佩服，知道这是事实，不过这诗也传到乾隆耳里，他自然知道纪晓岚身为总纂官，每本进呈的书都得经过他的眼睛，不过在自大的乾隆前说这种话，乾隆心里还是有些不舒服，认为他太过夸张，便把纪晓岚叫来问清楚。乾隆问纪晓岚："纪卿，你任总纂官许久，遍览群籍，至今有什么书是你没读过的？"

纪晓岚以为乾隆是在问他校书的速度，如果回答仍有许多书未读，岂不表示他有负总纂职责，一时紧张，不假思索就脱口而出："回皇上，臣无书不读。"说完，纪晓岚才想到说错话，可是话已经说出来，只好听候乾隆发落。乾隆道："不愧是总纂四库全书的纪才子，既然纪卿说自己无书不读，那就让朕考考你，明天早朝，朕说出一本书你就得背起来。"纪晓岚只好遵旨。

回到馆中，纪晓岚苦着脸坐在椅子上，点起烟草抽了起来，他想天下书籍何其多，哪可能全读过？会背的书也是重要才背，更何况经史子集以外的书，多如繁星，皇上随便取一本，怎么可能背出来？丢官不要紧，丢了脑袋才难受，也不知如何是好，随手便抓起一本《皇历》翻翻，看看今年自己到底是不是犯太岁，怎么运气这般差？

乾隆在御书房里，也不知该出什么书叫纪晓岚背，纪晓岚好学聪敏又任总纂许久，校阅的书极多，而且过目不忘的功力令人佩服，这些经史子集他绝对能轻松应付，只有找经典以外的一些书籍。可是经典以外的书这么多，一时间还真不知要选哪本书。正想着，刚好内务总管捧着一本《皇历》要请皇上过目，乾隆一看大喜，他想纪晓岚一定没读过这本历书，明天就拿这本试试他。

第二天早朝后，乾隆把纪晓岚留下，立即指定纪晓岚背《皇历》。乾隆坐在龙椅上，得意扬扬地望着纪晓岚，心想，这次终于能考倒他

了。纪晓岚一听到皇上要他背《皇历》，差点没笑出来，昨天才翻过《皇历》，今天皇上却要他背《皇历》，真是祖宗保佑。

乾隆翻到哪页，纪晓岚就背出那页内容，背得是流利顺畅，这下乾隆真是无话可说，他想破头也想不到，纪晓岚昨天乱翻书居然翻到《皇历》来看。乾隆心服极了，赞叹纪晓岚："纪卿名不虚传，当真是无书不读，而且过目不忘，记忆惊人，有如活动的书橱般，朕就封你为'两脚书橱'。""多谢皇上！"纪晓岚心里大呼幸运，从此纪晓岚"两脚书橱"的雅号，就在文坛中传了开来。

这年夏天，中国闹了大旱灾，稻田晒得龟裂，小河也都枯干，草木凋黄，百姓几乎快过不下去了。各省都呈上灾情报告，乾隆看得是触目惊心，心痛不已，立即下旨开仓赈灾，乾隆自己也决定亲自祈雨。择定吉日后，乾隆率领文武百官到天坛举行祭天仪式，祈雨的祭典庄严肃穆，乾隆按照礼官的唱礼，依序行上三献礼，行礼之后，便准备宣读祷文。

祷文早就由专人拟好了，只是大家知道以往有祭典时，乾隆都是会拿出自己的祷文出来，交由旁人宣读，相信这次也不例外，所以礼官虽然手捧着祭祷文，也不敢拿出来宣读，众人都等候皇上的旨意。果然乾隆从袖筒中抽出祷文，顺手交给一旁的纪晓岚，众臣看到皇上亲自写了祷文，也都安静地等候纪晓岚宣读。礼官看到后就把祷文收了起来，纪晓岚接过祷文走上前去，打开准备宣读。这不打开便罢，一打开，纪晓岚脸都吓白了，一旁的礼官也傻住了，乾隆竟然给他一张白纸，上头一个字都没有。

纪晓岚大吃一惊，他连忙转头看着乾隆，乾隆却装作不知道，神情虔诚地等候纪晓岚开口朗读。纪晓岚这才知道皇上又要考验他，看他如何过关。他深吸一口气稳定下来，强烈的自尊心让他振作起来，捧着白纸，神情镇定大声地宣读：

帝曰：咨尔龙，岁大旱，用汝行甘雨，汝其往，钦哉！

临时集《书经》句子成的祷文，让他又通过考验，乾隆心愿又没能达成。礼毕后，刘墉他们才知道，方才乾隆开了这么个玩笑给纪晓岚，都吓了一跳，也佩服纪晓岚临危不乱的本事。

仪式结束，乾隆要纪晓岚、刘墉、和珅等人换成便服，随他微服出访民情。出了北京城,当真是灾情严重,看得乾隆心情沉重,众人也默默不言。直到回到北京城内,热闹的街市才让大家心情稍稍开展,加上和珅的油嘴滑舌,一下子就让乾隆忘掉方才令人难过的情景。君臣几人来到一家酒店中饮酒休息,乾隆看见酒店外挂着一盏宫灯形状的红灯,红灯四面皆写一个酒字,心有所感,便对众人说道:"朕有一联,众卿若能对出,朕即赐酒。这上联是:一盏灯,四个字,酒酒酒酒。"

说完,大家沉默了许久。乾隆说完后,自己也想了半天,居然对不出下联,纪晓岚往外头望去,想找找看有什么可以属对的东西,正好更夫打着更,从酒店外走过。纪晓岚灵机一动:"有了!我对:二更鼓,两面锣,铛铛铛铛。"

"好对!好对!哈哈哈!"乾隆高兴得大笑,立即赏酒给纪晓岚。乾隆等人在北京走了一会儿之后,纪晓岚等人便送乾隆回宫休息了。

编《四库全书》是非常辛苦的一件事,尤其对有严重近视、身体又有些肥胖的纪晓岚而言更是难过。《四库全书》要校阅的书籍极多,纪晓岚每天挂着他的近视眼镜,一字一句地检查,将精神全放在《四库全书》上,有时日以继夜,好几天都没回家去。有一天,天气极为炎热,胖子纪晓岚受不了酷热,干脆脱了官服图个凉快,打赤膊在那校书。

哪知乾隆突然驾临四库全书馆,检查《四库全书》编纂的情形,纪晓岚来不及穿上官服,连忙躲进桌下。桌下更是闷热,热得纪晓岚汗流浃背,苦不堪言,他只求皇上看完校书情况后快快离去。

结果乾隆一待就是个把时辰,好不容易,他听到外头好像没皇上的声音,以为乾隆已经离开了,又不敢确定,便叫了一声:

"喂!耳山,老头子走了没?"

"放肆!是谁这么大胆,敢说这种无礼的话,给朕出来!"天啊!原来皇上还没离开校馆啊!纪晓岚无法,只好苦着脸,从桌下钻了出来。乾隆听到这等无礼的话,本是龙颜大怒,可是看到纪晓岚一个人蹲在桌下,热得满头大汗又打赤膊的样子,就觉得好笑,气也消了大半。

不过乾隆还是装作生气的样子,喝道:"纪昀你好大的胆!敢说出这种无礼的话,'老头子'是什么意思?要是你说出个道理便罢,否则定斩不饶!"众人一听,不禁替纪昀紧张起来,若是纪晓岚再说错话,让皇上不满意,口中说出"斩"字,纪大奇才就得进大棺材了。纪晓岚虽跪在地上,却不慌不忙地说道:"遵旨。不过臣衣服尚未穿上,不

好回话，恳请皇上准微臣先穿上衣服。""穿上！"纪晓岚赶忙穿起官衣，又跪下。乾隆不耐烦地道："'老头子'作何解释，快说！"纪晓岚道："回皇上，万寿无疆谓之老；至尊无上谓之头；父天母地故称子。皇上万岁，又为至尊又是天之子，因此臣才称皇上为'老头子'。"纪晓岚一番随机应变的妙解，让乾隆转怒为喜。

千穿万穿，马屁不穿，纪晓岚这个马屁把乾隆捧得舒服极了，乾隆高兴之下，便饶了纪晓岚，挥手叫他起身。

纪晓岚一起来，乾隆发现他的眼睛又红又肿，眼球布满血丝，觉得奇怪，便问纪晓岚为何如此。纪晓岚不敢说，毕竟校书是分内事，事情没做完熬夜是应该的。"回……皇上，臣……是……臣……因为……是……"纪晓岚平时答辩无碍，今天居然会吞吞吐吐，乾隆觉得更奇怪，追着问："纪卿但说无妨！"

旁边的陆耳山看纪晓岚不知所措的样子觉得好笑，心想平时只有纪晓岚戏弄人家，这次总算有机会戏弄他了，连忙假装好意地替他解围："启奏皇上，纪大人实有难言之处，微臣愿代为禀告圣上。纪大人向来不习惯独宿，今为校书之事，已经数天未归，熬夜加上独居，以至于双目赤肿，所以……"

"哈哈哈！有这等事，纪卿真是辛苦你了。"纪晓岚听到陆耳山这样胡说八道，吓得浑身发汗，直说："不是这样！不是这样子的！""唉！纪大人，在圣上面前就该说真话，事实就是事实。回皇上，陆大人说的确是实情，纪大人为校书一事，尽心尽力以致宿疾复发，这种精神着实令人佩服啊！"一旁的王文治用话堵住纪晓岚，让纪晓岚是百口莫辩，乾隆看了摸着胡须，大笑离去。

送走乾隆一行人后，纪晓岚擦着头上的汗，苦笑着说："文治、耳山，平常咱们自个笑闹也就罢了，这种难登大雅之堂的笑话，怎么还说给皇上听，你们真是胡闹。"王文治幸灾乐祸地笑道："风流大学士，急成红眼牛。"众人看着两眼红肿、在那摇头叹息的纪晓岚，还真像一头摇着头、两眼红通肿大的胖牛，登时笑声充满整个校书馆。好不容易校书馆恢复了安静，众人又埋头翻着书页仔细校订书籍。

突然，外头有人宣："圣旨到！"一个太监领着一群人捧着圣旨来到校书馆中，大声宣道："翰林院侍读学士纪昀接旨！"众人皆觉莫名其妙，尤其是纪晓岚，更是紧张，生怕是方才触怒了皇上，这回是真要降罪了。心里七上八下地跪下称颂道:"万岁万岁万万岁!"领头的太监打开圣旨宣读:"奉天承运,皇帝诏曰:'侍读学士纪昀,劳心劳力,尽瘁馆务,忠勤可勉,特赐宫女一人为侍姬,以慰辛劳,钦此!'"

纪晓岚高兴得魂都飞上天去,忙叩谢道:"谢主隆恩,万岁万岁万万岁!"一个宫女从太监领的队列中走了出来,慢慢地向纪晓岚施礼,一边说道:"奴婢秋娥,见过纪学士。"纪晓岚看这秋娥虽称不上绝色美人,举止间倒也有另一番滋味,而且还是皇上恩赐,高兴得连话都说不出,光在那愣着傻笑。陆耳山笑着说:"纪兄瞧你乐的,要不是咱们帮你说话,你能有这种艳福吗?记得要好好谢我才是啊!"王文治说的话更是酸溜溜的:"是啊!想必这位美艳的秋娥御医,一定能治好纪兄的眼疾,不过希望你还是得记得回家,千万别从此留在宫中,不肯回家,若给纪夫人知道是秋娥姑娘在宫中陪你的缘故,你被骂不打紧,可别害了咱们可爱的秋娥姑娘。"一时之间,校书馆又响起他们风趣的谈笑声。

……

《四库全书》编成时,乾隆下令建造七座藏书阁;分别为紫禁城内的"文渊"阁、承德避暑山庄的"文津"阁、沈阳故宫的"文溯"阁、圆明园中的"文源"阁、扬州大观堂的"文汇"阁、镇江金山寺的"文宗"阁及杭州圣因寺行宫的"文澜"阁,藏有十七万二千六百二十六册书。纪晓岚除了编纂《四库全书》外,自己更亲笔编写《四库提要》两百卷,耗时八年,加上校订,前后花了十三年。又因乾隆已年有六十三,担心自己看不到这个成果完成,便下旨择要编缮《四库全书会要》,集书四百七十三种,一万一千一百五十册,藏于紫禁城摘藻堂中。

第八章

纪晓岚与和珅

乾隆四十一年（1776）正月，一位名不见经传的年轻人进入内阁，充任户部右侍郎，随即被命在军机大臣上行走，又授总管内务府大臣。他就是和珅，时年二十七岁。这年，纪晓岚调任侍讲学士，又充文渊阁直阁事，正在专心致志地编纂《四库全书》。

具有二十多年京官资历、年过半百的纪晓岚，对于资浅名微、刚入宦场的和珅，也许没甚在意。哪知短短四年之后，和珅竟然当上了四库馆正总裁，成了纪晓岚的顶头上司。这使他不得不认真面对这位迅速窜红的满族新贵。

和珅能迅速窜红，说明他绝非等闲之辈。他的"出道"便是不同凡响。

乾隆三十七年（1772）的一天，皇帝要起驾出行，仓促之间，侍卫们手忙脚乱，竟然找不到黄罗伞盖。乾隆龙颜震怒，高声责问："这是谁的过失？"

扈从的侍卫和差员们一个个吓得面如土色，匍匐在地，哪里还敢吭声。这时内中忽有一人朗声答道："典守者不得辞其责！"这个人就是和珅。他从咸安宫取得生员资格，又承袭了三等轻车都尉，在銮仪卫当差两三年了。今天被选来抬御轿，碰到这档子事。

乾隆帝细看此人，仪度俊雅、神态自若，心想这班下等人中竟然有如此明白事理又胆魄不凡的人物，于是心生喜欢，即刻命他总管仪仗，授三等侍卫。

和珅得到皇帝的青睐，官阶一路飙升，三年之中迈过了粘杆处侍卫、乾清门侍卫、御前侍卫，被授正蓝旗满洲都统。乾隆四十一年即成为阁员，并赏戴一品朝冠。

和珅为人阴险，手段毒辣，但办事十分干练，英国人曾评价他是老练的、精明强干的政治家。更有意思的是，这位后来被称为"天下第一贪"的贪官，入阁之初却是以反贪干将而名震朝堂的。

乾隆四十五年（1780）正月，和珅受命与刑部侍郎喀凝阿前往云南查处云贵总督李侍尧贪赃不法案。李侍尧出身名门贵族，做举子时曾经咆哮贡院，被乾隆皇帝破格提拔。李侍尧先后任过陕甘、两广、闽浙总督，军功政绩皆有可圈可点之处。李侍尧精敏机警，过目成诵。见属僚数语即可辨其才干。下属们都怕他。和珅等人远涉李侍尧辖地，好比深入虎穴，查案之难，可想而知。但和珅竟然很快查实李侍尧"贪黩营私，婪索财物，盈千累万"。李侍尧被革职治罪。和珅又劾奏云南巡抚孙士毅亲见李侍尧受贿，置若罔闻，隐匿不奏。而云南吏治废坏，各府、州、县多有亏空，须彻底详查。

对和珅的干练，乾隆皇帝大为赞赏，擢和珅为户部尚书、议政大臣、御前大臣兼镶蓝旗满洲都统。和珅之子被赐名丰绅殷德，指为和孝公主额驸。

就在这年十月，和珅充任四库馆正总裁。

乾隆四十六年（1781）四月，甘肃苏四十三起义，进逼兰州，朝廷命官军征讨，和珅被命为钦差大臣前往督师。一仗下来，官军败绩，总兵图钦保阵亡，和珅隐匿不奏。乾隆皇帝得知之后，传旨申饬道："和珅在途次所奉谕旨甚多，均未奏及。岂不知朕于数千里外，悬悬勤注乎？"

后来大学士阿桂奉命督师至军，责怪和珅。乾隆调和珅回京，仍然信任有加，命其兼署兵部尚书。和珅尝到了乾隆帝的厉害，更懂得只要哄好皇帝一个人，就能够使自己立于不败之地。

乾隆五十一年（1786），和珅被授为文华殿大学士，与老资格大臣阿桂、嵇璜同列宰辅。继之，和珅又兼管吏、户二部。内阁三位军机大臣，名义上以大学士阿桂为首，和珅次之，但是，由于和珅善于哄捧皇上，与乾隆建立起特殊关系，又兼管有实权的吏、户二部，和珅就成了实际上的执政者。

和珅是一位善于玩弄权术的高手。他通知各省奏事，均须抄送折稿一份投送军机处，由此控制了全部奏章。他又公开向各级官员索贿，顺我者昌，逆我者亡，使得官场上下，贪贿公行，腐败成风。朝中自亲王以下，多向和珅纳贿求庇护。

第八章　纪晓岚与和珅

　　肃亲王永锡恐不能袭王爵，向和珅贿赠前门外铺面两所。工部尚书金简为巴结和珅，天天以美食宴请和珅。翰林院编修吴省兰，曾于乾隆二十年由举人考取咸安宫官学教习，当时和珅是咸安宫官学里的学生。和珅发达之后，吴省兰竟同哥哥吴省钦一同投靠和珅门下，反拜和珅为师。一时间，和珅的家里，几乎成了官场交易的黑市。以至于有人形象地描绘："和相国每日入署，士大夫之善奔走者，皆立伺道左，唯恐后期。当时称为'补子胡同'。以士大夫皆衣补服也。"

　　有位山东历城的县令，以两千金行贿于和珅的看门人，探得和珅的行踪，于和珅回府之时，自呈手版，长跪门前，和珅对其不屑一顾。可见巴结和珅也不容易，七品芝麻官拍马屁都不够资格。

　　正因为如此贪赃枉法，和珅成了当时官场贪污腐败的总代表。

　　和珅之所以如此猖獗，和乾隆的宠爱和其个性是无法分开的。

　　中国历史上，越是有作为的皇帝，越容易专制独裁。乾隆帝登基之前，"于外事总未经历"。因此，他即位后，庄亲王允禄，果亲王允礼和大学士张廷玉、鄂尔泰，受命辅政。

　　即位时的乾隆皇帝已经二十五岁，他具有刚劲的满人性格，又精通汉语诗文。他要发扬乃父、乃祖的基业，不做傀儡皇帝。登基两三年内即找岔子将允礼、允禄削职夺权。辅政的两位亲王是宗室中最有威望的人物，他们被治罪，宗室子弟哪个还敢轻举妄动。

　　鄂尔泰、张廷玉分任满汉军机大臣，两人都是三朝元老。鄂尔泰能文能武；张廷玉深得雍正倚信，是汉臣和文坛的领袖。乾隆设法抑制他们，逐渐削夺他们的权力。乾隆七年（1742），严查和惩处鄂尔泰的儿子鄂容安和门生仲永檀结党营私案。鄂尔泰交刑部议处。乾隆十年（1745），鄂尔泰病死。乾隆十四年（1749），发旨严厉诘责张廷玉。二十年，张廷玉病死。自此，乾隆把大权牢牢掌握在自己手中，建立起独裁统治。

　　乾隆执政期间，采取了不少强有力的有利于社会安定、国家统一的措施，康乾盛世发展到巅峰。乾隆帝曾御制《十全记》，将他执政57年来十次用兵归纳为"十全武功"。其中包括平准噶尔、扫金川、靖台湾、降缅甸、安南，收廓尔喀。从此，乾隆以"十全老人"自诩，并用和田玉镌"十全老人之宝"。臣僚们也因此而称颂"鼎盛"，以满足乾隆皇帝自炫功业的心理。"帝王之业"的辉煌，促成了乾隆帝好大喜功、崇尚浮华的作风。他多次巡游江南、连年用兵，造成巨大糜费，国力日损。在乾隆朝歌舞升平的背后，已经开始酝酿衰乱的危机，而和珅擅权以来，更加速了其衰败的进程。但乾隆皇帝却沉浸在自我陶醉和群臣们的赞颂声中，听不得半点逆耳之言。随着年纪的增长，乾隆帝愈加刚愎自用。他视群臣如同草芥，叱辱臣下如奴隶。他曾经叱责纪晓岚："朕以汝文学尚优，故使领四库书，实不过以倡优蓄之，汝何敢妄谈国事！"倡优本是供人娱乐的歌舞杂技艺人，将一位内阁大臣比做倡优，何等刻毒！据笑暇《清代外史》载，乾隆执政六十年间，群臣能不受辱者，惟刘统勋一人。实际上刘统勋也未能幸免。

乾隆十九年（1754），刘统勋以太子太傅衔协办陕甘总督事。二十年，因平定准噶尔有功充准噶尔方略副总裁，受命去巴里坤、哈密勘查驻兵事宜。九月，回部阿睦尔撒纳起兵叛乱。定西将军永常自木垒撤退巴里坤。刘统勋主张放弃巴里坤退守哈密。乾隆皇帝得报大怒，降旨将永常、刘统勋革职解京治罪。并将二人在京的儿子们逮捕交刑部，还将家财查抄做为补偿军需马匹之用。后宽免了刘统勋，命往军营办理军需，效力赎罪。第二年，刑部尚书出缺，乾隆皇帝考虑到刘统勋对军事并不娴熟，撤军之事责任不在他身上，于是又让他充任刑部尚书，发还了查抄的家财。为了这事乾隆皇帝专门写了一首《嘲刘统勋》诗：

集赛伊犁历一过，珠崖请弃意如何？
我非勤远惟观火，卿误养奸作止戈。
究胜寒蝉原所谅，堪称老马可无讹。
犛牛（即骆驼）骑进阳关矣，只恨难为叩角歌。

在诗中，乾隆肆意嘲笑讽刺刘统勋，对他来说，大臣们不过是他股掌之上的玩弄之物。

乾隆五十五年（1790）八月十三日是皇帝的八十寿辰。和珅和工部尚书金简总管庆典事宜。和珅迎合乾隆帝崇尚浮华的心理，把庆典安排得豪华隆重，有声有色。其活动项目之多、时间之长、规模之大，都是前所未有的。其糜费之巨，连乾隆自己也说："朕心转觉不安。"然而，这所谓的"不安"之下，掩藏的是对和珅的喜爱和倚信。

尽管和珅深受乾隆帝宠信，朝臣也纷纷依附，但仍有不少正直的大

臣秉承儒学理念，以不同的方式对和珅进行抵制和斗争。

武英殿大学士阿桂，战功赫赫，威名素著，六十岁拜相。和珅任大学士时，阿桂已居相位十年，是为首辅。阿桂立身严谨，恭谨事上，毫无骄慢之气。他极其蔑视和珅，每逢上朝，总要与和珅拉开十步以上距离，以示耻与同列。和珅故意找他搭话，他也只敷衍几句，不肯靠近和珅半步。

王杰，乾隆二十六年（1761）状元，二十九年接替纪晓岚任福建学政，乾隆五十二年（1787）拜东阁大学士。为人廉洁持正，甘于清贫，拒收馈金。与和珅同居相位，却保持距离。有一次在朝房，和珅上前跟他套近乎，拉住他的手说："你的手怎么这么柔软？"王杰一脸严肃地说："我的手虽好，却不会取钱！"弄得和珅好不尴尬，"赫赫退"。

职位仅次于和珅的文渊阁大学士嵇璜，是一位年近八旬的耆臣。其为官操守清廉，家中一贫如洗。他对和珅所作所为看不惯，又无力与之抗衡，只有洁身自好，绝不与之同流。一次和珅求嵇璜为自家堂柱上书写一副楹联。嵇璜是书法家，不好推辞，只得拿着和珅给的宣纸回府。他先不写字，而是请翰林院学士们到家中饮酒。席间，书童上前说："大人，墨已研好，请写字吧。"嵇璜呵斥道："没见我这儿招待客人吗？"众人细问缘故，嵇璜把和珅求字之事告诉大家。宾客们说，既然如此，那就写吧。在写字的过程中，书童又将墨水倾洒在宣纸上。嵇璜怒斥书童，众人解劝方罢。第二天，嵇璜将污纸还给和珅，表示歉意。实际上这是嵇璜做的戏。他不想给和珅写字，又得找个说得过去的理由。

伍弥泰，是一位做过乌鲁木齐办事大臣的蒙古族武将，入阁为东阁大学士后，也不愿与和珅沾染。据说伍弥泰的女儿就是和珅的继母。有一次，伍弥泰的儿子因家中急事向和珅借了两千两银子。伍弥泰知道后，立即派人把相当价值的田契送到和府，和珅推辞再三，终于收下。伍弥泰跟儿子们说，我们不能沾和珅的光。

人们熟识的宰相刘墉刘罗锅，更不买和珅的账。他门庭清峻，但性格诙谐，常常以谑语讽刺和珅，和珅也怵他三分。

相比之下，老臣当中倒是纪晓岚、董诰、彭元瑞等人锋芒不露，虚与委蛇。

据说一日午后，一位姓吴的郎中求见纪晓岚。这郎中以前本是一位侍郎的管家，只是因同和珅拉上关系，逐渐成了和珅的党羽，靠着和珅的提携，竟也谋了个一官半职。吴郎中当官以后，对上司百般谄媚，阿谀奉承，卑躬屈膝；对下属则敲诈勒索，雁过拔毛，贪赃受贿，在京中也是一个"声名显赫"的人物，正直的官员耻于与他结交。

这位吴郎中本无什么才学，却附庸风雅，爱收藏名人书画。他听说纪晓岚以文采出众而名满朝野，于是便多次托人向纪学士乞请，可是纪晓岚才不管他是哪路神仙，一概婉言推辞，一字不写。

谁知吴郎中恬不知耻，竟亲自上门求见。来到纪家后纪晓岚先是让下人回说，老爷酒醉未醒，此时不能见客。但吴郎中死皮赖脸地不走，整整赖了一个下午。

吴郎中看今日不能成事，只好悻悻而归。但他仍未死心，觉得求不到纪学士的墨迹，有伤自己的脸面。于是下了狠心，一定纠缠下去，如果拿不到纪学士的亲手字画决不罢休。

有一天纪晓岚从朝中回府，吴郎中也是事先安排人打探得仔细。吴郎中接到回报后，便在半路上派人迎候，拦住纪晓岚的轿子，非请到吴府小酌不可。

纪晓岚推让不过，便到了吴府，见吴郎中早已安排人预备好笔墨纸砚。吴郎中向纪晓岚打拱作揖，求他当场题写字幅以作纪念。

纪晓岚知道这种人得罪不得，于是不得不勉强应酬。但又担心给这等人题书字画毁了自己的声誉。他心中一动：留一墨宝也罢。于是挥毫写出一副对联：

家居化日光天下；
人在春风和气中。

吴郎中见当今纪大学士能留墨宝于此喜出望外，称谢不迭。当日宴请过纪晓岚后，又叫人送上一份礼物。

纪晓岚也不推辞，心安理得地把他赠送的礼品带回家去。

这回吴郎中如愿以偿了，常以此向人夸耀，全然不知纪晓岚在联语中暗藏讥骂。直到后来纪晓岚因"泄盐"充军伊犁之后，才有人告诉吴郎中其中的真实之意：这副对联是副嵌头儿联，上下联的第一个字联起来是"家人"二字，是在暗骂他不光彩的出身，表面写得很好文字

第八章 纪晓岚与和珅

之中暗藏讥讽。

却说纪晓岚虽与和珅没有什么往来,但一同侍奉乾隆,二人也是时常在朝中相见。他对和珅的事假装不知,也不参奏。见到和珅时,对他谦谦有礼,不卑不亢,和珅虽嫉妒他的才能,但这毕竟是真才实学,也是敬佩得五体投地。

有次乾隆出行,由和珅、纪晓岚等人侍驾,他们乘船沿运河南行,行到沧州地界,距献县才几十里。这里原是九河故道,河汊众多,许多小河在此注入运河。在一条小河的入口处,两岸土质松软,被水浪冲成许多小穴窝,人们叫它"浪窝"。但那时人们缺乏必要常识,在民间广泛流传着一种说法:说那是乌龟的寄居之所,说得通俗一点就叫"王八窝"。

乾隆在船上看这里有很多浪窝,心生好奇,便问身边的纪晓岚:

"这两岸的坑穴,是些何物?"

纪晓岚正要准备为皇上解释,和珅却在一旁答道:

"圣上,这里可不是非常之地而是纪学士的老家呀!"

和珅分明是在戏弄纪晓岚,将那些"王八窝",说成是纪晓岚的老家,那纪晓岚岂不成了"王八"!然而乾隆并不知道民间有关浪窝的传说,没有听出里面所含这层意思来,见和珅多言,又答非所问,脸色一沉,看和珅一眼说道:

"和珅勿须多言!"

纪晓岚此时很清楚和珅的意思,但并不理会他,便对乾隆皇帝说道:

"启禀万岁,这穴窝密集之处,便是河深的地方。"

"噢,河深的地方,这该怎讲?"

"河深"与"和珅"二字音同,巧妙地回敬了和珅刚才对他的戏弄,和珅听得清楚,但刚才已受过皇上责备,也只能是站在一旁冷战。纪晓岚见皇上又问,便又说道:"此段河水暗绿,波大浪多,惊涛拍岸,形成诸多浪窝,自然是河深的地方。"

"爱卿所言有理。"乾隆听完他的话点头赞同。

连皇上都说有理,和珅也不便多言,只好看着纪晓岚苦笑两声,自觉自己的言语不如纪晓岚能言善辩,越发对他敬畏了,有时,也只是敢怒不敢言。

丁亥年新春，刘墉已升任协办大学士。他见乾隆皇帝故意纵容和珅，和珅在皇帝的纵容之下更是肆无忌惮，更加嚣张，大臣们的参奏又一律驳回，心中忿忿不平，他常想：即使搬不倒他，也要给他点颜色看看。

这天正值风雪交加，泥泞满地，刘墉派人侦悉到和珅应召入宫，于是想出一个主意，他要让和珅出出洋相。

刘墉换上一身破旧的皮袍，匆匆出门，到通往宫中的路上，等候和珅的到来。和珅刚走到这里，刘墉差人拦住轿子递上名刺，同时说明：

"中堂亲自过府贺年，没有遇到和大人，现在已经下轿了。"

和珅以前虽对刘墉怀恨在心，但见刘墉今天对自己如此尊重，自己此时此刻也不能失礼，无可奈何只得冒着风雪下了轿子。和珅此时正要跟刘墉招呼，但刘墉没等他说出口，先"扑通"一声跪在了雪地上，口中说道："给和大人贺年！"

刘墉在朝中也是位德高望重的人物，可是今天他都跪在地上拜年，和珅不得不急忙跪到地上回拜，可是他过年穿在身上的是格外名贵价值万金的雪貂皮袍和锦绣马褂，一下子被地上的污泥沾得污浊不堪。

两人同时站起身来，和珅看刘墉，虽然他身上也是沾满泥污，但他却穿得是件破皮袍，早已破旧不堪，根本不值几个钱了。心想，看来是刘墉早就有所准备，知道这是刘墉故意整他，心里对刘墉又气又恨，叫苦不迭。

到了宫中，和珅将此事向乾隆诉说一遍，想要乾隆为他出气。乾隆听后倒是哭笑不得，说道："是你自己在地上跪的，怎么好拿刘墉治罪，大清律法上也没有此条啊！"又对和珅劝慰一番，这事就不了了之。

这件事，满朝文武一时也觉得痛快淋漓，大快人心，大家都觉得刘墉总算为大家出了一口怨气。

有人对纪晓岚说："纪大人满腹经纶，都知道您总是善于捉弄人，连诸位朋友，都让你戏谑过。锋芒所向，为何总是躲着一个和珅？"

纪晓岚听完之后只是诡秘一笑，随即答道："与友人开玩笑，只是寻个开心。友人虽难堪出丑，自有友情存于心中，不会介意，开得玩笑多了，自然说明友情深厚。我与和珅同朝称臣，也有时开个小小的玩笑，只不过是蜻蜓点水，适可而止，实因我们的交情不可与诸友相比啊！"

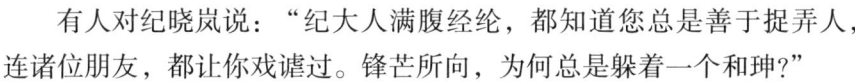

和珅收受贿赂，已积蓄了万贯家财于是挥霍无度，连年大兴土木，营造府第。和府之内亭台楼阁，花园水榭，应有尽有，豪华至极，精妙绝伦无与伦比，并在各处雕刻名人的题词题字，汇集各家书法，要将和府装点得美妙无双，冠绝京华。

和珅在花园中建了一座凉亭，建好之后当然要在亭上镶一亭额。纪晓岚是文坛圣手，和珅自然要求纪晓岚为之题写。

纪晓岚见和珅这次有求自己，心想我何不嘲弄他一下，让这位不可一世的权贵，也晓得我纪晓岚的厉害。

纪晓岚谦和地接待了和珅，并且又郑重其事地为和珅题写了两个大字：竹苞。

这"竹苞"二字本是《诗经·小雅·斯干》中的词语，其原句是"如竹苞矣，如松茂矣"，所以人们常以"竹苞松茂"颂扬华屋落成，家族兴旺。现在纪学士只写"竹苞"二字，和珅以为文简意丰，别有韵味，心想纪晓岚的学识不可否认，内心于是十分高兴。又看纪晓岚与别人常常是虚与委蛇，对自己却是恭恭敬敬，自然有几分得意，也不怀疑他在戏谑自己，便十分高兴地将其收下拿回府中，督工制成金匾，端端正正地悬于亭上。

新建的和府落成之后，和珅得意非常，于是在府中举行落成典礼，大宴宾客，以此炫耀门庭。一时间，和府内外人来人往、络绎不绝，热闹非凡。

文武百官的庆贺和恭维使和珅感到无比荣幸。盛宴款待之后，高高兴兴地引导来宾在府内各处观赏一番。

人们到了和府花园，看了纪晓岚题写的匾额之后，不少人看出其中用意，只是当场默然不语，回去之后互相传说，大为开心。

这天，刘墉、陈半江、卢文弨等人应邀来到和府。看到纪晓岚为和珅题写的"竹苞"二字，刘墉忍不住笑出声来。和珅见刘墉无事而笑，不明其中缘故，便向刘墉问道：

"石庵兄为何发笑？"

刘墉一听，后悔刚才哑然失笑，致使自己失态，只是笑而不答。

刘墉越是不说，和珅就越是心生疑虑倍感疑惑，于是再三追问。

刘墉心想，我何不当众说出来，借此让和珅当众难堪，不信你不怨恨纪晓岚，那他就会想法回敬一下，这两只好斗的公鸡碰在一起，以后准会有好戏看的，大家岂不快哉！想到这里，刘墉扬手一指那块匾，对和珅笑道："看了匾上所书，你说我能不笑！"

这时，站在刘墉身后的陈半江，此前早已看出匾中用意，因他几个都是纪晓岚的多年好友，有意为纪遮掩，便悄悄地拉一拉刘墉的衣服，示意他最好不要说出。

和珅仍在追问："请刘大人明示，这'竹苞'二字里面到底是什么意思？"

刘墉得了陈半江的暗示，心想自己是否应该说出，陈半江抢着说道：

"依我看来，'竹苞松茂'，语出《诗经》，后人沿用久矣。今者纪学士只题'竹苞'二字，我认为实为乱翻典故，弄巧成拙，贻笑于大方之家啊！"

和珅听了半信半疑，又掉头向刘墉再次询问，刘墉沉思一下，想此事如果这样了事，一出好戏就看不成了，便按捺不住地说：

"依鄙人之见，这是纪昀在和你开玩笑！"

和珅此事还是纳闷不已，赶快追问：

"他和我开的什么玩笑？"

刘墉笑道："如果你把'竹苞'二字拆开来看，岂不成了'个个草包'吗？"

和珅听完之后恍然大悟，又羞又恼，当着众多宾客不便发作，但心中恨得咬牙切齿。暗想：这纪晓岚，竟然作践到我头上来，真是岂有此理？我一定给他点颜色看看！

此事发生过后，纪晓岚同和珅的关系便紧张起来，和珅几次进谗言参奏纪晓岚。但纪晓岚也是乾隆的爱臣，乾隆见是一些鸡毛蒜皮的小事，也无意伤害纪晓岚。可是，和珅一直怀恨在心，心想有朝一日定要报复一下纪晓岚，刘墉对此自然也是懊悔不已。他想自己只不过是想从中挑拨一下，让纪、和二人产生点小摩擦而已，没成想这和珅如此狠毒，百般刁难纪晓岚。便去向纪晓岚赔礼道歉，要他多加小心。

刘墉与纪晓岚本是好友，为什么他这次竟然做出对不起朋友的事来？传说另有缘故在里头——

纪晓岚和刘墉等人侍驾出游泰山，行封禅大典时，御驾出了京城向南行进，行到河间县地面，再往前走就是献县了，乾隆行到这里忽然想

起纪晓岚当时"哭雨"的事来：

那是前一年的春天，天空正下着一场山雨，眼前是一片细雨漾漾、飘飘洒洒。正逢纪晓岚应召入宫，皇上见他脸上浇了许多雨水，便问道：

"你进得殿来，竟不把脸上雨水擦掉，你可知罪？"

纪晓岚紧张起来，刚才听人宣召很急，便赶紧进宫面君，由于匆忙竟忘了擦去雨水，此刻皇上降罪下来，该当如何回答才是？可是，纪晓岚就是纪晓岚，他急中生智向皇上回道：

"为臣面上雨水早已经擦去。圣上所见之状，不是雨水，却是泪水呀！擦不胜擦，恭请圣上恕罪。"皇上听了，心想纪晓岚不知今天又要跟我搞什么鬼把戏，我倒要查问一番，看他如何答对？便问道："爱卿，此刻为何落泪？"

纪晓岚此时见皇上有意追问，便急忙答道："微臣恭请圣上明鉴……"说着纪晓岚停下话来，偷眼看看皇上脸色此时如何。

皇上问道："明鉴什么？还不快讲！"

"微臣不敢讲，怕圣上降罪下来，臣等吃罪不起。"

"朕赦你无罪，快快讲来！"

"谢皇上，叩请圣上明察。为臣家乡河间府，为九河交汇之所，地势低洼。每逢雨大之年，淹灌田亩，禾稼受损；雨少之年，则地碱土瘠，寸草不生。这里即使赶上丰年，也只能得六七成；若是干旱之年，地不纳苗，地面泛起一层白白的碱末。每逢春季，干旱少雨。他处百姓皆曰'春雨贵如油'，而我们这一带家乡百姓均说'春雨咸如盐'。大雨尚好，能把碱气压下去。最可恨的是像今天这样的小雨，雨过天晴，日头一晒，盐碱均都集于地表，田里泛起一层碱末。正赶上这春播之时，种上不出，出苗不长。假使田里无苗，家乡百姓，靠何获得秋收？为臣想起此事，悲悯家乡百姓，禁不住潸然泪下。"纪晓岚说着此语，此刻真的泪如雨下，一副十足的感伤情怀。皇上看他脸上的雨水，真的换成了泪水，难得他有忧国忧民的一片赤诚之心，居庙堂之高，而忧其民。皇上说道：

"看你忧心忡忡的样子，倒是真的忧虑家乡黎民百姓。朕倒要问问你，每逢雨雪风霜，你常常为家乡忧虑吗？"

纪晓岚马上答道："为臣不敢说谎，无论阴晴雨雪，家中朝中，臣总是惦记着百姓的疾苦。"

"好吧！朕就欣赏你这样忠心耿耿的臣下。那么你说，朕如何做你才高兴呢？"

"臣不敢说。"

"只管说来，恕你无罪！"

"为臣斗胆叩请皇上，免去家乡今年钱粮。"

"呵呵！说了半天，你竟然和朕绕了一个大弯子！"

"为臣不敢！恭请圣上降恩于家乡百姓免除钱粮，纪晓岚代家乡百姓叩谢龙恩了。"说着纪晓岚又跪在地下叩头，把皇上逗得连连发笑。

乾隆想想说道："现在河间府内共有几县？"

纪晓岚答道："一十三县。"

"河间府一十三县，地面太大。朕这样考虑你看如何，朕暂且免去你献县本年的钱粮，你看如何？"

"谢万岁。"

纪晓岚连连叩头，虽是一县已是满面春风……

乾隆皇帝这次驾临河间，想起以前的这件事，把纪晓岚叫到御驾旁边，向他说道：

"纪晓岚你可知罪？"

纪晓岚听了此语之后心里不禁有点畏惧，但见皇上脸上笑呵呵的，不像有怪罪自己的意思，便大胆地说道："启奏皇上，为臣不知何罪！"

皇上说道："咱们自从出京到现在一路上只见谷物稔熟，颗粒饱满，枣李成行，挂满枝头，呈现出一派丰收景象。你为何在去春下雨之际，谎报实情，说家乡丰年只有七八成年景，快快与朕道来！"

纪晓岚见皇帝想起了去年哭雨那件事，便头脑机智一转笑呵呵地奏道：

"官道两旁，良田千顷，加上交通闭塞，百业兴旺，经济发达，人多地少，勤于经管，乍一看去自然都有九、十成年景。为臣家居河间城东南面百余里的崔尔庄，那里便与此地不同地势低洼，土地盐碱瘠薄，不能和此处相比。即使今年风调雨顺，也只有七八成年景。"

乾隆皇上本来对纪晓岚的能言善辩甚是欣赏，今天见他如此说来，心里便产生了一个奇怪的想法：我倒要看看你纪府是何等模样。于是便吩咐下了官道，绕道崔尔庄，今晚驻跸纪府。

纪晓岚见如此这般想法，赶快派人到前面引路，专拣庄稼长得不好的地方走，由河间城离开北京直通大名府的官道，坎坎坷坷地奔向崔尔庄。

由于前面引路，皇上一路的所见，确如纪晓岚所说，田地或是盐碱泛白，或是龟裂少苗，庄稼长得低矮弱小，与刚才经过的地方看，相形见绌，顶多能有七八成收成。

到了崔尔庄，纪晓岚早已派人做好了各种准备，安排乾隆住进纪府内宅。

这几间房子虽然不够高大，却也是典雅清静。皇上看这纪府并不十分豪华，心中暗自称是。

纪晓岚吩咐人献上家乡的金丝小枣。这金丝小枣确是非同一般，是中国独一无二的特产，核小肉厚，甘甜异常，掰将开来，拉出长长的丝线。皇上吃着十分新鲜，便向纪晓岚问道：

"这样甘甜的枣子，朕还是平生第一次尝到，爱卿为何以前没有向朕说起过？"

纪晓岚说道：

"这样甘甜的枣子，为臣也是第一次吃到，所以未曾向万岁爷启奏。"

皇上看纪晓岚开玩笑的毛病又犯了。心中也不恼怒，便笑一笑接着说道：

"爱卿生在这里，长在这里，三十岁之后进京，为何说第一次尝到如此甜美的果子？你可知道欺君罔上，该当何罪？"

纪晓岚清楚皇上在跟自己开玩笑，也不害怕，便向乾隆说道：

"恕臣下奏明，家乡小枣广有种植，但此前并无特色。今年出奇的甜美，实是圣上驾临，降福于乡里，枣儿也便十分的甘甜了，为臣在此谢主隆恩了。"

说着纪晓岚跪下磕头，此刻把皇上逗得哈哈大笑。

晚宴之前，纪晓岚引皇上来到他家的大客厅之内，这里宽敞明亮，摆设考究，只是房间内部屋顶的檩木橡子全都露着。原来献县一带人家盖屋起舍和其他地方不一样，屋顶是平的。檩木有两种用法，一种是竖着用檩，横着用梁，檩木交接处由横梁架起；另一种是不用大梁，横着用檩木一齐排开，两头搭在前后山墙上即可。纪府内的这间客厅，就是后面一种不用梁的建筑形式。但檩木很粗，比一般农家建房用的大梁要粗得多，每根有两丈多长。这献县一带那时尚无装天花板或吊顶棚的习俗，所以进到室内，屋顶的檩木、椽子、笆苇可以看得一清二楚。

皇上坐在厅内，此时正和他身边的几位大臣闲谈。纪晓岚仰头看见屋顶的檩木，忽然眉头一皱，便计上心来，找机会插话说道：

"圣上看这客厅，与京城其他房屋有何差别？"

乾隆不明其意，上下左右地打量一番，没有察觉有何异常之处，便要纪晓岚明言。

纪晓岚说道："常言说地域不同，风俗各异，我们直隶农家盖房起屋，虽然各处也不尽相同，但其中有一点却是一致的：'就是直隶无梁啊！'圣上你依臣所指请向上看。"

乾隆不知其中有诈，顺着纪晓岚的引导，抬头倾望纪府屋顶，果然是纪晓岚所言几十根硕大的檩木并列排开，没有上梁木，若有所悟地说了声：

"噢——直隶无梁。"

此话皇上是没有什么考虑脱口而出，并没有仔细品味其真意，又复归了以前的话题。

这次纪晓岚侍驾出巡，还兼任着皇上的起居，这时纪晓岚也不动声色，暗暗地将皇上的话记下来，写成：

"某年某月某日，万岁驻跸纪府，于客厅云：'直隶无粮。'"

常言说君无戏言，一句话出口便难以收回，这纪晓岚就是钻了这个空子。

几日后，君臣来到山东诸城，此处乃是刘墉的老家。刘墉的父亲刘统勋在朝廷之中是军机大臣，父子两代居高位，家中颇有资财，刘府青堂瓦舍，庄重华美，和纪府相比当然是高出一等。

乾隆皇帝率领封禅的队伍，经过这里时，想刘家两代官居显位，朕何不驻跸刘府，借此看看刘家的场面究竟有多大。于是住进了刘墉的家里。

刘氏父子是要面子的人，见皇上亲临自家所以安排的宴会十分丰盛，他家那座客厅，比纪府的大上四五倍，飞檐凌空，室内宽敞华美。纪晓岚向顶上一看，屋顶风格与自己家的迥然不同，檩木交接处，并排地用了两根一抱粗、四五丈长的大梁，心想这回巧了，我为何不这样……他又像在纪府一样，如法炮制，引得皇上说道：

"这山东与直隶果真不同，直隶无梁，山东双梁。"

纪晓岚偷偷地记上皇上说的话：

"某年某月某日，圣上驻跸山东诸城刘府，曰：直隶无粮，山东双粮。"

当宴席结束之后，纪晓岚凑到乾隆跟前，跪在地上，向皇上叩头谢恩，皇上纳闷不已，问道："纪爱卿，你为何谢恩？"

纪晓岚跪在地上不断地磕头，向皇上奏道：

"臣不敢说，只怕圣上怪罪下来，臣将死罪难逃！"

乾隆心想："纪爱卿一向诡计多端，不知他这次又有什么花花肠子？"朕倒要问出个究竟。于是说道：

"朕赦你不死，你就快快讲来吧。"

纪晓岚又连忙磕头，谢万岁爷免去死罪，但纪晓岚还是跪在那里默然不语。乾隆笑道："朕已恕你不死，为何不快快奏来？"

"启奏皇上，臣又有疑虑只是说了出来，又怕获罪革去官职！"纪晓岚又这样说。

乾隆看了越发相信是纪晓岚肯定又想出个笑话，便说道：

"朕不革去你的官职，快快奏来！"

纪晓岚趁机又说道：

"万岁爷果真免去为臣的一切罪过？"

"朕赦你无罪。"

"果真无罪，为臣就要讲啦。"

皇上有些不耐烦了。心想怎么今天纪晓岚如此啰里啰嗦便再次催他快讲。

纪晓岚跪在地上。一本正经地奏道：

"微臣谢主隆恩，只刚才因圣上所言'直隶无粮，山东双粮'。万岁爷刚才对言免去了臣家乡的皇粮，由山东代拿，臣怎能不叩头谢恩？吾皇万岁，万万岁！"

纪晓岚说话之时并不容别人插话，一口气说完，又连连叩头道谢。

在座的一班文武大臣听了个个惊讶异常，不由为他担心起来。刘墉听了纪晓岚的话，肺都气炸了！要不是有皇上在此，真要上去揪住他，狠狠地抽他的嘴巴。乾隆皇帝听了，也是十分惊异，由于自己出言不慎,被机敏过人的纪晓岚钻了空子。心中虽然生气,但当着一班文武大臣的面,自己早已在群臣面前赦免他无罪,此时也不能发作。君王无戏言!又想直隶少拿一年的钱粮由山东拿出双份补足,暂时加重了山东的负担,于国库并无减损,况且今年山东风调雨顺,收成甚好,负担双份也不算太重,便只好生着气说道:

"朕准你所奏,直隶无粮,山东双粮,起来吧!"

这下可好,山东的皇粮,由于纪晓岚这么一折腾竟变成了双份,把刘墉气得差点没有背过气去。他知道,皇上已经说了话,肯定就这样定了。更何况,纪晓岚早就写在了起居注上,再争也不会起任何作用,但这口恶气无论如何也咽不下去呀。在以后的长途跋涉之中,刘墉根本不和纪晓岚打上一声招呼。

纪晓岚知道此举气恼了刘墉,便总是乐呵呵地找机会与刘墉搭讪,刘墉总是避而不理睬。到达泰山的当天晚上,纪晓岚到刘墉的住处拜访,向刘墉施礼说道:

"年兄息怒,为弟一定要同你说上一句话,请刘兄赏脸。"

见他死皮赖脸,便没好气地说:"有话明讲,不要背后捉弄人!"

纪晓岚笑眯眯地对刘墉说道:"小弟无意损人利己,加重贵省负担,只是皇上讲出口来,我已无力周旋,毕竟是君王无戏言。假如皇上说'山东无粮',我怎么敢说成'山东双粮'呢?"

刘墉由于还在气头上,现在不管他如何分辩,刘墉还是不理不睬,只顾自己一人坐在一旁喝闷茶。

纪晓岚仍然乐呵呵地眨眼说道:"为何不借此机会,将山东的土地重新丈量,那么山东将是失'一'得'十'啊!"

刘墉也是非常聪明之人,听完纪晓岚的话,如梦方醒,转怒为喜。立刻吩咐人给纪晓岚重新上茶,两人如此这般地密谋起来。

举行完封禅大典,刘墉回到京城之后,立刻上书,说山东大户地亩不实,为交齐当年皇粮,而又不加重普通百姓负担,奏请皇上下令重新丈量土地。

皇上也觉得这次让纪晓岚钻了空子并且被开了个不小的玩笑,害得山东人吃亏不少,心中顿生怜悯之情,便准其所奏,派出钦差大臣赴山东,重新丈量地亩。

土地丈量完毕之后,发现山东的地亩数字减少了三分之一而已,这

其中缘故，是刘墉口授机宜，将原来的二百四十平方丈一亩，改成了三百六十平方丈一亩，这样一来，山东省的一亩地，便是其他省份的一亩半地。

山东按这次清丈的数字纳粮，当年只多交二分之一，以后每年所缴，要比以前少缴纳三分之一。后来皇上查问下来，地方官员便极力奏称，由于山东三面环海，海水上涨，侵吞了大量田地，那三分之一的土地已成了海底的滩涂，若想恢复原有数字，只有到海里去量了。皇上听他们如此解释，也只是无可奈何，这桩事也便就此了结，山东亩大也成了事实。直到现在尚在山东、河北一带，广泛流传着山东"量海"的传说，便是由此而来。

这样一来，刘墉家乡山东，不但没有吃亏，反倒因此事而沾了光。刘墉与纪晓岚的感情裂痕，因"量海"之事虽然随之愈合，但也留下了难以平复的伤疤。

刘墉刚才道破"竹苞"之意，就因此事而生起。现在刘墉对此事看得真切，和珅几次无中生有参奏纪晓岚，是想把纪晓岚置于死地，才恍然觉得不顾他人之利而冒失了一些。心中对纪晓岚之事愧疚不安。

却说"竹苞"一事不久，和珅向皇上献策，想借着为皇上庆寿的机会，要朝中大臣向皇上进献家乡方物，以察各地风俗民情。实际上是和珅想借此机会捞上一把。

纪晓岚对此事自然很是清楚，心里顿生妙计，便打发家人回到家乡，按纪晓岚的意思来办。到了敬献礼品的日子，果然皇上派和珅主持验收贡品，纪晓岚便吩咐家人，按照早已商量好的计划将事先准备好的贡品献进宫去。

朝中官员，谁不想讨好皇上，一时间搜肠刮肚地找，挑选家乡的稀世珍宝，献进宫中。和珅这下大捞了一把，珠宝玉器、奇珍异玩样样挑着最好的带回了家中。但河间府的官员们献的贡品，虽然也都是一方特产，也同时赢得皇上的赞同，和珅却一件也看不进眼里。那么，纪晓岚的家乡到底贡献了些什么呢？

高阳县籍官员献的大白菜，一棵有五十多斤，称得上是白菜里的"状元"；深县籍的官员献的深州蜜桃，一个一斤多重，硕大无比，鲜甜异常，也是其他地方不能相比；河间县籍官员献的鸭梨；乐陵籍官员献的金丝小枣；饶阳籍的官员献的挂面……

这些本来就叫和珅感到十分惊异，没有捞到实惠，等到验看纪晓岚的贡品时，更让他觉得是奇中之奇，一时间差点把和珅的鼻子都气歪了。

你说纪晓岚献的是什么宝物？原来纪晓岚的贡品确是别具一格：外面用红纸套封，纸上写有"万寿无疆"四字，拆开来看，里面包裹着的，全是一些地里土生土长长不过半尺、粗不过二寸的小萝卜！

和珅看罢又气又恼，心中却也扬扬得意，心想这次你纪晓岚撞在我的手里，可别怪我和珅不客气，我非把你的肚子挤瘪了不可！便奏请皇上，说纪晓岚拿菲薄之品来侮辱圣上，戏弄朝廷，要皇上将纪家满门抄斩。

皇上听说这件事以后，知道和珅是故意挟嫌报复，也不动怒。只是觉得纪晓岚敬献这小小的萝卜确有失敬之处，便将纪晓岚召进宫来问个究竟。

乾隆看过纪晓岚的贡品，外面包裹得严严实实，煞是好看，"万寿无疆"四字写得尤其工稳，书法严谨，遒劲有力，摆布得当，让人看了不由得不喜欢。乾隆便命取来萝卜尝尝味道如何，谁知又辛又辣，连忙吐出来，问道：

"纪爱卿，这就是你家乡的物产？"

纪晓岚匆匆跪下奏道："圣上明鉴，献县土地瘠薄，物产贫乏，种植最多的，就是这种萝卜。百姓一年过着半年糠菜半年粮的日子。但也就是这萝卜救活了不少人的性命，实在难以计数，臣不敢不称之为宝物呀！家乡虽有金丝小枣，但栽种甚少，不足以向宫中进贡。万岁爷是一代圣明君主，要官员进献家乡方物，在于察考风俗民情。为臣若敬献他物，均不能反映民俗民情。这家乡的萝卜，依臣来看才是真正方物，若不献进宫来，臣倒真的犯了欺君之罪。万岁爷，为臣侍奉圣上，竭尽全力，惟独为了家乡百姓，几番冒死请求，若不是家乡贫穷，为臣纵然是死也不敢做出有损朝规的事体。万岁爷明鉴，为臣有罪，只求速死！"

乾隆听他说得言真意切，情词可悯，想到以前自己巡幸献县所见，纪晓岚所奏也属事实，于是下令免去纪晓岚的罪过。

乾隆皇上寿辰过后，由内廷选定各处方物，凡是受到皇上嘉许的，都被定为宫廷御品，此后每年，都要按礼节进献，像深州的蜜桃、饶阳的挂面、高阳的白菜，均在此例，这些一方物产，在此次出了名之后并

被定为宫廷御品，以后老百姓的负担又大大加重了。不管年景如何，都要按规矩要求，每年贡献朝廷。像深州的蜜桃，往往种桃子的农民和当地的官员，都没有机会尝上一个便大量的被运往宫廷之中。这时人们都称赞起纪晓岚有胆有识，虽因献进了又苦又辣，不受皇上称赞的小萝卜，担了一场惊慌，但也可以说是因此而得福。纪家是当时献县的富户，良田千顷，受益最多的当然是纪家及其他几家大户，但当地的百姓也跟着免去了一层盘剥。

就在乾隆丙戌年，天下又发生旱灾，当然程度各省有所不同。直隶、山东两省庄稼干旱而死甚为严重。紧接着又起了一场百年罕见的特大蝗灾，将树木的叶子吃了个精光。初冬到来，百姓生活没有着落，到处乞讨为生。年节将近，已是饿殍遍野，乌鹊哀鸣，情景凄凉，令人惨不忍睹。

直隶、山东两省衙门及两省的在京官员，极力向朝廷疏请，发放赈济。于两省地面广设粥厂，以此来救济百姓。纪晓岚、刘墉等人，先是呼吁当地富商大贾，捐纳钱粮，救济家乡百姓，同时又督促富家大户放粮放钱，来年加利收回，解决了家乡灾民的一些困难。

又要过年了，纪晓岚会同刘墉等人，向朝中官员募捐，筹集钱物，寄回家乡，用以救济四方百姓。这时各县的粥厂已由原来的一县五个，增加到十个，但仍不断地有人饿死冻死，灾情不断地报进京城，两省在京官员为之担心。

二、三月过去之后，旱情仍然不减，如油的春雨迟迟不肯降临，大量的麦苗活活干死。眼看着麦收无望，大量的难民外出乞讨，挤满了京城的大小街巷。

刘墉、纪晓岚等人，顾念家乡情切，于是联络两省的在京官员，联名呈状朝廷，疏请万岁爷皇恩浩荡，放赈救灾，无奈几番奏上，几次驳回。原来是因为请赈的省份过多，帑藏已经超支，加上这几年新疆、甘肃等边远之地回民及其他形式起义此起彼伏，朝廷调兵遣将，连年镇压，耗资巨大，国库亏空，实在难以支应这么多的灾区。各地的官员虽八方奔走，上疏请命，但朝廷仍是无计可施。

这天刘墉来到纪府，两人见面后都是少言寡语，端着茶碗闷头品茶，不时地长吁短叹。沉默了好长一段时间，刘墉抬头说道：

"事到如今，奏请皇上已毫无希望，我想，我们只能豁出脸去再向朝中百官募捐，筹集银两，以解燃眉之急，接济家乡百姓了。"

纪晓岚听了刘墉所言，默然无语，起初是点点头，紧接着又摇摇头，放下手中的茶碗，后来说道："去年大旱，面大地广，非直隶、山东两省受到灾荒。京中官员凡有悯念家乡父老之心者，都已捐纳银款，救济乡里。上次募捐，各位同僚虽碍于面子有所捐纳，但大多数量太少，无有肯做大功德者。这次再去募化，惹嫌无足顾忌，惟恐让各位官员左右为难。少了有失体面，怕以后留下笑柄；多了恐怕又舍不得出手，我想还是另图良策！"刘墉说道："京中百官，不乏臣宦豪富，若肯出其家资的百分之一二，直隶、山东两省之难可解。我看只要我们舍得出面子，一定会有人慷慨解囊的！"

纪晓岚听了，将他那拳头大小的烟袋满满地装上一锅烟，点燃了，吞云吐雾。陷入了沉思，此时只见着好像豁然开朗，转眼看着刘墉说道：

"京中豪富，你看谁为首户？"

刘墉略一思索，说："照我看来，当数和珅府内最为富有。"

纪晓岚说："那么依你看来，我们去求和珅，他也会解囊相助喽？"

刘墉眉头一皱，他犹豫不决，最后说道："我看成否在两可之间。不过，假使成了也太栽你我两人的脸呀！"

纪晓岚此时点点头，将一大口烟雾喷向空中，盯着刘墉说道：

"兄言极是，照为弟看来，与其'与虎谋皮'，不如'引狼入阱'。"

纪晓岚淡然一笑，从自己座位上站起来，腆着肚子哈哈大笑，俨然指挥若定，胜券在握的样子。

刘墉也是聪明绝顶的人，猛间恍然大悟，喜悦之情溢于言表，便拉起纪晓岚，两人商议要到附近一家有名的酒馆畅饮一番。

纪晓岚站着没动，说道：

"尚需老兄亲自出马，方能胜此一局。小弟今天做东，权当出征酒，以后的一切都有劳仁兄帮忙啦！"

纪晓岚吩咐摆上酒宴，与刘墉二人浅斟慢饮，边饮边谈，如此这般地反复酝酿、直到北斗阑干，妙计生出。单看刘墉如何"引狼入阱"吧！

三天过后，刘墉已经把此事准备完毕，吩咐一个与和府下人相识的奴仆，今晚邀上和府的家人到馆中吃酒……如此这般，不得有半点闪

失。说完之后仆人领命而去。

当天夜里，和珅刚要入睡，于是便接到和珅手下的一个大红人，入内室密报：寅时三刻，刘府的二十万两银子，将由马队载出崇文门，送回刘氏老家山东，无偿施给灾民。

和珅一听这消息，眼珠一转，计上心来。他想刘统勋自恃权高位显，几次弹劾我和珅收受贿赂，要不是有皇帝的垂爱，使劲护着，我哪里能免于治罪。这次你刘氏父子偷运银两，定有什么隐秘之处，如果是光明正大之事，何不在光天化日之下，大明大摆地出城？刘家父子难道没有收受贿赂？如果他们不贪赃枉法，哪里会有这么多银两白白地送给老百姓？和珅精神抖擞，此时睡意全消，起身坐定和府大堂，命人纠集百余名家丁拥出，吩咐凌晨寅时，拦截刘府的驮队。果然，寅时三刻，刘府载银的驮队来到崇文门。守城的兵丁也不盘问，偷偷地打开城门让其出城。头马刚要出城，一声高喊震破夜空："站住！"

和府家丁早已埋伏在城门附近，于是驮队被和府家丁围了个水泄不通，扯的扯，拉的拉，分头将马缰夺到手里。

驮队为首的一人喊道："什么人敢截内阁大臣刘大人的银两？"

有人用更高的声音喊道："少啰嗦！先把他捆起来。"

和府的两名家丁上来二话不说，就把这人捆绑了起来。押送银两的其他人也不争辩，被和府的人押到了和府。

天色放明之后，五十匹马各驮着四只木箱，外面铁条捆绑，每只箱子上都写着"一千两"字样，并盖有印记，这五十驮子合计就是二十万两。和珅一见他们得胜归来，非常兴奋，吩咐将刘府押送银两的人丁押起来，卸下驮背上的银两，搬入和府库内，打箱验看里面的银两。

和府的人把箱子一一卸下，打开一看，箱子里面是用牛皮制成的银鞘子，口封得紧紧的，源头大的银壳子将银鞘子顶得疙疙瘩瘩。当用刀子启开之后，滚出来的却是大小不一的鹅卵石。赶忙报与和珅。和珅听了汇报之后，赶快吩咐全部打开。木箱子和银鞘子被全部打开，让人出乎意料的是，箱子里面竟然装的全是石头。

和珅气急败坏地骂道："妈的，我中了刘墉等人的金蝉脱壳之计"，赶快吩咐家丁，沿向山东的路上追赶……

夜晚到来，和珅又气又恼地等了一天，但是追赶的人回府禀报，根本没有可疑人等出城。

和珅听了之后肺都差点被气炸了，心想：这下中了刘氏父子的诡计。

次日上朝，刘统勋父子已状告到朝廷，劾奏和珅置山东几十万灾民死活于不顾，竟然私自拦截赈灾银两。

和珅听完之后哪里肯服，哭哭啼啼地要皇上为他做主。

乾隆也是忿忿难平，要刘统勋父子与和珅当堂对质。

和珅说道："刘氏他们有意陷害为臣，驮队驮的根本不是什么银两，鞘子里装的全是石头！"

刘统勋当时气得胡子都快炸起来，说和珅纯粹是一派胡言。

乾隆皇帝问道：

"和珅，朕来问你：是谁人命你夜晚拦截刘家的驮队？"

"皇上恕罪，奴才没有领受何人命令。"

"大胆和珅，既然无命差遣，你为何擅行不轨？"

"回万岁爷，奴才听说刘府暗夜驮银出城，想其中定有不轨之事，来不及奏明圣上，请万岁爷恕罪。刘氏银两来路不明，肯定有不可告人之事，所以吩咐家丁截下，请圣上明鉴啊！"

皇帝听了和珅的哭诉，转过来又问刘墉：

"刘爱卿，你家父子素为廉洁之臣，何来这样多的银两？难道贪污纳贿不成？"

"臣禀告圣上，臣家资微薄确为事实。这银两不是刘家私有，而是从京中二百多名官员手中募化而来，借此来救济家乡饥民。"

皇上问道："此话当真？"

"当真，臣不敢欺骗圣人。"

"那么朕来问你，为何银鞘之中装的全是石头？那募集的银两跑哪儿去了？"

刘墉跪在地上哭道："圣上，臣实在冤枉，是和珅欺瞒圣上。鞘中所盛，本来是白银二十万两。为何变成石头？肯定是和珅在其中捣鬼，请圣上明鉴。臣愿为山东几百万灾民请命，叩谢圣上隆恩！"说罢，刘墉便叩头不止。

乾隆让刘墉站在一旁，又去问刘统勋：

"爱卿，你一生对朝廷忠心耿耿，做事正派，刚正不阿，为何此番竟在银鞘之中装上石头暗中做鬼，你如实奏来！"

"万岁爷,老臣冤枉啊!鞘中所装确是白银二十万两,装箱之日,有许多朝臣在场,请圣上明察。万岁爷,臣斗胆进言,敢请圣上为臣做主,我老家山东乃东岳泰山所在,石头多得很啊!倘需石头,为什么这样白费力气,舍近求远,劳民伤财呢?臣之银两,何以到了和府便成了石头,有何人作证?分明是和珅暗中捣鬼,侵吞银两,欺君罔上,请圣上明察秋毫。"

乾隆审来审去,刘、和两方此时已是争执不休。一方咬定是白银二十万两;一方口称中计,鞘中以石充银。乾隆皇帝看双方都是自己心爱的大臣,这场官司此时也难于决定,遂令双方退下,待明日再行审理。

次日临朝,一百多名京中大臣联名上奏皇上,奏称曾为山东灾民捐款救济,悉数交与刘氏父子,并有人作证,亲眼目睹了赈款装箱起运,请求圣上惩治截赈款的和珅,保释刘氏父子。

乾隆看了大臣们的状子,经过仔细考证,募捐赈灾,事属真实,所捐银两不多不少,正是二十万两。心想众愿难违,和珅没有将银两投入官署,而是截回家中,当然这罪名不容置疑。即使刘氏在银鞘中装的真是石头,但由于无人作证,也分辨不清是否属实。我考虑到现在灾荒危机,不如顺水推舟,让和珅拿出银子了事。

和珅听完判决之后又向乾隆哭诉,乾隆龙颜大怒,厉声喝道:

"大胆和珅!你竟敢置十万灾民死活于不顾去指使家丁拦截赈款行同盗匪,该当死罪。朕念你平日勤勉免除死罪,交出所截银两,并罚银二十万两,以赈济灾民!"

和珅还要向皇上哭诉,看皇上已经判罚,君无戏言,只好认倒霉。和珅回到府中,不得不放回扣押人马,在自己府中点出四十万两白银,交给刘氏送往灾区赈灾之用。

这么大的事,立刻轰动了朝野,文武百官、灾区饥民皆大欢喜。和珅虽然栽了跟头,但拿出这点银两,对他来说不过九牛一毛,区区小事,不足一提而已。

就这样,刘墉等人得到赈款六十万两。起初刘墉募化的二十万两赈款故意没有存于刘府,而藏在他处,他们这样摇身一变,使直隶、山东的挣扎在死亡线上的百姓再次得以重生。

……

乾隆六十年(1795)九月,八十五岁的乾隆皇帝正式宣布于明年归政，传位给皇太子。十五皇子永琰（即位后改颙琰），立为皇太子。第二年正月，颙琰登极，改元嘉庆，乾隆帝改称太上皇。

皇帝易位，最恐慌的是和珅，当他听到太上皇谕旨里有"军国大事，及用人行政诸大端，岂能置之不问"之语时，心里稍许踏实了些。但是，他的末日毕竟不远了。

嘉庆四年（1799）正月初二，八十九岁的太上皇弘历一命归天，在中国历史上占有重要地位的乾隆时代宣告结束。乾隆一朝将中国宗法专制社会的辉煌推向了顶峰，但也成为这一社会盛极而衰、走向没落的起点。

乾隆刚刚驾崩，宫廷内部一场重大变局马上就开始了。正月初八，太上皇驾崩的第五天，和珅被逮捕下狱。十天之后，被定有二十条罪状的和珅被赐自裁。面对横梁上索命的白练，和珅思绪万千。他想起老皇帝禅位时跟他说的一段话："朕与你有宿缘，所以对你宠爱一生，但朕百年之后，别人一定容不了你，你应早作打算。"如今一切都晚了，他苦笑着走向死亡，留下这样一首绝命诗：

五十年前幻梦真，今朝撒手撇红尘；
他时睢口安澜日，记取香烟是后身。

第八章 纪晓岚与和珅

第九章
苦心孤诣著《阅微》

纪晓岚在编纂《四库全书》的过程中，饱尝了酸甜苦辣，对官场产生了厌倦。有一次，纪晓岚正思考问题，在走廊里来回踱步，廊下传来打鼾声。他循声过去一看，只见一位老兵在那里睡着了。纪晓岚上前把他推醒，问他，在梦里游玩得快活吗？老兵回答说，快活。纪晓岚把手中的书本翻开让他认字。老兵摇摇头说，我不识字。纪晓岚感叹道："人生识字忧患始，你不识字，乐莫甚焉。"这则轶事不一定是真，但它所反映的心态可能跟真实的纪晓岚相距不远。纪晓岚四岁就跟笔砚结缘，后来走上仕途，却没料到文字也会给他带来杀身之祸，给他带来窘迫，有这种感叹自在情理之中。后来，他自作挽联曰："沉浮宦海如鸥鸟，生死书丛似蠹鱼。"其中也饱含了他的无限惆怅、感伤以及对宦海生涯的无限厌倦。

不过，厌倦归厌倦，纪晓岚还是坚持了下来。在《四库全书》总纂官的位置上，他含辛茹苦，披荆斩棘，终于使自己成为《四库全书》编纂工程的总其成者，也成为殊被恩荣、屡蒙升迁的幸运之臣。

《四库全书》编纂完成后，纪晓岚已经六十岁了，步入了老年时期。在他六十寿筵当天，亲朋好友欢聚一堂，共同为他祝寿。席间，翁方纲作有《纪晓岚少司马六十寿辰》，诗中写道：

> 早闻礼乐献王宫，果见藜光晋秩崇。
> 武部不离书局掌，中枢仍用阁衔充。
> 长松格本干云矗，老鹤颜宜近日红。
> 艺苑群仙齐祝嘏，蓬山瑶岛且生嵩。
> 兰成射策并韶年，经笥诗名敢比肩。
> 夹漈研田逢岁获，后山句法有人传。

门生载酒倾千斝，老友挑灯共一编。

今夜紫云堂畔月，满轮飞向寿杯园。

因为纂修《四库全书》时的出色表现，纪晓岚的声名传遍天下，在仕途上平步青云、步步高升。乾隆四十九年（1784）春天，纪晓岚充任会试副考官；乾隆五十年（1785）正月初六，皇帝在乾清宫赐下千叟宴，六十二岁的纪晓岚，以兵部侍郎的身份奉诏参加。

千叟宴始于清圣祖康熙，是为了显示文治武功，天下承平并庆祝自己高寿和在位日久所举办的大型国宴。获邀参加宴会的人遍布全国，有官有民，有男有女，只要年龄在六十五岁以上的，就可以参加。一时间，朝野父老群集北京，依年龄大小，分梯次举行三天，热闹非凡。

据统计，这项盛会一共举行了四次，第一次是康熙五十二年，第二次是康熙六十年。他登基一个甲子，在中国历史上，除了神话传说中的三皇五帝以外，他开创了空前的纪录，汉武帝宰制天下也不过五十五年。这次宴会举行时，乾隆还很小，当时他看到四海臣民云集京城，祝寿迎禧的盛大场面欣羡不已。所以到了他自己在位五十年的时候，也大张筵席，第三次举办千叟宴，宴请天下耆老，而且规定六十岁以上者就能参加。

这天，亲王、郡王、大臣官员，蒙古贝勒、贝子、公、台吉、额驸、回部、番部、朝鲜使臣，以及士商兵民，年六十以上者三千多人，出席了宴会。君臣联吟，作诗唱和，多达三千四百余首。凡入宴者皆有赏赐，其中有如意、寿杖、缯绮、貂皮、文玩、银牌等物。在这五十年一遇的豪宴上，老人们争先恐后，一边说着"多亏了朝廷的政策好"，一边大快朵颐，狼吞虎咽。据说晕倒、乐倒、饱倒、醉倒的老人不在少数。千叟宴这场浩大酒局，被当时的文人称做"恩隆礼洽，为万古未有之举"。

这次的千叟宴中，最年长者年已一百四十一岁。当老翁向皇上祝寿时，乾隆兴致很高，以这位高寿的老者为题出了上联："花甲重逢，增加三七岁月。"六十为花甲，花甲重逢正是一百二十岁，三七二十一岁，相加正是一百四十一岁。这上联一出，立刻引起一阵哗然，在场者无不称赞。乾隆命大家对出下联来。在场的人中能吟诗作赋的不在少数，但一时都被难住了，个个张口结舌，无以回答。

这时纪晓岚打破了沉闷的气氛，站起来说道："启奏陛下，为臣纪晓岚，吟得一联，不知可不可以，请陛下圣裁！"乾隆看纪晓岚应了他的提议，当下命他吟诵出来。纪晓岚当即吟道："古稀双庆，更多一度春秋。"七十岁为古稀之年，古稀双庆正是一百四十岁，再加一度春秋，也正是一百四十一岁。当下宴会上群情激越，无不为之叫绝。乾隆十分高兴，当即颁下赐品。

纪晓岚谢过皇帝后，立即作诗八首，命之为《乙巳正月预千叟宴恭纪八首》。今录其中两首如下：

早岁登金马，中年出玉关。余生蒙曲贷，词苑许得还。
嘉宴陪传胪，鸿恩忆赐环。都缘天再造，今得预仙班。

圣祖征千叟，衣冠会日畿。家庭时诵说，闻见尚依稀。
今日沾天酒，微臣侍禁闱。簪毫颂绳武，万载并光辉。

"金马"即金马门，汉武帝得大宛马，命铸铜马立于鲁班门，称金马门，后人用以代称官署之门。第一首诗叙述了自己早年登科入仕，中年发配新疆，后蒙宽免，再入翰林院。如今得以参与盛宴，感谢皇帝大恩。第二首，回忆父亲诵说当年圣祖皇帝举办千叟宴的往事，今日侍宴宫廷，将这件继承先皇的盛事记下来，使万代流传。"簪毫"即簪笔，古代朝见，插笔于冠，以备记事。"绳武"，继承祖先的意思，典出《诗经·大雅》："昭兹来许，绳其祖武。"

皇上看了纪晓岚的诗作，更是欣喜无比，心想：这纪晓岚这些年来含辛茹苦，修成旷古未有的《四库全书》，今天千叟宴上，又为朕的宴会增色生辉，不是又该提拔提拔了吗？于是当场降下谕旨，提升纪晓岚为都察院左都御史。纪晓岚喜出望外，上疏恭谢。

清代都察院是全国的最高监察机构，专司考察官吏，整饬纲常。最高行政长官，便是这左都御史一职，按官阶排序为从一品，皇上对纪晓岚的器重，可谓非同一般。

乾隆五十四年（1789）夏天，纪晓岚又去热河文津阁校勘《四库全书》。自从两年前乾隆皇帝在热河对文津阁《四库全书》查出问题以来，纪晓岚和陆锡熊、陆费墀多次对各阁《四库全书》进行复校、改写、装订和整理。去年秋天，纪晓岚在文津阁《四库全书》又中找出一些纰漏,回京安排陪写,到了夏日炎炎的季节,他重返热河。

这时和珅已经窃据高位,官场腐败严重,乾隆盛世出现衰败的危机。面对积重难返的吏治腐败,愈演愈烈的官场倾轧和没完没了地修改篇帙浩繁的《四库全书》,纪晓岚感到疲惫和厌烦。文津阁《四库全书》已校理多次,这回无非督促馆吏做些题签排架的工作,纪晓岚有了闲暇。他以拳拳救世之心,追忆旧时见闻,进行冷静思考,随手记录下来,取名《滦阳消夏录》。

《滦阳消夏录》共写了六卷,还没等仔细修改,就不知通过什么渠道到了书商手中,被悄悄刊印上市,并迅速流传开来。读过《滦阳消夏录》的有些读者兴致勃勃、意犹未尽,主动向纪晓岚提供新的素材。而纪晓岚也兴趣勃然,一发不可收拾,先于《滦阳消夏录》写作后的两年时间里,"补缀旧闻,又成四卷",名曰《如是我闻》。乾隆五十七年(1792)六月,又成《槐西杂志》(当时纪晓岚借住在女婿袁煦在圆明园附近的槐西老屋里,故名《槐西杂志》四卷。乾隆五十八年(1793)成《姑妄听之》四卷。嘉庆三年(1798)又作《滦阳续录》六卷。

《滦阳消夏录》《如是我闻》《槐西杂志》稿成之后,都由书吏抄写交私人刊刻。其中讹误颇多,有的还任意标加题目。纪晓岚十分不快。《姑妄听之》写成后,纪晓岚的门生、顺天府大兴县人盛时彦将书稿刻印,并附跋于书后。纪晓岚对他刻印的书比较满意。之后盛时彦又将五种笔记合为一编,请纪晓岚审阅后,冠以《阅微草堂笔记》之名,于嘉庆五年(1800)付梓。

《阅微草堂笔记》之名,缘于纪晓岚在北京虎坊桥住宅中的"阅微草堂"。

雍正十二年(1734),十一岁的纪晓岚随父亲进京,即住进虎坊桥东原岳钟琪将军的府第。自从纪府入住虎坊桥宅院,就与它结下了不解之缘。纪晓岚福建视学、新疆谪戍,两次离京时都将宅院赁出,但始终未卖,直到逝世,他在这座宅院前后共住了六十余年。

纪晓岚早在中进士之前就写有《京邸杂题》诗六首,提到他家府邸中的六个堂斋名号,计有:孤桐馆、槐安国、生云精舍、阅微草堂、绿意轩、三十六亭。其中题阅微草堂诗曰:

读书如游山,触目皆可悦。

千岩与万壑,焉得穷曲折。
烟霞涤荡久,亦觉心胸阔。
所以闭柴荆,微言终日阅。

阅微草堂是纪晓岚的书房,也是他教习子弟的地方。乾隆二十四年(1759)至二十七年(1762),纪晓岚的外甥马葆善等几位后生跟纪晓岚在阅微草堂读书。其间,纪晓岚编辑了《唐人试律说》《庚辰集》两部关于试帖诗的著作。

纪晓岚在他收藏的砚台上刻过很多"阅微草堂"字样。嘉庆元年(1796),书法家桂馥为纪晓岚题写过"阅微草堂"匾额一帧。

纪宅中其他几个堂斋之名后来已鲜为人知,而"阅微草堂"则成了纪晓岚在北京虎坊桥故居的代名词。

纪晓岚身后,他的故居经历一系列变故。在他逝世后的第八年,纪氏裔孙便割出祖宅的一半租赁出去;民国初年,纪氏的这处虎坊桥故居为盐商刘姓所有;后又卖给京剧艺人于连泉(艺名小翠花);后又为梅兰芳所买;梅曾租给京剧富连成科班主叶春善;后又为刘少白租赁做公馆;此后,又由著名京剧演员余叔岩、梅兰芳集合同道在此创办了"国剧学会"和"国剧传习所",并在"草堂"后建了戏台;1949年后,这里曾先后是运输公司、民主建国会、中共宣武区委党校所在地。直至1958年,由政界山西籍人士倡议,在此开办了晋阳饭庄。据载,老舍先生生前常到晋阳饭庄就餐,并坐在纪晓岚手栽的藤萝下欣赏美景,他曾赋诗赞美此处的幽雅环境:"四座风香春几许,庭前十丈紫藤花。"

纪晓岚"阅微草堂"故居,为北京市现存名人故居之一,1984年经北京市宣武区政府公布为文物保护单位,已受到市政府的妥善保护。

修缮后的故居于2002年11月30日对社会开放。

纪晓岚的故居西院坐北朝南,为清式砖木结构。邻街大门设在此院落的东南角,为硬山顶吉祥如意式门楼。进门左转为前院,有南房四间"倒座"。院内有一架藤萝,相传为纪晓岚亲手所植,至今虽经两百余年,但仍枝蔓盘绕,绿叶遮天。上述大门与南房,2000年因拓宽广安门大街,已被拆除。

故居现仅存前、后两厅,前厅后为内院。院中,原有纪晓岚所栽海棠两株,今仅存东侧一株,至今仍枝干粗壮,花发似锦。北面,正厅五间，进深两间。厅内正中上方，悬挂有1981年，由中国文物鉴定委员会主任、北京师范大学教授启功先生所书"阅微草堂旧址"横匾一块。在前厅后堂两侧，原有回廊相连接。据曾经目睹并居住过纪氏故宅的学者介绍说："（纪氏故居）共分三院：第一院门道连南房二间，西侧有绿屏门通西院。北房大厅两明一暗，庭中古藤一本，老干屈盘，矢矫如龙，花时浓荫满院。第二院北房大厅三间，前廊后厦，极为宏敞。东西两侧为走廊，庭院槐柳各一棵。第三院仅北房小楼二层，上下各三间，庭中有桐一株，与前院之古藤俱为数百年物。此所院落甚小，屋亦无多，在北京旧宅中，实不足道。第三院之东，另有小跨院，东西两小宅相随。东小院带席北房三间，门道一间，东西各小阁一间，进深不过三四尺，为供佛之处。西小院则高台之上北房三间，台下东厢房二间，均甚矮小。此小跨院即纪晓岚故居之一小部分。其前正房数进，易主多年。辛亥革命后，仅存此最后一层，为直隶会馆公产，后门在百顺胡同。先大父赁之，与新建之东所相连，以放置杂物。纪氏所言湖石、青桐，当时早归乌有，惟阅微草堂旧额尚悬东小院北屋门上，余儿时犹及见之，后为直隶会馆取去。恽公孚（宝惠）先生掌管会馆事务时，每月遣长班来取租金。其后以有积欠，先生致函先祖催索，略云：'阅微草堂后院租金，数月未付，请即掷下。'余曾宝藏此函，以存故实。虽于十年动乱中，与诸时贤手札俱付劫灰，但阅微草堂故址之在此，则余所目睹亲验，确实无疑。"

就在这阅微草堂故址，纪晓岚写下了《阅微草堂笔记》。经盛时彦刻印之后，《阅微草堂笔记》流行于世，与《聊斋志异》《石头记》，成为清朝最流行的三部小说。

《聊斋志异》创作于康熙年间，未及脱稿，即在作者朋友圈内传阅，后得到诗坛领袖渔洋山人王士禛的赏识，更推动了它的传播。作者蒲松龄在这部文言狐怪小说中，以丰富的想象力构建离奇的情节，又在离奇的情节中，通过细腻的描写，塑造生动活泼的艺术形象。纪晓岚也承认其为"才子之笔"。

《石头记》作于乾隆早期，作者曹雪芹。最初只有八十回，开始在为数很少的朋友中传阅，继之则以手抄本的形式流传开来，此后藏书家抄录传阅，凡三十年之久。乾隆五十六年，程伟元、高鹗第一次以活字版排印出版，已是一百二十回，书名由《石头记》改为《红楼梦》。到

丁嘉庆初年《红楼梦》已是"遍于海内,家家喜闻,处处争购"。

当时流行的小说还有袁枚的《子不语》、吴敬梓的《儒林外史》等。

纪晓岚本不想著书,即使偶尔为别人撰写序文或碑记、墓表之类的东西,也将文稿随手弃掷。他自己曾说:

吾自校理秘书,纵观古今著述,知作者固已大备,后之人竭其心思才力,要不出古人之范围。其自谓过之者,皆不自量之甚也。

至于作《阅微草堂笔记》,纪晓岚认为那不叫著书,只是杂记。他有《书〈滦阳消夏录〉后二首》诗云:

半生心力坐消磨,纸上烟云过眼多。
拟筑书仓今老矣,只应说鬼似东坡。

前因后果验无差,琐记搜罗鬼一车。
传语洛闽门弟子,稗官原不入儒家。

清人张维屏《听松庐文钞》中对此有一番分析。他认为纪晓岚一生精力俱见于《四库全书提要》,已不必再著书。但不著书之际,又要作杂记,"此文达公之深心也"。那么,纪晓岚的深心在哪里呢?张维屏分析说,当时考据辩论之书虽然已经很完备。可是这些书一般人不喜欢读。而稗官小说、谈狐说鬼之类的书,则人人爱看,所以纪晓岚就写这类东西,把劝诫之方、箴规之意,寄托其中。故《阅微草堂笔记》可以说是"觉梦之清钟,迷津之宝筏"。

《阅微草堂笔记》内容广泛、丰富,地方风情、宦海波澜、典章古物、医巫星相、狐精鬼怪、轶闻趣事无所不包。全书共五种二十四卷,四十余万言,记述了一千二百多则故事。

纪晓岚学问淹贯、博极群书,《阅微草堂笔记》虽为消闲遣日之作,但立法甚严,尚质黜华,追踪晋宋,直承六朝志怪小说的传统。该书侧重记录见闻,应笔成章。测鬼神之情状,发人间之幽微,托狐鬼以抒己见。由于纪晓岚文才卓绝,使用随笔体写作,信手拈来、不刻意为文,创造了一种洗练明快,清新淡雅的文体,成为中国古典笔记中的上乘之作。

纪晓岚崇尚魏晋笔记小说的笔法,认为"小说既述见闻,即属叙事",不能随意虚构。蔡元培曾说:纪晓岚作《阅微草堂笔记》,"虽无意为文,而字字有来历"。这一特点和纪晓岚的写作思路是相吻合的。因此,他一方面称"留仙(蒲松龄)之才,余诚莫逮其万一",另一方面,对《聊斋志异》的文学虚构的写作方法提出批评,他说:

《聊斋志异》盛行一时,然才子之笔,非著书者之笔也。……燕昵之词,蝶狎之态,细微曲折,摹绘如生。使出自言,似无此理,使出作者代言,则何从而闻见之?

对于纪晓岚的质疑,鲁迅从文艺的根本特性上给予了回答。他说:

纪晓岚攻击蒲留仙的《聊斋志异》,就在这一点。两人密语,决不肯泄,又不为第三人闻知,作者从何知之?所以他的《阅微草堂笔记》,竭力只写事状,而避去心思和密语。但有时又落了自设的陷阱,于是只得以《春秋左氏传》的"浑良夫梦中之噪"来解嘲。他的支绌的原因,是在要使读者信一切所写为事实,靠事实来取得真实性;所以一与事实相左,那真实性也随即灭亡。如果他先意识到这一切是创作,即是他个人的造作,便自然没有一切挂碍了。

不能理解小说需要虚构,作家必须发挥想象,对于纪晓岚来说,这也是"通人之一弊"吧。

对于《聊斋》和《阅微》两书的评价,历代文人持论不一,有扬蒲抑纪的,也有扬纪抑蒲。鲁迅先生的评价是:

惟纪昀本长文笔,多见秘书,又襟怀夷旷,故凡测鬼神之情状,发人间之幽微,托狐鬼以抒已见,隽思妙语,时足解颐;间杂考辨,亦有灼见,叙述复雍容淡雅,天趣盎然,故后来无人能夺其席。固非仅借位高望重以传者。

孙犁先生则称这两部书是异曲同工的两大绝调。

　　《阅微草堂笔记》对后世颇有影响。不少人以这种体裁著书。其中成就较大的有：乐均的《耳食录》、许元仲的《三异笔记》、俞鸿渐的《印雪轩随笔》、俞樾的《右台仙馆笔记》、梁恭臣的《池上草堂笔记》等。不过后来这些著作，旨趣已大有出入了，所以鲁迅先生评论纪晓岚的《阅微草堂笔记》，"后来无人能夺其席"。据黄丽镛《毛泽东读古书实录》中所引谢觉哉日记，毛泽东也读过《阅微草堂笔记》，并有好评。谢觉哉1944年7月1日的日记记叙说：

　　日前到毛泽东处，见其衣袋有线装书，问之为《阅微草堂笔记》，他说文字尚可玩味。

　　《阅微草堂笔记》的成就不仅仅在文学上。鲁迅先生说：纪晓岚"很有可以佩服的地方：他生在乾隆间法纪最严的时代，竟敢借文章以攻击社会上不通的礼法、荒谬的习俗，以当时的眼光看去，真算得很有魄力的一个人"。确实，纪晓岚阅历丰富，洞悉人情世态。在《阅微草堂笔记》中，他"托狐鬼以抒己见"，深刻入微地揭示了形形色色的病态社会。在他犀利的笔下，既有灾荒之年以人为粮的"恐怖战悚之状"，又有"官吏率贪虐，绅士率横暴"、"救生不救死，救官不救民，救大不救小，救旧不救新"的形形色色的官场黑暗；既有对被科举制度戕害心智的迂腐儒生的揶揄，又多对宋明道学家虚伪丑恶、腐朽僵化品性的毫不容情的讥弹；既有对空谈心性学风的尖锐的批评与对"实才"、"实学"的热烈呼唤，又有对"痴儿骏女，情有所钟"的"人之大欲"的深切同情。其深度、广度均为同时代作者所不可比拟。凡此种种，皆超越了作者自己申明的"大旨期不乖于风教"，"或有益于劝惩"的范围，成为一座思想文化的宝库。假如说，我们在《四库全书总目》中看到的纪晓岚，是一位博学多识的大学者，一位以空前气度总结、思考既往学术文化历程和创获的文化"穴结"时代的代表人物，那么，在《阅微草堂笔记》中，我们看到的是一位机智的、富于洞察力和社会良心的思想家。

第十章

纪晓岚的生活情趣

关于纪晓岚的生活方式，时人和后人的笔记中多有记述，采蘅子《虫鸣漫录》称他"以肉为饭，无粒米进口"，梁章钜《归田琐记》说他"平生不谷食，面或偶尔食之，米则未曾上口也。饮时，只猪肉一盘，熬茶一壶耳。"写《恩福堂笔记》的英和曾亲眼见他的仆人奉火肉一器，约三斛许，纪晓岚一边同朋友聊天，一边吃，一会儿便风卷残云全部吃光，这顿饭就算打发了。他精力过人，"年八十犹强健如常，食肉十数斤"（《清朝野史大观》）。

一、平生不食鸭

清代有名的文人中，大词人朱彝尊喜欢吃鸭肉，成为文坛佳话。纪晓岚却恰恰相反，绝对不吃鸭肉，纵使名厨烹调，也从不下筷。他喜吃瓜果、精肉和茶，有二三斤精肉加上茶水，便是一顿美餐。

对鸭肉，他总觉得腥秽难以下咽。有一次参加朋友的宴会，朋友不知道他这一习惯，把一块鸭肉和一块瘦肉，夹进他的盘子里，他因说话没有注意，又是近视眼，没有看得真切。鸭肉吃下去，立即大吐。自此，他在宴会上特别小心。

又一次宴会中，他的房师孙端人、董曲江、刘师退等人都在座，又端上了一道北京名菜——挂炉烤鸭，大家举起筷子，把话题转向了他。

"贤契，鸭肉味美，为何不吃？"孙端人善饮，干了一杯酒，嚼着鸭肉，乐呵呵地说。

"怕身上长鸭毛吧？"好朋友董曲江说。

大家你一言、我一语，拿纪晓岚取笑。纪晓岚只是笑而不答。他说不清为什么对鸭子讨厌，他只觉得自从听了那个故事以言为定后，更加

不敢吃鸭肉。

那是一个怪异故事。他住在河间府东光城岳丈家期间，听人说，一天深夜，人们被狗的狂吠声惊醒。起身察看，在朦胧的月光中，只见一家人家房顶上，站着一个身着衰衣麻带，披头散发的人，手中挽着一个大布袋，里面发出许多鸭子的叫声。

那人沿着屋顶，由东家窜到西家，每家丢下几只鸭子。第二天，那些得到鸭子的人家，有的贪吃，就把它宰了。结果那吃了鸭子的人家，那一年就死了人。这时，大家才明白，那送鸭子的是一个瘟神。

这个故事，在纪晓岚脑海里印象很深，自此便更加讨厌鸭子。他把这个故事一五一十地讲给正在吃鸭肉的孙端人、董曲江等听。

董曲江正嚼着一块鸭肉在口里，忙说："照你这样说，口里这块鸭肉我也不敢吃了。"

"那里迷信，"孙端人说，"是纪晓岚杜撰出来吓唬你们的。"

尽管如此，大家吃鸭肉的兴致还是减了下来。刘师退提议就吃鸭肉之事，让纪晓岚作一首诗，以补偿扫吃鸭肉的兴致。纪晓岚笑着答应，沉思片刻，吟道：

灵均滋芳草，乃不及梅树。
海棠倾国姿，杜陵不一赋。
馨香良所怀，弃取各有故。
嗜好关性情，微渺孰能喻。
爱憎系所遭，今古宁鹔鹜。
叹息翰墨场，文章异知遇。

这就是在纪晓岚诗集中题为《解嘲》的诗。前四句把鸭子比成梅花、海棠，后几句说，尽管如此，还是各有所爱，喜欢的还是喜欢，不喜欢的还是不喜欢。前四句中的灵均指屈原，灵均是屈原的字，他歌咏过许多奇花异草，唯独没有写过梅花。杜陵是唐代诗人杜甫，他曾自称少陵野老。杜甫曾为百花赋诗，唯独没有歌咏海棠。纪晓岚以这两件事作为盾牌，来为自己不吃鸭肉开脱。回答得很巧妙。

孙端人哈哈大笑："亏你想得出，为不吃鸭肉还找到了根据。鸭子比成梅花、海棠，那它也太荣幸了。"

"学生只是随便取意而已。"纪晓岚说。

大家嘻笑了一番,方兴尽而散。

正因为此,《听松庐诗话》中说:"西溟不食豕,纪文达不食鸭。自言虽良庖为之,亦觉腥秽不下咽。且赋诗云:'灵均滋芳草,乃不及梅树。海棠倾国姿,杜陵不一赋'。"

二、一生不善饮

纪晓岚平生不善饮酒,尝自述:"平生不饮如东坡,衔杯已觉朱颜酡。今日从君论酒味,何殊文士谈兵戈。"他不以不善饮为憾事,且将此同苏东坡相比,以为虽不能饮酒,却自有其旁观者的乐趣在。有诗谓:

仆虽不能饮,跌宕亦自喜。
请为壁上观,一笑长风起。

这事还有一段佳话:

乾隆十二年纪晓岚高中顺天府乡试解元时的房考官、翰林院官孙端人"文章淹雅,而性嗜酒。醉后所作,与醒时无异。馆阁诸公,以为斗酒百篇之亚也。"也就是说,把他与唐代大诗人、斗酒诗百篇的酒仙李白相提并论,可见也是一个才学之士。

据纪晓岚所说,当时孙端人对纪晓岚的才思颇为得意,而对纪晓岚不会喝酒一事不无遗憾。后来纪晓岚主试取得李文藻,李文藻也爱酒,纪晓岚还特的写信和诗报告孙端人,加以取笑,这是后话。

三、品茗高手

我国一本叫作《尔雅》的古书上,就有关于茶的记载,所以说,中国人是公认最早喝茶的民族。因为这本古书距今至少有二千年了,可知我国饮茶的历史悠久,唐朝陆羽写《茶经》,详细论述茶的历史、制法、煮法、饮法等,于是唐宋时茶道大行,十分讲究品茶的艺术;到了清代,在宫廷繁缛的礼仪中,还有一种别开生面的茶宴,可说是清代宫

廷饮茶艺术的升华。

通过饮茶来陶冶情操，达到追求真、讲究美的哲理境界，是清代特殊的筵宴，茶宴中带动了帝王与群臣的感情联络。

茶宴中的大臣，都由乾隆亲自择定。每年正月择吉日在重华宫举行。纪昀也是与宴大臣之一，在茶宴那天，大伙儿在乾清门外等候，奏事处的官员再带领他们由御花园漱芳斋东旁门入重华宫去赴茶宴。那天是正月初八，与会的大臣尚有于敏中、福隆安、史观保、张若霭、倪承宽、刘墉、梁国治、董曲江、钱大昕等人。

茶宴开始时、乾隆坐正殿，王公坐西配殿，大臣们坐东配殿。东西配殿各摆矮桌十张，每张桌上摆两份茶碗、果盒及笔墨纸砚。与宴诸臣待皇帝坐定后，向皇帝一叩首，然后入座，茶宴中，以皇帝为首，按规定的题目作诗联句。

茶宴时喝的是"三清茶"——是用梅花、佛手、松籽仁加雪水烹制而成的，这三清茶清香甘美，乾隆曾以诗赞曰：

> 高节为邻德表贞，
> 喉齿香生嚼松实。
> 心神春满泛梅英，
> 拈花总在兜罗手。

寥寥数语，把三清茶的色、香、味及其涵义和盘托出。乾隆啜了一口茶之后，提起案上的御笔，写了一副长联：

尧舜生、汤武净、五霸七雄丑末耳，其余创业兴基，大都摇旗呐喊称奴婢；四书引、六书白、诸子百家杂说也，以外咬文嚼字，不过沿街乞食闹莲花。

此联口气豪迈直爽，不同凡响。

轮到大臣们题对联，纪昀写的是：

出将入相，仔细端详，无非借古代衣冠，奉劝众生愚昧；
福善祸淫，殷勤献演，岂徒炫世人耳目，实为菩萨心肠。

此联词婉意深，别具风格。

其他大臣也纷纷题联有：

八大君王，处处十八王，道旁献寿。
九重天子，年年重九节，塞外称觞。

此时，御膳太监端上八珍糕，这八珍糕是宫廷御医根据明代八珍糕，加上人参、茯苓、山药、扁豆、薏米、芡实、建莲、白糖等上锅蒸熟，晾凉之后才可食用的，具有健胃、滋补的食疗功效。

入宴大臣莫不将茶宴看成是最高荣誉，与皇上一起赋诗联句，品饮三清，食八珍糕，恩宠复加，令其他大臣羡慕不已。因此，茶宴又有"重华文宴集群仙"之称。

若从茶宴看来，帝王与群臣联系感情，沟通意见的方式，还真充满了人文、艺术气息，今人之觥筹交错、酒酣耳热、大声吆喝的场面反而是一种退化，而不是进步呀！

且说"茶"过三巡，大家的话题不免多了起来，这时钱大昕第一个自夸地说：

"常喝茶的人，不必亲自审视茶叶，光看泡出的茶色，便知茶的好坏。"

董曲江也接着说：

"我则不必看茶色，只要闻一闻茶的香味，从它的深浅浓淡，便可知茶的等级。"

张若霭更夸张地说：

"诸位辨茶之优劣，均需用嗅觉或视觉，我则只要用手摸一摸茶梗，便知那茶之品味如何。"

"看来我们当中，品茶高手，非张大人莫属！"

众人正在称道之余，纪晓岚却咳了一声，说道：

"咳！嗯，方才我听诸位大人谈论了半天，都还只是见茶评茶，在下不必看茶色或摸茶叶，只需坐在远处，见升起之茶烟，便可判别。"

"咦！纪大人这回牛皮吹得太大了，茶烟要如何判别茶之好坏呢？"

"唉！诸位大人有所不知。那茶烟升起后，或往前飞奔，或作连环圆圈状，或飘向后方，或往上方窜起……以此法判别茶品，十分准确，

然，非有十年以上品茶功力不可。"

"哦！原来如此！"

众人听得一脸愕然，又见他说得头头是道，纷纷点头赞同。

出得茶宴之后，刘墉忍不住问纪昀，果真是品茶高手！以前怎不见他提过？

"唉！我说的是'烟'，'纪大烟袋'的称号可不是浪得虚名呀！至于品茶嘛！唉呀，那是看不惯他们一个比一个夸张，故意吓唬他们的啦！"

"哈！有趣极了！你还是那副德性！"

刘墉不住边走边笑。

四、纪大烟袋

话说纪昀与马月芳结褵之后，纪昀逐渐收起玩心，因为马月芳端庄贤淑、一派大家风范，相对于纪昀那玩世调侃的个性，呈现了互补的作用。有时候，她的机智严厉，正好可以制止纪昀的率直任性。纪容舒的眼光果然不差，他选的这门媳妇正是纪昀的克星，所谓"恶马恶人骑，胭脂马遇到关老爷。"正是这个道理。

纪晓岚爱抽烟是远近驰名的，而且烟瘾奇大，总是随身携了一个大烟袋，所以外号又叫"纪大烟袋"。

有一回，乾隆得了感冒，咳了好一阵子，太医仔细看诊后，便说：

"启奏皇上，依臣之见，皇上近日若能少抽烟，咳嗽的症状才可改善，因抽烟对肺部刺激极大。"

乾隆依言戒了几天的烟，发现肺部果然舒坦许多，痰也少了，于是下令朝臣戒烟，以维健康，他自个儿也带头戒烟。

某日早朝时，乾隆穿着黄缎彩绣龙袍，坐在龙椅上。这袍子绣以九条金龙，龙纹所绣的位置，在胸、背、两袖端各绣正龙一只，左右前后四开衩，交襟处绣行龙各一只，另有一条行龙隐藏于襟内下摆。

古时候认为天子就是龙，穿着后，合为九龙。同时龙袍不论由正面或背面观之，均可看见五条龙，正是"九五之尊"的象征。

但见满朝文武齐声贺道：

"吾皇万岁，万岁，万万岁！"

"众卿平身!"

乾隆锐利的眼光逡巡了一下,随即捻着胡子,点头说道:

"自朕明令戒烟之后,空气清新不少,爱卿们也显得精神奕奕,哈哈!"

这时,忽有侍卫来报:

"有俄国使者来访,请皇上宣他进殿!"

乾隆闻言,喊:"宣!"

只见这位俄国使者生得人高马大,浓眉大眼,那肥厚的酒糟鼻,正是名副其实的"苏俄大鼻子",头上戴着一顶绒帽,身上穿着皮裘,虎背熊腰,脚上踩着一双鹿皮靴子,看来十分威武。他一开口,声若洪钟,气势凌人,一踏进金殿,旁若无人,只见他一抱拳,便朗声说道:

"阁下想必是大清皇朝的皇帝吧?我这儿有副对联,不知可有人能对得上?"

"放肆!来者何人?"

乾隆微愠地问。

"我,俄罗斯使节——拉索托夫,来华学汉文已有数年,今日特来讨教!"

"大胆!见了皇上还不下跪?竟还出言无状!"

殿前侍卫大声喝止他。

"下跪?我又不是你大清子民,何需照你们的规矩?若对得上我的联,要我尊敬你们还不迟。"

乾隆见他态度傲慢,本欲动怒,继而一想,不如先沉住气,看他葫芦里卖什么药。便道:

"对联尽管呈上。"

拉索托夫依言趋前呈给乾隆,乾隆打开对联一看,脸色陡变,原来对联上头写着:

我,俄人,骑奇马,张长弓,单戈成战,琴瑟琵琶八大王,王王在上。

乾隆转向群臣问道:

"卿等可有下联可对?"

第十章 纪晓岚的生活情趣

· 171 ·

这副上联,明明是污蔑清廷的意味,而且十分霸气,偏偏这对仗极难,群臣抓头搔脑,一时之间,竟无人能说出下联,个个面面相觑,又羞又怒,却对不出来,俄使见状,更加得意,不觉仰天大笑:

"哈哈,人说中华文化博大精深,但以我区区一介外族,不过钻研数年,便难倒诸位大臣,难道这金殿之上,全是酒囊饭袋?"

"……"大家怒目以视,却好像哑巴吃黄连,有苦难言,眼睁睁地受他侮辱,却无招架之力。

此时,空气仿佛凝固了,气氛十分紧张,好像炸弹要引爆的前一秒,一触即发。

"哈!哈!倘若七天内,无人能对上这副联,你们有何颜面再称大清帝国?不如向我朝俯首称臣!"

俄使刚讲完这句话时,突然间,纪昀的袍子下冒出了一阵阵的烟,一会儿就窜出了一条火舌,纪昀赶紧从袍子下抓出一个大烟袋,接着赶紧扑灭火舌。原来,自从皇上带头戒烟后,他便把烟袋藏在袍子底下,一得空,便偷偷抽它一口,聊过一点烟瘾,没想到这回不小心,竟把袍子烧了一个洞,大臣们一见,忍俊不住,差点儿笑出声音来,但眼前这节骨眼,大家又不好意思笑,只好憋住,这时,乾隆忽然想起纪昀向来有文才与急智,便假意怒道:

"大胆纪昀。我道是大伙儿都戒了烟,原来你背地里阳奉阴违?今日就罚你对这副联子,要是对不上来,朕就摘了你那顶戴花翎!"

"皇上,可否容臣先抽一口烟,才有灵感可对上?"

"行,若你今日可对上这联子,朕就特准你不必戒烟。"

于是纪昀就大摇大摆的,气定神闲的在皇上及群臣面前,拿起烟袋,如获至宝似的,抽了一大口烟,又吐了吐烟圈,才十分满足地对俄国使者说道:

"你这什么拉绳子的莽夫给我仔细听着,我要对下联了:

'尔人你,袭龙衣,伪为人,合手即拿,魑魅魍魉四小鬼,鬼鬼在边。'"

此联不但对仗工整,而且三言两语,就把俄使贬得一文不值,只见那位拉索托夫,闻言面红耳赤,二话不说,便夹着尾巴,逃出殿外去了。

这时,朝臣们莫不鼓掌齐声叫好,连乾隆也忍不住笑着说:

"纪爱卿,看来,朕只好准你继续抽烟了!"

"谢皇上恩典!"

"哈哈哈!"

乾隆见纪昀击败了来挑衅的俄国使者,龙心大悦,忍不住哈哈大笑,宣布退朝。

这纪昀早朝之后,回到家里,却发现烟袋不见了,回头路上也遍寻不着,十分焦急,马夫人见他慌里慌张地找东西,便问:

"相公,可是失落什么东西?"

"夫人,我的烟袋不见了!"

"皇上不是规定戒烟了吗?还找它做啥?"

"不,皇上今天亲口钦赐我可以抽烟的。"

"什么?皇上特准您抽烟啦?完了!我又得与烟味共舞了。"

"夫人快帮忙找呀,不抽烟挺难过的。"

"甭找了,我有法子,不过……若是我找着了,你要怎么谢我?"

"哎哟!我的好娘子、好姐姐!只要找着了,一切都依你!"

"这事好办,我叫个丫头到市集卖旧货的摊子上找找看,幸好,你那烟袋特别大,容易辨认。"

约莫过了半晌,马夫人的丫鬟果然带回纪昀的大烟袋,纪昀见状,大喜过望,不禁对马夫人竖起大拇指:

"夫人果然高明,佩服、佩服!"

"看人家都被你的烟熏黑了,讨厌!"

夫人娇嗔了一句,还给纪昀一个"真拿你没办法"的白眼。

五、砚铭明心志

不善于书法的纪晓岚,却对文房四宝和古物器玩十分留心,凡是砚中佳品,总要千方百计弄到手。到手的砚台都写上铭文,藏入一间别致的居室,曾以"九十九砚"名其书斋。

那年会试,他担任主考官,在聚奎堂阅卷,发现同考官那彦成使用的砚台形状别致,质地极佳,很想弄到手,但又不便当面讨要,便绕着弯子问:"绎堂,此砚从何处购来?"那彦成字绎堂,大学士阿桂的孙子,按辈分应属于纪晓岚的晚辈,也喜欢收藏砚台。

绎堂见纪晓岚发问,知道他看中了这个砚台,他本人也是收藏家,视砚如命,自然不愿让纪晓岚拿走,于是故意说:"此乃祖传之物,非别砚可比。"

祖传之物是不会轻易拿来阅卷使用的。纪晓岚明白这是绎堂找借口封自己的嘴,他于是回敬道:"前次你攫取刘墉一方砚,莫非也成了祖传之物,哈哈……"。

原来绎堂有一次与纪晓岚同在刘墉家做客,绎堂看上了刘墉一方砚,不待刘墉首肯,便攫为己有,带回家中。纪晓岚这句话,把绎堂弄得很尴尬。

次日,纪晓岚还是记挂着这方砚,便效绎堂取刘墉砚台的手法:抢。出闱时,待绎堂一转身,抢先把砚台塞入衣内,挟回家中。孰料绎堂确是心爱此砚,舍不得被纪晓岚夺走,回到家中,忙另选一砚,登门赎换被抢走的一方,他对纪晓岚说:"纪公真舍得下手,何必动手抢呢?"

"这是向你学的呀,"纪晓岚笑着说,"既然绎堂真难割舍,那就换回去吧。"

"且慢,"绎堂说,"砚台既然到你手中,你得写上几句铭文,方让它不虚此行。"纪晓岚的砚铭很有名,而且难得,所以绎堂不放过这个机会。

"我已写有几句诗,权且充铭文吧!"纪晓岚说。纪晓岚这首诗是:

> 机心一动生诸缘,扰扰黄雀螳螂蝉。
> 楚人失弓楚人得,何妨作是平等观。
> 因君忽忆老米巅,王略一贴轻据船。
> 玉蟾蜍滴相思泪,却自区区爱砚山。

这首诗对这方砚的往返,写得很有趣,绎堂看后,很高兴。绎堂走后,纪晓岚观赏绎堂送来的一方砚,发现与刘墉送他的一方砚,一模一样,于是思绪纷纷,又题诗一首:

昔我掌乌台，石庵赠我砚，
肌理缜密中，隐隐锋芒见
今岁司文衡，适与绎堂伴，
此砚复赠余，粹温金百炼。
皆云肖其人，真识非虚赞，
论文均胶漆，持论斥冰炭。
毋乃学道久，客气消其悍，
抑或阅事多，坎坷刚肠变。
水激石转雷，风淡江澄练，
泊然一寸心，吾本无恩怨。

纪晓岚这种情怀，表明他与朋友交往，不存芥蒂。

从今天所能见到的砚铭来看，大都是信手拈来，却语简味永，别有一番情趣；虽只言片语，却也可以看出其性情的淡泊磊落以及内心世界的丰富多彩。我们不妨选择几条来欣赏一下吧。

如《圭砚铭》写道："圭肖其形，玉比其德。籍汝研濡，资于翰墨。三复白圭，防言之玷。文亦匿瑕，慎哉自检。圭本出棱，无嫌于露。腹剑深藏，君子所恶。"圭为三角锥形玉器，是古代贵族朝聘、祭祀所用礼器。意思是说，以圭作你的形状，以美玉比喻你的品质；借助你研墨濡笔，才写成华美的文章。用三重白圭，以防言语之玷污；华美也会有瑕疵，谨慎啊需要自我检点。火圭本有棱角，不要嫌其太裸露；深藏腹剑的行为，是君子所厌恶的。由此可见，他对香草美玉般人格的赞美和对口蜜腹剑小人的憎恶，可以说是微言大义，颇堪品味。

再如《松化石砚铭》："松化为石，博物者所识。松何以化？格物者所不能测。适中砚材，取供翰墨。其变幻，因无庸于究极。"意思是说，大自然的转变造化是不可穷究的，博物者能辨别松化石，研究者却不能说出松化为石的道理。其千变万化，本不需要穷究其因。

再如《墨床铭》："十二龙宾，未必随我。傥曰有之，且于此坐。墨以动耗，砚以静寿。时息尔劳，尔亦可久。子不磨墨，墨且磨子。我鉴斯言，今先磨尔。尔且待于此。"十二龙宾为守墨之神，意思说，守墨神未必愿意跟随我，如果说有的话，就请暂且坐在这里吧。墨因为动而不断被消耗，而砚却因为不动而获长寿；如果不时让你获得休息，你

也会生命长久。你不磨墨,墨却要磨你;我有鉴于此,现在先去磨你,你且在此等着吧。

《小秤铭》说:"老聃折衡,使民不争。然不能使物无重轻,终不如持之以平。"老子把秤杆撅了,为的是不让老百姓为小利斤斤计较,然而这样做也就使事物没有了轻重的衡量,倒不如让老百姓懂得公平交易的道理。

《算盘铭》写道:"马之几足吾不知,况乃握算争毫厘?家储此器椟藏之,旁人拊掌先生痴。掠剩使者有所司,壮哉雀鼠好自为。"连马有几条腿都数不过来的人,又怎么能与人去争毫厘之利呢?所以家里的这架算盘也只好藏在箱子底了。别人抚掌大笑,说我是白痴,而我说他们为蝇头小利而斤斤计较,应该好自为之吧。

《方胜合铭》:"上下同心,政理以成;内外同心,家室以宁。吾见夫挟贰心者,始自利而终自倾。戒之,戒之,毋误用其聪明。"君臣上下同心,国家就可以得到治理;夫妇同心一意,家庭就可以安定兴盛。为一己私利而离心离德,其结局必然是自己害自己。警惕啊,千万不要聪明反被聪明误。

够了,由以上数例足可以看出,纪晓岚不经意间写下的寥寥数笔,也无不包涵着自己对人生及处世的体验,反映出纪晓岚的豁达和洒脱性格。纪晓岚书写砚铭,自然是为了抒发自己的情感世界。

六、晚来好鬼神

纪晓岚曾有诗写道:"前因后果验无差,琐记搜罗鬼一车。"这是他在写《阅微草堂笔记》后所留下的诗句。不过,纪晓岚晚年也确实与鬼神世界结下了不解之缘,一部《阅微草堂笔记》记下了多少个鬼怪故事啊!仿佛就是为了塑造一个鬼神世界。那么纪晓岚为何会如此钟情于这样一个虚幻的所在呢?

我们前面已经讲过,纪晓岚写作《阅微草堂笔记》的主旨就是为了劝善惩恶。在纪晓岚看来,帝王以刑赏劝人为善,圣人以褒贬劝人为善,而刑赏有所不及、褒贬有所不到的地方,则佛教以因果之说劝人为善,它们的方式虽然不同,意义是相同的。既然他所要面对的是普通老百姓,他所要求的又是劝人为善,也就不必纠缠于鬼神的有无。他的终极目的就是通过对鬼神世界寓言式的描绘，收到裨益世道人心的作用。

在这个高度人格化了的鬼神世界里，鬼与人是毫无二致的。鬼也经常纷乱不安，好像有什么营求；鬼也有喜怒哀乐，大约鬼与鬼之间的竞争同人与人之间的竞争没有什么两样。即使在地下，也没有终了之时。

可以认为，纪晓岚所塑造的鬼神世界，一方面是现实人生的一种折射；而另一方面，它也不妨是一个赋予了理想化色彩的世外桃源。在那个世界中，做鬼的乐趣比做人的乐趣多。幽深险阻之境，人不能到，而鬼却可以以魂魄游；寂寥清绝之景致，人所不能亲眼目睹，而鬼神得以清夜独赏。这个理想化的梦幻境界，多少带有一些纪晓岚的向往之情。

从纪晓岚对地狱的描写中，我们完全可以看出这种理想色彩是多么浓重：生前善于阿谀逢迎的人，到了地狱便被割去嘴巴；生前妄自尊大、目空一切的人，到了地狱中便被处以屁股向上、脸部向下，两手撑着走路的人；前世处事圆滑、城府太深的人，死后便被挖去五脏六腑：生前妒忌多疑、爱听小道消息的人，在地狱中便没有了耳朵眼……冥司的律条就是这样铁面无私，恶有恶报，善有善报，丝毫不会有差错。除了警戒世人之外，也同时使人们在现实生活中的愤激不平情绪得到慰藉。这便是纪晓岚设计鬼神世界的良苦用心。

在《滦阳消夏录》第六卷中，纪晓岚就借那个自称是东岳冥官的顾德懋说："在阴曹地府中有着十分严格的冥律，最看重的是贞节烈妇，因为贤臣也被分为三等，只知道畏惧法度的人是下等人；爱好声名气节的人，是中等人；以国计民生为重，不计较一己祸福毁誉的人，才是上等的人。地府中最讨厌为追求名利而竞争，认为它是种种罪孽的根源，所以往往让他们坎坷一生，得不偿失。人心越是机诈，则鬼神列他们的安排也越巧妙。这完全是纪晓岚对人世间种种丑态的折射了。在纪晓岚的笔下，地狱诸相不仅用以维持人世间的公道，更加上了他自己对事物的感想及意见，而他的才华又足以让他在鬼神世界里虚实相涵，游刃有余。所以鲁迅先生的《中国小说史略》评价《阅微草堂笔记》为"测鬼神之情状，发人间之幽微，托狐鬼以抒己见者，隽思妙语，时足解颐，间杂考辨，亦有灼见。叙述复雍容淡雅，天趣盎然，故后来无人能夺其席。"

然而，对于鬼神的有无，纪晓岚采取的是模棱两可的态度。他在《滦阳消夏录》卷六中就说过："人们死去后，或者化为鬼，或者不能化为鬼；鬼的存在，或者能看见，或者不能看见，只能随人说去，不必太认真。"他曾说，如果说鬼不能轮回，那么从古至今，鬼天天在增加，大地怎么能够容纳得下呢？如果说鬼能够轮回，那么这个死了那个生了，转眼之间变换形貌离去，世界上就不致有鬼。小贩、农家妇女，往往转世，好像没有不轮回的；荒废的郊外野冢，往往能见到鬼，又好像有不轮回的。为此他讲了一个故事：

表兄安天石曾经卧床，魂魄到了阴间，就此问题询问过阴间的官吏，回答说：有轮回的，也有不轮回的。轮回有三种情况，有福的受报答；有罪受报应；有恩怨受回报。不轮回也有三种情况，圣贤仙佛不进入轮回，下地狱的也不得轮回，无罪无福的人则听任其游荡于荒郊野外，直到气尽灭绝。如同露珠水泡，忽有忽无；如同闲花野草，自生自灭。或者有无所依托的魂魄，依附人体而生，叫做偷生；志行高洁的僧道，转世借形，叫做夺舍。这都是偶然当年变化，不在轮回的常理之中。至于神灵降世辅助清明时代，妖魔鬼怪成群降生，四处抢劫杀掠，是气数所形成，不能以轮回来论说了。

正是基于这种认识，他对鬼神的态度还是孔老夫子的那一套：敬鬼神而远之。只要能做到这一点，鬼神就不会欺骗你，也奈何不了你。

第十一章

终老宦途,身后美名扬

乾隆去世后,嘉庆皇帝以迅雷不及掩耳之势,把一代奸雄和珅判处了死刑,立刻引起了朝野的极大震动,掀起了清算和珅及其死党的热潮。那些久被和珅压制、深受其迫害的满汉官员们,终于有了扬眉吐气的机会,纷纷上书,揭露和珅的罪行,参劾和珅的余党。

这时纪晓岚也接连上了两道奏折:一是奏请开复已故御史曹锡宝;一是奏请开复原任内阁学士尹壮图。曹锡宝当年曾参奏和珅家奴刘全倚仗和珅的势力招摇撞骗、逾制营建房舍,被乾隆怀疑为他是受了纪晓岚的指使,意在攻击和珅,以参奏不实的罪名革职,过了一年多,在乾隆五十七年的正月,含冤抱恨、抑郁而终。

当时,纪晓岚看皇上有意拿自己开刀,不但在曹锡宝被革职时不敢说话,就是乾隆活着,他也不敢再提这件事,只是在《题曹剑亭绿波花雾图》诗中(曹锡宝号剑亭),隐秘地抒发了对曹锡宝不幸遭遇的同情。其诗云:

(一)
醉携红袖泛春江,人面桃花照影双。
名士风流真放达,兰舟不著碧纱窗。

(二)
洒落襟怀坏壎身,闲情偶付梦游春。
如何乐府传桃,只赋罗裙打动人。

现在搬倒了和珅,查抄了刘全。查实刘全的家产竟多达二十余万,完全证实了曹锡宝当年的参奏。曹锡宝被革职问罪,当然是一桩冤案。嘉庆看过纪晓岚等人的奏请,当即在正月内下了诏谕,为曹锡宝平反昭

雪。对于尹壮图的冤案,皇上也在同一天降下谕旨:令其即行来京,候旨擢用。

两月之后,尹壮图回到了北京,立即到纪晓岚府上拜望。

纪晓岚治宴款待,尹壮图感激不已,连声道谢,转而谈到和珅等人,尹壮图感慨地说:"和珅专权二十余年,内外诸臣,无不趋走,惟老宗师和大学士王杰大人、刘墉大人,及朱珪大人铁保大人、玉保大人,终不曾依附,刚正不屈,壮图视为楷模。壮图蒙宗师垂爱,奏请皇上召弟子回京师。壮图复出以后,定不负老宗师栽培之恩。"纪晓岚听了,语重心长地说:"楚珍啊!此言尚欠思虑。虽然圣上处治了和珅、福康安等,颇有彻底整顿吏治的雄心,但和珅在位之时,广结党徒,这上上下下,有了几个人与和珅没有点儿瓜葛?常言说法不治众。事情究竟落到何等地步,尚属难料。万万不可再鲁莽行事,要看风使舵,顺水行船啊!"尹壮图听着纪晓岚的话,连连点头。

嘉庆皇帝处死和珅的果敢之举,一方面使许多贪赃枉法的官吏,尤其是和珅的内外党羽不寒而栗;另一方面,又激励着那些刚直忠正的官员,大胆地上疏言政,清算和珅等人的罪行。尹壮图回京之初,深深地受到这种气氛的激励和感染,情绪激昂,又上疏奏请嘉庆皇上,清查各省陈规,铲除贪官污吏。奏折言词恳切,忠正之心不泯,报国之情可嘉。

嘉庆看了尹壮图的奏请,降下一道谕旨,认为:各省陈规只可将来次第整顿,不能概行革除。尹壮图的一颗火热的心,这回变得冰凉,又带着心中的积愤,去找纪晓岚诉说。纪晓岚劝道:"你上疏陈奏诸事,皇上自然会设法治理。你上疏言谏,忠勤可嘉,但我看皇上对敢言之臣,未必实有重用之意,你可要谨慎从事啊!"尹壮图无言答对。

纪晓岚又接着问道:"皇上将任你何职,吏部有消息吗?"

"尚无消息。"

"好吧。待我向吏部尚书朱珪大人探听一下。"

第二天早朝以后,纪晓岚找到吏部尚书朱珪,悄悄地向他询问。

朱珪与纪晓岚同一年中举,第二年就成了进士,比纪晓岚早两科。他曾为嘉庆皇帝讲授古文、古体诗,是嘉庆皇帝的老师。嘉庆继位后,对朱珪崇待遇颇隆,已擢升他为大学士兼吏部尚书。

纪晓岚与朱珪的兄长朱筠,是乾隆甲戌同年,两人交谊很深,后来由于朱筠的缘故，与朱珪也成了莫逆之交。

朱珪清楚，纪晓岚不爱管此类闲事，如今见他探询，定是因与尹壮图友谊深厚，便告诉他说："据闻皇上有意擢用尹学士，但尹学士几番上疏，直陈弊政，一矢中的，妨碍了很多人，恐怕官复原职之后，复又挑起事端。再说皇上对和珅党徒的处治，已渐露宽宥之情，看来尹学士的事不太好讲啊！"纪晓岚听了朱珪的话，点头赞同。回到本部衙门，纪晓岚即接到皇帝降下的一道通谕，其中说道："朕所以重治和珅罪者，实为贻误军国事务，而种种贪黩营私，犹其罪之小者。是以立即办理，刻不容待，初不肯别有株连，惟其儆戒将来，不复追咎既往，凡大小臣士，毋庸心存疑惧。"通谕一下，那些因与和珅有牵连而心存疑惧、惶惶不可终日的贪黩营私的大小臣工，立刻吃了一颗定心丸，纷纷恭谢圣恩，恢复了往昔的"平静"。然而，嘉庆在宣布和珅二十大罪状的上谕中点到的吴省兰、李潢等人，也没有治罪。纪晓岚、刘石庵、刘权之、董诰、王杰、朱珪等人心中愤愤难平，但谁也不敢说话。他们谁也不清楚嘉庆皇帝的葫芦里到底装的什么药。

时过不久，翰林洪亮吉投石问路。他投书成亲王等处，指斥嘉庆帝视朝稍晏，恐有"俳优近习，荧惑圣听"，又论和珅之党羽不问，大臣之有罪释放不当。这下惹恼了皇上，嘉庆露出了庐山真面目，谕令军机大臣会同刑部讯问洪亮吉。军机处拟以大不敬罪处斩，嘉庆降谕从宽免死，发戍伊犁。

纪晓岚与洪亮吉也是相知甚深的朋友。乾隆甲辰年，六十一岁的纪晓岚充任会试副考官，洪亮吉这年应礼部会试。洪亮吉的房师祥庆做事有个拖拖拉拉的毛病，他这一房的试卷阅得最迟，并且将三场的试卷都压到最后才报送主考官和副考官。纪晓岚看了洪亮吉的试卷，极其欣赏，非要把他放在第一名。但这时整科录取的名次已基本排定，一动将全动，其他考官们也不太满意，这就出了麻烦。内监试郑澄坚决反对，他提出洪亮吉的试卷阅得最迟，现在要取为第一名，里边可能会有什么问题，坚持要把洪亮吉移到第四十名。纪晓岚执以己见，不肯依从。于是，两人争执起来，越争越气，越吵越凶，最后竟至詈言出口，互骂起来。纪晓岚是何等厉害，把郑澄骂了个狗血喷头，十分难堪。闹得正考官蔡新、德保也不好解决。后来还是副考官胡高望调停此事，干脆将洪亮吉除了名，才将这事平息下来。纪晓岚气愤难平，在洪亮吉的试卷尾

第十一章　终老宦途，身后美名扬

部，题下了六首《惜春词》。出榜后，纪晓岚顾不得回家，首先到洪亮吉的寓所造访，诉说心中不弃，使洪亮吉极为感激。下科会试，洪亮吉中了进士，入了翰林院，与纪晓岚往来不断，成为挚友。

洪亮吉这次被发配从军，纪晓岚自然替他愤愤不平，但又不敢在专制的嘉庆皇上面前奏谏，只是眼巴巴地看着洪亮吉被发往西域。

这次纪晓岚明白了：嘉庆皇帝与他父亲乾隆一样听不得忠言。他制了连环砚铭告诫自己：连环可解，我不敢；知不可解者，以不解解之。其实，在当时形势下，嘉庆皇帝宽赦和珅党徒的策略，可以说是正确的、明智的。因为当时的社会危机、官僚制度的腐败，已经病入膏肓。乾隆末年，白莲教起义，从四川、湖北、陕西到安徽、河南、直隶，彼伏此起，声势越来越大，乾隆皇帝就是在这声势浩大的农民起义的呐喊声中毙命的。嘉庆要维持处在风雨飘摇中的统治秩序，哪里还敢大加株连，向"大小臣工"开刀呢？如果说和珅是一个恶性肿瘤，那么内内外外、大大小小的贪婪营私的官吏，就是已经扩散的毒垒了，遍体皆是，已经是防不胜防、治不胜治了。

四月，嘉庆降下上谕，给了尹壮图一个给事中的虚衔，并命他请假回籍。尹壮图愤懑难平自不用说，纪晓岚虽然失望，但也没有超乎他的预料：嘉庆皇帝哪里会起用尹壮图这样耿直迂钝的人呢？但纪晓岚认为可十足玩味的，是皇帝上谕中的话："前因原任内阁学士尹壮图曾奏各省仓库多有亏缺，经派令庆成带同尹壮图前赴近省盘查，各督抚等冀图蒙蔽，多系设法弥缝掩饰，遂至尹壮图以陈奏不实降调回籍，此皆朕所深知。且礼部尚书纪昀等人奏请开复，是以降旨令其驰驿来京，另候擢用。今尹壮图到京，具呈谢恩。据军机王大臣面奏，尹壮图现有老母年逾八十等语。尹壮图籍隶云南，距京师较远，既难迎养，若着留京师供职，则母子万里暌违，朕心实有所不忍。尹壮图以前尚属敢言，着加恩赏给给事中衔，仍令驰释回籍侍母，他年再候旨来京供职。"纪晓岚不会忘记，八年前尹壮图被以莠言乱政、诬官诬民诬皇上的罪名治罪，多亏自己冒死苦谏乾隆，并被皇上污辱了一番，才救下他一条性命。但乾隆还是以不孝的罪名大加谴责，施以压力，迫使尹壮图不得不请假回了原籍云南。

今天，嘉庆皇帝只给了尹壮图一个给事中的空衔，又匆匆地将他打发回去，而名义上却是不忍母子万里暌违。一个是词严色厉的责斥，一个是仁慈为怀的同情,但不同样是以孝母为口实,谪而不用吗?尹壮图这次离京城,将永远不会再有任用的机会。

纪晓岚越想越气,心中愤懑难平,但这次再也不敢上疏皇帝了,只好叹息着为尹壮图送别。

这天,尹壮图来到阅微草堂辞别,最后一次拜望对他恩深似海、生死难忘的老宗师纪晓岚。在给纪晓岚叩头时,六十一岁的尹壮图禁不住潸然泪下。纪晓岚将尹壮图扶起来,两人相对无言,沉默良久。后来,纪晓岚从九十九砚斋里找出一方古砚,对尹壮图说:"我都知道了。你此次一回云南,难想何日再入京城。我已是七十六岁的人了,恐怕今日一别,将成永诀。我没有什么可送你的,这方古砚,是宋时的旧物,我珍藏了多年,刘石庵几次向我索要,我也没舍得放手。这次送给你吧,作为留别的纪念。"尹壮图站起接过砚池,看是一方下岩石砚,上面布满了漩涡状的小孔,弥足珍贵,砚的侧面刻着纪晓岚制的砚铭:"石出盘涡,阅岁孔多。刚不露骨,柔足任磨。此为内介而外和。晓岚铭。""多谢老宗师厚爱,学生愧领了,"尹壮图眼里含着泪说,"只是学生还有一事相求,不知老宗师肯否答应?""答应,答应。何事你尽管说。"纪晓岚让尹壮图坐下说话。

"学生今日拜访老宗师,一来向您辞别,二来为家母乞请寿序。今年中秋节后,是家母八十寿辰。学生来京之时,即有请序之意,几番来访,未曾出口。事到这步田地,学生也不愿多留京城,乞请宗师写好寿序,学生离京之时,一并带走。有劳宗师大驾,学生此生感恩至深,三生图报!"说着,尹壮图又站起来向纪晓岚跪了下去。

"不必多礼,不必多礼。"不知纪晓岚是惋惜尹壮图之才不能施展,还是因从此一别恐无相逢之日而悲伤,语言竟有些失去伦次。他接着说:"好,好!我现在就写,今天你就可以带着。"纪晓岚说着,一边摸摸头发脱落殆尽的光头,一边让人拿出文房四宝。他略作思索,展纸挥毫写了起来。那序文是:

尹太夫人八十寿序

内阁学士尹君楚珍改官礼曹,高宗纯皇帝恩许归养,盖太夫人年已七十余矣。嘉庆四年,诏征至京师,俾条论时政,仍以太夫人年高,加给事中衔,俾归终养。且特赐折匣,许由启奏事,一时士大夫以为荣。

尹君濒行，特过余邸，云：辛酉某月，太夫人八十，乞余文为寿。余文何足重太夫人？顾余与尹君先德松林舍人为甲戌同年，同入词馆，又同以朴拙相得；尹君继入词馆，松林又时使以所作诗赋就余商榷。故朝绅之内知其家事者，莫如余。使祝嘏属他人操笔，不过推原母教，概以丸熊故事，称太夫人贤而已，不能得其实也。即以尹君滢直，足以显亲扬名为太夫人庆，亦未尽得其实也。然则，太夫人居心行事，卓然与古人争光者，非余缕述，世弗能知，余固弗得辞也。盖尹君之初遭外艰也，奉太夫人归故里，服阕以后，即拟请终养。太夫人曰：汝父世受圣恩，是不可不报。以我老耶？我固健；以路远耶？我身自往来亦三四月可到，非必不能往返也。尹君俯首不敢答，然终不治行李。太夫人督促再三，则踧出一简曰：服官以来，窃见外吏所为有不惬于私心者，出而不言，此心耿耿，终不安；言则书生一隅之见，未必悉当于世务，或转为太夫人忧，故宁不出也。太夫人方据几坐，索视其稿，振衣起立曰：儿能上此，即受祸，吾无憾，虽并我受祸亦无憾。儿行矣，自今以往，尔置我度外，我亦置尔度外，均无不可矣。尹君之毅然抗疏，盖由于此。士大夫间有窃惜尹君不为太夫人者，是乌知尹君，又乌知太夫人哉！

今太夫人耳目聪明，康强不衰，上受格外之恩荣，下受南陔之孝养，殆以闺壸之身，而有士君子之行，以德邀福，固其理耶。抑尝闻晋人之言曰：廉颇、蔺相如虽死，千载下奕奕有生气；曹蜍、李志虽健在，奄奄如泉下人。然则人之寿与不寿，不在年岁之修短，叔孙豹所谓三不朽也。太夫人之寿永矣，岂复与寻常寿母较年之大小哉！

余今老矣，叨列六卿，久无建白，平生恒内愧。尹君今为太夫人祝，追忆旧闻又深愧于太夫人。虽不知太夫人视余何如，或以此序据实成文，差胜于泛泛颂祝，徒以期颐富贵相期者，不弃其言，为欣然进一觞，亦未可知也。

尹壮图看过序文，面露喜悦之色，感激地说道："楚珍心事，尽知于吾师。作此序者，非吾师不复能为！"确实，这篇寿序，颇有弦外之音，与其说是盛赞尹氏母子卓然与古人争光的节操，毋宁说是对乾嘉父子虚伪面目的讽刺。而且文章不露声色，愤懑之情尽在不言之中，让人毫无瑕疵可挑。不难看出，乾隆、嘉庆二帝放着尹壮图这样忠正的大臣不用，非此而他求，那国之弊政何日可除？和珅党羽逍遥法外，依旧鱼肉百姓,官逼民反,何以求得天下太平?纪晓岚"平生恒内愧"的叹息,正是这个老于世故的"观弈道人"的清醒呐喊,是"知不可解,以不解解之"的处世哲学的反映。

五月十三日,王公大臣等来到观德殿殡所,敬谒高宗乾隆的梓宫,进香行祭。祭礼行完,读祭文官奉祭文从殿内走出,一位郎中持画龙烛前导而行,十七王子以下哭而随之,跟在后面的是一帮号哭的大臣,其中哭得最厉害的,是礼部尚书纪晓岚和侍郎多永武,两人相顾掩泣,涕泪滂沱,号啕不止。

最后,纪晓岚被人搀扶着哭出观德殿,在回高宗实录馆的路上,仍然像小孩一样啜泣着。

早在当年的二月,纪晓岚就已受命担任高宗实录馆副总裁,开始了《高宗实录》的编写,到这时已历时三个多月,浏览过高宗乾隆一生的全部历史记录。以他的学识和眼光对乾隆进行研究,当然比其他人要全面、深刻,再加上他的亲身体会,更在他心中形成了独到的评价。他的哭灵表现,在人们看来是正常而又自然的,毫无做作之感,更无哗众取宠之意。

《高宗实录》告毕进呈御览,已是一年之后的事了。纪晓岚于《高宗实录》倾注了大量心血。他的功劳,实录馆无一人可比。实录馆的公众合议,奏请嘉庆皇上,为副总裁纪昀议叙。

议叙是清朝官吏的一项管理制度,在考核官吏之后,对成绩优良者给以议叙,以示奖励。议叙的方法有两种:一是加级,一是记录。纪晓岚劳苦功高,理当议叙。

可这时有人眼红了,认为皇上对纪晓岚已经够优厚的了,于是从中作梗,向皇上奏言,说为纪晓岚议叙将有过优之嫌,众臣难以服气。

嘉庆帝看了这样的奏议,也有些犹豫起来。嘉庆心里清楚:纪昀虽是一位文臣,但他一生的功勋,满朝文臣无人可比。他几十年孜孜不倦,作出了杰出的贡献,按他的资历,早该升任大学士了。嘉庆元年十月,大学士出缺,嘉庆帝就想擢升刘墉、纪晓岚二人为大学士,但与太上皇乾隆一商量,太上皇不答应,提出由董诰担任大学士。这可能是因为刘墉、纪晓岚在内禅大礼时,贸然苦谏,硬把传国玉玺从乾隆手中"夺"了过来,惹得太上皇不愉快。嘉庆帝当时未能亲政,只好按父皇的意愿行事,在上谕中这样晓谕臣工:"大学士出缺已久,现在各尚书

内若以资格而论,则刘墉、纪昀、彭元瑞三人俱较董诰为深。但刘墉向来不肯实心任事,即如召见新选知府戴世仪,人甚庸劣,断难胜方面之任,朕询之刘墉,对以'尚可',是刘墉平日于铨政用人全未留心,率以模棱之词塞责,不胜纶扉,即此可见。纪昀读书多不明理,不过寻常供职,俱不胜大学士之位。董诰在军机处行走有年,供职懋勤殿亦属勤勉,著加恩补授大学士。刘墉、纪昀皆当扪心内省,益加愧励。"刘墉确实有点玩世不恭、虚与委蛇,但于政事方面大事绝不糊涂。嘉庆是深深信任他的,因此他在嘉庆二年补授了大学士。

纪晓岚却一下子又被冷了六年,从兵部尚书、左都御史,又到礼部尚书,转来转去仍是平调。现在实录馆奏请为他议叙,嘉庆真有些为难了。

这天,嘉庆皇帝召见礼部尚书纪晓岚,问道:"卿于实录馆总裁任内,异常勤勉,实录馆奏请议叙。然有以过优的言者,朕当如何?"纪晓岚听皇上如此问他,确实感到新鲜,心想这事我自己怎么好说可与不可呢?于是不置可否地笑笑说:"万岁容禀,臣服官数十年来,从未收受过一分一毫贿赂,也没有人敢以苞苴相送;只是亲友中有请臣为其先代题主或作墓志铭的,即使以厚礼相送,臣也不作推辞。"嘉庆帝听了哈哈大笑起来,说道:"那么,朕为先帝施恩,有何不可?"君臣二人相视而笑。

嘉庆帝遂照原议批示优叙,这件事也便再无人反对。原来这"题主"一事,里面还有些名堂。

题主又叫点主,劳苦人家是没有这回事的,只有官宦人家和富有人家才有。官宦或富有人家一般都有家庙,也叫家祠或者祠堂。祠堂内都供着祖上的牌位,这个牌位便叫"神主"。

可是神主不是愿意什么时候立就立,而必须在死者发殡的时候,由孝子(或孝孙)把当地有功名的人请上六人或八人,其中一人充任"点主官"。这个点主官必须是在当中功名最高的,不过这功名不是说官的职位高低,而是指秀才、举人、进士、翰林的科举功名。

那什么才叫"点主"呢?就是用孝子的名义在牌位上写上:"显考、某公讳某某之神主";母亲则写:"显妣、某太君之神主"。不过"神主"的"主"字不写全了,写成"王"字。在赞礼的仪式中,由点主官用殊笔在"王"字上点上一点,就成了"主"字,这便叫"点主"。

"点主"没有白"点"的。因为是替孝子推恩,所以都有很丰厚的报酬。点主官在这事上谁也不推辞,多么丰厚的馈赠也要毫不谦让地收下,这在当时已为常礼。

纪晓岚是翰林出身,自然有很多人请他点主。他跟皇上说的,就是"该收的我也不推辞"这个意思。

纪晓岚为名臣名儒,德高望重,士林望之如泰山北斗,他又好行方便,所以求他作序记碑表的很多。他晚年的作品,除了御制诗文,最多的就是铭、记、序、传、跋以及书后等一些应酬之作了。这些作品,每每出手都超然不凡,但他自己的著述却不多。他的学术见解,多见于他为人所作的书序、书跋、书后当中,成为今人学术研究的重要参考。在他死后,由他的孙子纪树馨将这些作品的大部分收入《纪文达公遗集》。

在嘉庆七年,纪晓岚这位七十九岁的老臣,再次被谕令为会试正考官。正考官共有两名,另一名正考官是左都御史熊枚,副考官是内阁学士玉麟、戴均元。

在此之前,纪晓岚曾两次充任会试正考官,一次充任武科会试正考官。每次都谨慎从事,严于防范,没有出什么差错,录取了一批又一批具有真才实学的人。因而就担任正考官来说,他已是轻车熟路,可是事有偶然,没想到这次出了麻烦。

在尚未发榜之时,外边就有人传扬前几名的名字,并能诵出前列者的诗句,有人密告嘉庆皇帝,奏请查处泄密之人。嘉庆皇帝得知此事大为恼火,立刻派人追查,一时间风雨满城,参与此科会试的大小官员,无不人人自危。纪晓岚看这事麻烦不小,不管出在哪个人头上,他作为本科的正考官,那是罪无可逭,势必要遭株连。尤其让他担心的是,这一案查下来,说不清要株连多少人。自己受累坐牢事小,让同僚们及其亲属获罪,自己更难做人。思之再三,最后拿定了主意。

这天皇上召见纪晓岚,查问科场泄密一事。纪晓岚跪下叩头,然后镇定自若地说:"皇上不必动怒,臣即是泄漏之人。"嘉庆素知纪晓岚做事恭谨,这种事断不会出在他身上,但听纪晓岚如此回答,很为吃惊,接下来问道:"老爱卿何故泄漏?"纪晓岚回答说:"圣上明鉴,这泄漏之事实出无意。为臣书生习气,见佳作必吟哦,或者记诵其句,然

不知何人所作，心中憋闷，欲访知为何人手笔，则无意中不免泄漏。皇上果真动怒，纪昀甘愿领罪。但唯求圣上开恩，不要株连他人。"经纪晓岚这一说，嘉庆的怒气竟出乎意料地全部消了下去，随即撤回追查考案的大臣，一场风波就此平息了。

所有参与会考的官员，都对纪晓岚敬佩备至。

嘉庆以后，与纪晓岚同辈的人相继故去，消息传来，他都会十分伤感。如有朋友的子女、亲人请他撰写墓志铭或者挽联，他也慨然应允。在文章中或挽联中，他总是深情地回顾与传主交往的过程，情真意切地抒发对传主的怀念之情。如嘉庆五年（1800）九月，时任云南迤南兵备道的龚敬身卒，纪晓岚非常伤感，寄挽联曰："地接西清，最难忘枢密院旁，公余茶话；思深南徼，惜空流昆明池畔，去后堂荫。"挽联追溯了与龚敬的交谊，对他的逝世表示深深的惋惜和沉痛的哀悼。

晚年的纪晓岚显得孤寂，但遇到知音，他依然会伸出友谊之手。乾隆五十九年甲寅（1794）冬天，朝鲜冬至正史、判中枢府事洪良浩以职贡来京师。纪晓岚见其"器宇深重"，知其为君子，而且，洪良浩还与自己同龄，彼此交往，一见如故。洪良浩虽为异邦之人，但对中国的传统文化非常熟悉。吟诗作赋，递相唱和，都颇为老道。他曾将其所著的诗文集赠送给纪晓岚，并向纪晓岚求序。纪晓岚对他的诗文大加赞赏。称美其诗："近体有中唐遗响；五言吐词天拔，秀削绝人，可位置马戴、刘长卿间；七言亮节微情，与《江东》《丁卯》二集亦相伯仲；七言古体，纵横似东坡，而平易近人足资劝诫又多如白傅。……酝酿深厚，葩彩自流，所谓诗人之诗异乎词人之诗矣。"（《耳溪诗集序》）对于其文，则曰："方圆自造，惟意所如。其寄托恢奇，上薄元结、孙樵、刘蜕；其清辨滔滔，出入于眉山父子。即一二小品，亦摆落公安、竟陵之窠臼，嶔崎磊落、别调独弹。其心思如水泻地，纵横曼衍；其气机如云出岫，宕漾自如。"

自此以后，纪晓岚与洪良浩结下了深厚的友情。两人虽天各一方，但彼此牵挂，千里神交，视为知己，经常互致问候。晚年时期，纪晓岚更加珍视这份友情。嘉庆元年（1796），有朝鲜使者来华，纪晓岚向其询问洪良浩近况，并写了《寄怀洪良浩》一诗。诗曰："金门握别惜匆匆，白首论交二老翁。圣代原无中外别，迂儒恰喜性情同。长吟消夜青灯下，远梦怀人紫澥东。两遇归鸿都少暇，缄情惟藉一诗筒。"嘉庆二年（1797），又作《怀朝鲜洪良浩》，其中有"森漫鲸波两地分，怀人时望海东云""鹤发剧怜皆已老，鱼书莫惜数相闻""矍铄倘能重奉使，待君同醉紫霞杯"等句，表现出了对洪良浩殷切的期盼及思念之意。此后，只要两国间有使者来访，他们彼此都会互赠礼物，互道寒温。

纪晓岚与洪良浩的这一段情谊，可谓中朝文化交流史上的一段佳话，值得浓墨重彩地写上一笔。

晚年的纪晓岚虽年纪老大，但身负重任，依然恪尽职守。特别是嘉庆以后，曾多次充当会试主考官，重掌文柄，他与青年时期一样，怀抱着为朝廷选拔人才的信念，严肃认真地对待每一场考试及每一个考生。在嘉庆七年（1802）三月的会试中，纪晓岚充会试正考官。他在《壬戌会试录序》中写道："臣等竭二十余昼夜之力，往来商榷，务核其真。虽识见梼昧，不敢自保其无讹，然黜伪崇真之念，则协力矢之，均未尝逾越尺寸也。"也正因为纪晓岚执如此严谨的态度，所以每一科都为朝廷选拔出了一大批英才。如嘉庆元年（1796）春天，纪晓岚担任会试正考官。老年重掌文柄，他十分激动。在《嘉庆元年丙辰典试春闱呈同事诸君》中写道："春城桃李正芳菲，白首重来入锁闱。老马寻途才仿佛，飞鸿留迹尚依稀。十年风气殊新旧，千古文章各是非。渺渺余怀深怅望，唱名可竟得刘辉。"在这一科中，他录取了汪德钺、赵慎畛、龚丽正、汪守和等一批优秀人才。其中尤以汪德钺最为突出。纪晓岚在《题汪锐斋蕉窗读易图》一诗中写道："会我典春闱，爱尔雄文陈。竟从万马中，得此千里骏。"其兴奋之情溢于言表。

晚年的纪晓岚官职越高，声誉日隆，对问题的认识越来越深刻，发表意见也更加直截了当。如嘉庆元年（1796），爆发了声势浩大的白莲教起义。起义规模巨大，遍布于湖北、四川、陕西、甘肃、河南五省。义军冲州撞府，给清廷以极为沉重的打击。此事在朝廷影响甚大。纪晓岚在《平定三省纪略》的跋文中追溯白莲教起义的原因时写道：

……知民气之悖悍，由于民志之怨谪；民志之怨谪，由于官役之侵蚀。封疆大吏或簋簋不饬，竟藉以增郿坞之藏；或洁已有余而诘奸不足，务持忠厚之论，使贪墨者益无所顾忌，铤而走险，此其故在官不在民也。

纪晓岚在这里深刻地分析了白莲教起义的深层次的原因。他所提出来的农民起义"其故在官不在民也"的观点实际上将起义的原因归咎于朝廷的官吏,颇有"官逼民反"的意蕴。这一观点的提出,无疑是振聋发聩的。这也说明晚年的纪晓岚思想越来越深刻,直面现实的勇气也越来越强。由此可以窥视出晚年纪晓岚不再惶恐、不再刻意将自己用一层厚厚的茧壳包裹起来,作为封建知识分子的良心开始更多地得到表露。这无疑是十分可贵的。

嘉庆八年(1803)六月十五日,纪晓岚八十寿辰。

阅微草堂装饰一新,大门上镌刻着两副对联。一是刘墉题写的:两登耆宴今犹健;五掌乌台古所无。刘墉的这副联相当出色,将纪晓岚一生的两项殊荣写了进去,称赞了他在乾隆五十年、六十年两次出席了乾隆皇帝举办的千叟宴,并从乾隆五十年到嘉庆二年,五次专任或兼任都察院左都御史的殊荣,这种经历的人,在中国历史上也只有纪晓岚一人。

另一副对联是诗人、书法家梁山舟题写的:万卷编成群玉府;一生修到大罗天。颂扬纪晓岚完成了总纂《四库全书》的千秋伟业,成为一代文宗。此联与刘墉所题一联互为补充,相映生辉。

阅微草堂的门楼,坐落在草堂院落的东北角,向南开门,正临大街。由门楼进入,径直向里,是一条通向后院的长廊。进门向左,就是阅微草堂的前院。前院有一座假山,山下巧设一洞,名为"泄云洞",可通向长廊。洞前一池花圃,花圃周围,梅、兰、竹、菊相间而生。假山西面有一泓清水,叫作"凝碧池",凝碧池的北面,就是纪晓岚的三间书房,自西而东,依次名为"绿意轩""瑞杏轩""静东轩"。在这三轩的墙壁上,爬满了葱绿的藤萝。穿过瑞杏轩,是草堂的中院,北面是五楹瓦房,中间是客厅,西侧为寝室。房前有两株海棠,长得茁壮茂盛。穿过中间客厅,就到了草堂的后院,东侧有一株古朴的槐树,西侧有一株高大的梧桐,因此树下的房屋,又分别叫作"槐安国"和"孤桐馆"。从后院和中院,都可入东面的长廊,直抵草堂大门口,长廊内张挂着当时名人的书画,寿辰之前,纪晓岚将自己题咏宅邸的几首诗,请书法名家写成诗幅,装裱后张挂在廊内和室内。

六月十五日这天,是纪晓岚的寿辰之日。一大早,嘉庆皇帝特命上驷院卿常贵到纪晓岚府上颁赐珍品,祝贺寿诞。纪晓岚感激圣恩,复折恭谢。

纪晓岚的亲朋好友、门生属吏纷纷前来祝寿。阅微草堂门前顷刻间变得门庭若市热闹起来。一时间，虎坊桥四面的大街上，车水马龙，挤得水泄不通。

刘墉、彭元瑞、朱珪、庆桂、董浩、刘权之、王昶、永庆、保宁、沈初等部院大臣们，皆在退朝之后，乘轿来到这里贺寿。

阅微草堂内，高官显宦，文人墨客，至于赶来贺寿的三、四品官员则不下几百人。不过这些人大多数是送完贺礼就回去，身份低微的官员还参加不了午间的盛宴，只有关系异常密切的才留得下来。否则，这阅微草堂怎么会容得下呢？

客人们上完贺礼及寿序等，一般要在瑞杏轩、绿意轩、静东轩热闹一下，品尝一些瓜果茶点后，便一一告辞；亲朋好友和部院大臣人等，则被让到中院的客厅内治宴款待。

上午的来客中，宋玉树是上年的新科进士，住在虎坊桥北面的樱桃街上，离阅微草堂只隔几条小巷，不用乘车坐轿，就算步行一刻也就到了。但宋玉树走出家门时，街上已经挤满了大车小轿，费了好大劲儿，才挤到了阅微草堂。他的长褂早已被汗水湿透了。

宋玉树进了瑞杏轩，纪晓岚在瑞杏轩接待宾客。见里面已坐了二三十人，个个谈笑风生、喜在眉梢。便当着大家的面，拜见座师，献上贺礼。纪晓岚神采奕奕，满脸含笑地热情接待，他看宋玉树全身汗流浃背的，衣服都浸湿了，便问道："你看浑身都湿透了，快坐下歇息，坐下歇息！尊府建在何处，一定很远吧？"

"惭愧，惭愧！其实学生没走多远的路。寒舍即在恩师这阅微草堂的后面，只有一箭之地！"宋玉树一边说着，一边摇晃着手中的扇子。

"你的宅邸在这后面？为何从来没听说过。"纪晓岚用惊讶地语调问道。

"学生不才进京不足一年，尚未置办馆舍，只是在樱桃街小住一程。"

"噢？小住樱桃街！"纪晓岚吃惊地重复一句，眼睛狡黠地一睐，又笑道：

"酷暑盛夏，天气炎热。有劳足下赶来为我贺寿，多谢多谢！且你这一来，为老朽解除了心中的块垒。"

宋玉树大惑不解,问道:"学生愚昧还请明示?"

"是这么回事,"纪晓岚收住笑容,正经说道:"我这里有个对句儿,许久以来就是找不出与其相配的下联。你这一来,启迪灵机,我突然想出来了。用你来对正巧合适。"

"用我来对?恭请老宗师赐教。"宋玉树更加莫名其妙。

纪晓岚捋一捋稀疏的短须,一本正经地说:"对呀!非你莫属。这个对句是'宋玉树小住樱桃街'。"

当时,罗锅子刘墉拄着手杖乐呵呵地来到前面的瑞杏轩看热闹,正赶上纪晓岚与宋玉树说话,听了这后面一句,大笑着说道:

"不雅不雅。堂堂的文坛宗主纪大人,竟只会出此浅俗之语?"

刘墉知道纪晓岚是别有用心,又要开玩笑了,便笑眯眯地找位置坐下来,等候纪晓岚下面的话。

纪晓岚并不理睬刘墉所言,自己只顾和宋玉树说话。

宋玉树听完纪晓岚的话,心想这位誉满海内的老宗师,竟然只能吟出这种登不得大雅之堂的俚俗不经的东西,实在是让人失望。但他在纪晓岚面前,又不好说什么,便说:"那么,请恩师赐教上联。"

纪晓岚仍然平静地说:"这个上联吗,是'潘金莲大闹葡萄架'。"这一句刚说完,大家笑了起来。

"轰"的一声,在场的几十人都乐得前俯后仰,有的人竟将茶喷到了别人身上,有的人差点掀翻了桌子。一时间瑞杏轩内像开了锅似的沸腾起来。

原来纪晓岚这句话,引用的是明代万历间刊行的、兰陵笑笑生著的《金瓶梅词话》中的故事。这段故事讲述的是潘金莲与西门庆在葡萄架下淫乐之事。在乾嘉年间,《金瓶梅词话》虽被斥为淫书,但这些文人学士们其实都偷偷地看过这样的书,只是怕失身份,平时都避之不谈而已。

今天在为文坛泰斗、礼部尚书纪晓岚庆寿这样庄重喜庆而又文人会聚的正式场合,由纪尚书本人说出来,大家顿觉忍俊不禁。

从早晨到傍晚,祝贺寿辰的人络绎不绝,献涛献词献序,多是盛赞纪晓岚宏览博学,贯古通今,集学人之大成,成一代之宗师。唯独汪德钺的寿序与众不同,别开生面。

汪德钺,字锐斋,安徽怀宁人,为嘉庆元年会试时纪晓岚录取的进士,这时已任礼部主事,是礼部尚书纪晓岚的属吏,对纪晓岚也甚为了解,他曾就属吏见长官不长揖而半跪的问题,上书晓岚请求改之如初,在清初,司员见堂官都作长揖,但到乾隆末年,改为屈膝行半跪礼。汪德钺上书力陈其非,纪晓岚嘉许其议,复改半跪为长揖。今天,汪德钺就在这祝寿席上,当众朗读了他写的《纪晓岚八十序》,听他读道:

"维嘉庆八年六月中旬十五日,吾师举八十觞,德钺于丙辰为门下士,已随诸同年合辞致祝矣。子礼部为属吏,又随诸同僚同声颂祷矣。顾吾师以名才掩德,自嘉庆八年以来窃窥见其神明阴相者,外人或弗克尽知,爰独为以献。

"德钺尝谓致寿之道有四:俭则寿,《老子》'知足之足则常足'是也。勤则寿,周公'无逸'之训也。静则寿,孔子'乐山'之旨也。慈则寿,《小雅》'乐之君子,民之父母,即继以遐不黄耇'是也。四者之中,慈最要。天地之大德,曰生与天地合德者,天必保佑爱惜之,俾享遐龄,岂有他哉!亦使之长代被生物云尔。

"吾师居台宪之冠,据宗伯、司马之尊,登其堂萧然如寒素,察其舆马、衣服、饮食备数而已,其俭也若此。精力过人,巨细毕究,自束发以逮服官,书卷亦不愿离身,簿书亦钩考维严,其勤也又若此。性耽闃寂,不乐与名流相计较,公退后,闭门独坐,修身养性,冲然自得,其静也又若此。乃其宅心之厚,行事之恕,更仆数之不能终,姑举梗概言之。其好恶也,褒秋毫之善,贬纤芥之恶,迫于董茂安之性也。岂知改过自新者,记人之善,忘人之过,则又住定祖之宽大仁厚矣。其惓惓于宗族故旧也,即囊无赢财,亦与之同其饥寒而后慊心,是又许文体之纪纲同类矣。旧例,挈妻子谪遣于乌鲁木齐者,五年后释为民;单丁则终身戍役。乾隆庚寅夏,积多至六千人,颇相扇动。吾师具奏稿,请将军巴彦弼上之,六千人同日脱籍。著为令,与挈眷者同限。是非隽于二曼倩之哀矜与?乾隆壬子,畿辅大饥,京师发粟赈济,饥民皆闻风先期入城,时距秋冬之交甚远,吾师奏请截留官粮一万石,立十厂煮赈。得谕旨,六月开厂。赈期向无在夏月者,此特恩也。后复增五厂,至癸丑四月始停止,所全活者无数众民甚为感激。是非范希文、陈希元之子谅与?平生讲学,不空持心性之谈,人以为异于宋儒,不知其牖民于善,访民于淫,拳拳救世报国之心,实导源洙泗。即偶为笔记也,以为中人以下,不中可与庄语,于是以卮言之出,代木铎之声。乍视之,若言奇

言怪；细核之，无非寓惩劝以发人深省者。柳子厚云：'即末以操其本，可十七八'，此与濂洛关闽拯人心沉溺者，意旨不若会符节与？而世或仅以刘于政、曾子固之编摩拟之，又或以庾子山、苏子瞻之文藻拟之，所谓见其表不见其里。若较诸内蕴之闳深，此犹糠秕尔。且吾师文章与众不同，气势非凡，足以传世，即山陬海澨，儿童走卒皆闻之，又与致寿之源毫无比附，德钺以略而不道也。"

大家听汪德钺的寿序标新立异不同凡响，从另一个方面赞颂纪晓岚的德行和品质，说出了别人未曾说过的话。

纪晓岚的寿辰刚刚过完，嘉庆帝谕命纪晓岚署兵部尚书并教习庶吉士，礼部尚书由永庆接任。但时间不长，就发生了孝淑皇后奉安陈奏失词一案。

此事的来龙去脉是这样的：在七月，易县太平峪地宫竣工，孝淑皇后将在十月由静安庄移至地宫安葬。办事王大臣具奏议折内有"掩闭石门，大葬礼成"之语。嘉庆帝看后龙颜大怒，认为王大臣、礼部堂官于会奏折内粗心疏忽、措辞不经。最终，郡王绵亿被革去正红旗蒙古都统、管理上驷事务等职务，仍罚郡王俸六年，十二年扣完；保宁、德英、札郎阿、莫瞻箓、岳起、关槐、宋其沉等，都受以相应的惩处。

对于纪晓岚，嘉庆还算颇为谅解，说："纪晓岚久任礼部，向来于典礼事宜尚为谙习，而今年势已高，于各处事务不能兼顾。纪晓岚无庸署理兵部尚书，并革去文渊阁直阁事、教习庶吉士，仍带革职留任，八年无过，方准开复。"

于是纪晓岚在执掌了一个月的兵符之后，又供职于礼部尚书。

此年九月，彭元瑞卒，赐谥"文勤"。纪晓岚为好友送去一副挽联：

包罗海岳之才，久矣韩文能立制。
绘画乾坤之手，惜哉尧典未终篇。

十月，孝淑皇后奉安礼成，赦免了以前因为奉安事宜奏折"措词不经"而对王大臣的处分，纪晓岚自然也在其中。

纪晓岚恢复礼部尚书职，接到一件山东巡抚铁保的增设左丘明世袭五经博士的奏请。铁保根据《广韵》引《风俗演义》为证，咨部请立山东肥城丘氏为五经博士。纪晓岚马上召集礼部属吏议奏，依据《史记》《经义考》《风俗演义》《元和姓纂》《广韵》等，考证山东肥城丘氏未必出于左氏，并且考证了丘氏家谱所录的前代诗文，全不见于古书，文不贴切、诗不谐律，如出一手，便奏请皇帝，嘉庆皇帝准了撤销博士一职。

纪晓岚还亲自书写了一道奏折，奏请"妇女强奸不从，捆绑受污不屈而被杀者，与未被污者应加以区分，量与旌表"，议奏报可。

到了第二年，山东巡抚铁保，又申辩上年疏请，并另请设汉儒郑玄世袭五经博士。纪晓岚看后，对铁保怒斥一顿，召集礼部议奏，并就原疏两件及丘氏《左传精舍志》原序，考证出十处纰缪，再次驳回了铁保的请奏。

这时，纪晓岚的次子汝传擢升为滇南知州，孙子纪树馨升任刑部陕西司郎中，其他子孙也皆受荫恩。纪晓岚具折恭谢。这时的纪晓岚，已经有十一个孙子，即汝佶的六个儿子：树庭、树乔、树荫、树蘷、树蕃和树蔚；汝传的五个儿子：树馨、树盼、树畸、树香、树馥。真可谓"枝繁叶茂"。

转眼间到了秋天，纪晓岚感觉体力逐渐衰退。只因受风寒，在床上躺了三天。这是他自乌鲁木齐回京，几十年来第一次卧床不起，让在京的儿孙们吃惊一场，都围拢到他的床前嘘寒问暖。

午睡前，纪晓岚做了一梦，梦见行路时遭李戴拦截不得前行。醒为回忆起当年李戴死前在狱中喊过的话："到了阴曹地府也要告你三状。"不由得心中一惊，莫非是自己到了回寿的时候了？于是将三子汝似、四子汝亿和几个孙子唤到床边，对他们说道：

"我以三十一岁入翰林，至今已五十春秋。领纂四库书时，又得以遍读世间之书，人间的酸甜苦辣艰辛险阻，可谓全然皆知。有几句话，你们要牢记在心上。"

话说到这里，纪晓岚然后慢慢吟道：

　　贫莫断书香，
　　富莫入盐行；
　　贱莫做奴役，
　　贵莫贪贿赃。

纪晓岚停一停又问道:"你们可曾铭记在心?"

儿孙们一一含泪应诺。

嘉庆帝得到纪晓岚患病的消息,命御医到纪府调治。这次只是虚惊一场,几天之后,纪晓岚就又能上朝了,不过这时要坐着轿子才能到紫禁城。纪晓岚的挚友刘墉,却在此时不幸归西,享年八十五岁,赐谥"文清"。

纪晓岚在刘墉去世的哀思中过了一年,迎来了一件大喜事:正月十六日,嘉庆皇帝降下谕旨,命以礼部尚书、协办大学士,加太子少保衔,管国子监事。

二月十日,纪晓岚再次病倒在床上。朱珪来看他时,他拉着朱珪的手说:"惊扰仁兄,且莫为我担心,还是老毛病,口中涌痰,朱公放心便是!"

二月十四日,纪晓岚昏睡一天精神不振,气息微弱。掌灯之后,纪晓岚醒来了,精神又异常振奋,两眼放射出明亮的光芒。他对一直在他身边照护他的汝似、汝亿说:

"生老病死,乃人世之常理。为父已八十有二,即使毕命归天,也称得上是寿尽天年了,你们不要过于悲痛。丧葬之事,务求节俭。上次卧病,我将要说的话说了。你们要记住,说给我的子孙后代,我也就放心了。"

汝亿的媳妇看老公爹醒来,赶忙煮来了莲子羹。汝亿接在手中,倚在老父床边,用羹匙一匙一匙地喂给他喝。只喝了小半碗,他就摇头示意不喝了,咳嗽几声清清嗓子,用低微的声音慢慢地说道:

"我想了一个对子,你们对对吧!"

不等儿子回答,他已吟出:

"莲(怜)子心中苦。"

说完便靠在床边闭上了眼睛。汝似、汝亿看父亲气息奄奄面色苍白,哪有心思去对父亲的对联?但又不好违背,就站在一旁不说话,佯作思索。

纪晓岚微微睁开眼睛,这次说话的声音是越来越低:

"何不……对……对,'梨(离)儿……腹……内……酸'。"

说罢,闭上了双目,与世长辞了。一代文宗、风流才子结束了他光彩照人辉煌壮观的一生。

董浩、刘权之等人,都知晓纪晓岚生前的夙愿,便合致一副挽词:

浮沉宦海同鸥鸟;
生死书丛似蠹鱼。

嘉庆皇帝得知此惊天噩耗,立即特派散秩大臣德通带领侍卫十员前来祭奠,赏赐陀罗经被一条,白银五百两治丧,赐谥"文达"。

德通宣读了嘉庆皇帝赐给纪晓岚的谕祭文:

三台位亚,轸夙愿于元臣;六艺深通,眷方闻于耆宿。藉大廷之日赞,新恩方贲黄麻;怆夜壑之风凄,遗疏遽闻绿野,悯兹笃棐荐以馨香。尔原任太子少保、协办大学士、礼部尚书纪晓岚,禀性渊通,立身醇谨。居藩国传经之地,业富缣缃;入崇台市骏之场,群空骊骆。銮城载笔,是云克称其官,黼宸书名,聿见能殚厥职。才程山石,登唐魏之民风;学董闽中,衍游杨这道脉。备以臣而格跻常调,转储隶而品擢清斑。惟铜龙资审谕之才,斯竹马寝承宣之伞。雁衔绥带,宠贲仪章;凤刷羽毛,荣留钦瞻。迨获谴而鄣乘玉塞,复承恩而诏待金门。嘉其综括之多能,畀以校雠之专责。尔则潜心考索,锐意钩稽。能探濠上之五车,不数河东之三箧。银根勘误,玉格搜奇。大典编成,削稿溯昭阳之岁;全书表进,胪函志元玞之年。集排总目以精详,簿续中经而赅洽。佐天文之成化,千万祀无此巨观;颂圣主之德贤,一二臣有兹盛遇。以此恭勤之苦茂实,宜邀优渥之殊旋。由端尹而进直鸾台,自贰卿而总司写符。咸生自简,西垣夸五入之荣;度著青仪,南省懋再迁之绩。上明光而曳履,入建礼以鸣驺。桃李真属之春官,甲兵亦修夫夏职。金绳衍策,戴襄《尧典》之粤稽;玉检披华,重纪《周官》之董正。经猷益裕,资望兼隆。属以调鼎需贤,卜甌进秩;方赖元勋之平路,用资朝列之楷模,何拜命之甫旬,竟颓龄之莫驻。禩之经被,赙以帑金,爰思绛服之庸,为启雕筵之奠。呜呼!老成频谢,空期寿考之无遗;文献犹存,伫见德言之不朽。式颁纶绰用慰幽灵!

纪晓岚的后事操办得非常简朴。随葬的东西,只有一串朝珠,共三十八颗,大如婆枣;一顶玉制帽盔和他的印盒、玉蝉等少许物件。纪晓

岚的墓地安置在老家崔尔庄，嘉庆皇帝曾御赐碑文。

天地悠悠，岁月悠悠，往事悠悠，一代人杰，曲终人去，终于落叶归根，终于走完了他的人生旅途。但是，他的英名永远留在了后人的心中，至今在民间还流传有许多他锄恶扶弱、襄助百姓的事迹，这里不妨撷取几例：

一、一副春联给铁匠抬来了媳妇

纪晓岚一生同情弱者和穷者，不遗余力地帮助他们，赢得了百姓的口碑。他的帮助方法也是不一样的。因为强弱对立，帮助弱者，必要打破平衡，引起强者嫉恨。纪晓岚本着尽其所能、不引火烧身的原则帮助弱者。

有一则广为流传的故事讲纪晓岚为穷苦人家写春联的事情：

春节来临，人们习惯贴春联，一些地位和身份较高的人，打发人到纪府来，求纪晓岚捉刀，撰成新桃，以换旧符。一开始纪晓岚欣然答应，立刻挥笔而就，将写好的春联交来人带回，不料求写春联的太多，竟有人拿求到的春联炫耀乡里，纪晓岚知道了，非常生气，一气之下，不再答应任何人的请求。

这天纪晓岚由书童陪着路经村南头张铁匠的门口，看铁匠的三间低矮的土坯房，周围没有院墙，孤零零地矗立在萧瑟的寒风里，实在显得冷落。两扇黑乎乎的木板门，还没贴上春联，没有一点儿过年节的气氛。张铁匠是个憨直的人，勤恳耐劳，很受村里人的称赞，由于他家很穷，三十多岁了，还是光棍一根，他到纪府帮工时，很卖力气。每次见到纪晓岚，都是毕恭毕敬地喊着"纪爷"。

纪晓岚心中生出一股怜悯之情，让书童去敲张铁匠的房门。

张铁匠戴一顶狗皮帽子，穿一件补丁、摞补丁仍然露着些棉絮的破棉袄，两手插在袖筒里，从乌洞洞的小门里，瑟缩着钻了出来。一看眼前站着纪晓岚，一时成了丈二的和尚摸不着头脑，赶忙施礼，道："请问解元爷有什么吩咐？"

纪晓岚说："家家都过新年，你怎么连春联都没贴？"

张铁匠憨厚地咧嘴笑笑，不好意思地说："人家过年，一家大小热热闹闹的。我一条光棍，这年有啥好过的。"

"你跟我到府上来一趟,我给你写副春联,你拿回来贴上。好日子全在人过,你干活不惜力,会有好日子过的!"纪晓岚说。

"那敢情好,那敢情好!"张铁匠咧嘴笑着。

纪晓岚回到书房,挥笔写成一副对联,交给了张铁匠,铁匠拿着对联,上上下下看不够,激动地说:"谢谢解元爷。"

"不必不必,你回去贴上吧!"纪晓岚吩咐。

铁匠转身要走,却犹犹豫豫地回过头来,结结巴巴地说:"解……解元爷,我……小的……小的不识字呀!"

从铁匠那认真的样子看,纪晓岚以为铁匠识字,看懂了其中的意思,没想到铁匠原是个目不识丁的庄稼汉,自己笑了起来,随即说道:"无妨,我念给你听听。"

纪晓岚用指头指着春联上的字,一字一顿地念道:

"三间东倒西歪屋,一个千锤百炼人。"

张铁匠眨巴眨巴眼睛,嘴唇蠕动几下,好像是体会出其中的意味,嘴一咧,憨厚地笑了:"敢情解元爷写的这词,是专写俺的,正合俺的意,感谢解元爷,这个词俺喜欢。"

张铁匠回到家里,立刻将春联贴在了门上,过往行人看过,莫不哑然失笑,过节期间,这里时兴拜年,外村的客人们,很快将这件事传得很远,周围几十里的村庄,几乎无人不晓,张铁匠贴了纪晓岚送的对联,好像年轻了十岁,站在乡亲们面前,大家也对他另眼相看,刚出正月,居然有人来给铁匠提亲。时隔不久,铁匠就把媳妇娶了回来。一时传为美谈,都说是这副春联给铁匠抬来了媳妇。

可是,谁也没想到,纪晓岚那天写的另一副春联,居然惹出了一场官司,差点儿招致灾祸,给亲友们带来一场虚惊。

那天,张铁匠刚刚离去,纪家的仆人兰桂进来通报,说他的表哥刘铜,想求解元爷的一副春联,这会儿,正在门房里等候。

刘铜家的日子也很穷,兄弟三人,一对半光棍,经常挨人家的白眼。这次刘铜来找兰桂,求纪晓岚写副春联,心想准能壮起门面,少受一些窝囊气,这贴上纪解元的对联,也是刘家家史上的光彩事儿,可以辈辈传下去。

纪晓岚认识刘铜,少年时曾在一起玩耍过,年龄大些了,由于家庭地位悬殊,纪晓岚作为贵公子,又要读书进取,就很少再与刘铜等幼时

的好友在一起，尤其是结婚以后，奔赴宦途更是辛劳忙碌，更没有时间接近那些幼时的童伴。

今天，刘铜来的正是时候，纪晓岚题写春联的兴致正浓，欣然答应，并让兰桂领刘铜进了书房。问问刘铜一家人的生计情形，想出一副对联来，未曾提笔，嘴角上已露出笑意，挥笔写出上联：

"惊天动地门户。"

将上联念出口来，兰桂、刘铜都吃一惊：这口气太大了，刘家贫苦小户，哪儿担得起这样夸奖？刘铜的脸红得像猪肝，想说什么，又不敢开口，站在一旁发起呆来。

纪晓岚看得清楚，也不去搭理，伏案写成下联，又为他二人念道：

"数一数二人家！"

这下可好，刘铜听后脖子都红了，怯生生地说道："解元爷，过……过奖啊，这样的好词语，小的……小的担不起呀！"

"担得起，担得起，只有你家才配贴这副门联。"说着话，纪晓岚手不停挥，已又写出了横批，四个字是："先斩后奏。"这回纪晓岚不念了，只是对刘铜说道，

"你回家贴上这副门联，你们刘家，就会在十里八乡出名的，以后的日子，就红火起来啦！"刘铜受宠若惊，连连叩谢，回到家中，三条光棍一齐动手，小心翼翼地贴好，那股子高兴劲，真胜似兄弟一同娶上了媳妇。

第二天是大年初一，按当地的风俗是起五更拜年，辈分小的要去辈分大的亲族人家给长辈叩头贺年。天还没亮，人们经过刘铜家门，看这光棍之家破天荒地第一次在门口吊上了大大的红灯笼，灯火映照着鲜红的春联。借着灯光看上面的字句，人们无不目瞪口呆，几乎所有的乡邻都弄不明白这对联出自谁手，是何意图？

天亮后，刘铜家门口围了许多人，大家听说春联是纪解元写的，谁也不敢妄加评论，只好连声称赞。几天过去，这副联的事，同张铁匠那副一样，传遍了周围的大小村庄，还有不少人竟然不信，特意跑到崔尔庄来，看这副门联。

话传到景城的姜家，姜家起初也是不相信纪晓岚会写这样的春联，直到派人看了墨迹，果然是纪晓岚的亲笔，姜家这时真是喜出望外，要投状控告纪晓岚题联犯上，请官府将纪家满门抄斩。原来事出有因。景

城的姜姓，也是这方的大姓之一，因一处田产与纪家结下了世代冤仇。在景城的北面，有纪家的祖坟。坟地旁边，有一条隆起的坡冈，风水先生说，这便是纪家的龙脉。正好这条坡冈，是那姜家的田地，姜姓请风水先生看后，按着风水先生的计策，在坡冈上建起了一座真武庙，要压断纪氏的龙脉。明末战乱，献县遭受兵燹，纪家一族就被杀了几十口，纪姓认为灾难的源起，就是姜家盖了真武庙，恨不得与之拼杀一场，把姜家杀个干净，后见姜家也被杀多口，家族败落，便按住了火气，没有发生械斗。真武庙年久失修，后来倒塌了，纪家也渐渐兴旺起来，出高价购买了姜家看好的这块地，姜家怀恨，姜、纪两家反目成仇，便不断寻机报复。姜姓见这次有机可乘，便将状子投到县衙，知县见这事非同小可，不敢轻易决断，连夜呈报知府。知府见案子发生在纪晓岚身上，同时纪家几代为官，事关重大，不敢造次行事，便传纪晓岚到府衙内堂，审问案中情由。

纪晓岚到了堂上，镇定自若，侃侃而谈，向知府回道："老公祖明察，学生所题门联，本无亵渎之意。姜姓与纪姓有世仇，因而姜家拨弄是非，诬陷学生，祈请老师祖明断。"

"既无亵渎之意，为何这般出言耸听？"知府大人问道。

"老公祖有所不知，学生题联说的是刘氏兄弟三人的职业。"纪晓岚说。

"这就新鲜了，刘氏三条汉子，都是乡里的小民，哪像你联中所写，有如此大的权势？"知府问道。

"刘氏兄弟三人，长曰刘铜，次曰刘铁，再次曰刘锡，刘铜是个卖爆竹的，爆竹声响剧烈，说是'惊天动地门户'不谓不可。老二刘铁，常到集上当经纪，专管籴米粜粮过斗一事，说他数一数二人家，也未尝不妥，刘锡最小，是个卖烧鸡的，买来活鸡，先杀掉。再做其他活计，小生说他'先斩后奏（做）'，也不过分啊。"纪晓岚说。知府听完，忍不住在堂上暗笑，心中想到你纪晓岚真是狡猾透顶，至于如何处理此事，也不敢妄作主张，只好往上推，但却说道："大胆纪晓岚，舞文弄墨，口出狂言，授人以柄。如今此案已奏闻圣上，究竟如何发落，要听从圣裁，你且委屈几日，听候发落。"

案情果真奏到了朝廷，乾隆皇帝还算是位圣明的君主，看过官府的奏状和刘统勋代纪晓岚呈送的陈词，不由地笑起来，认为这文字游戏，

开得大了些,加上刘统勋的恳请,不但没有发怒,反倒很喜欢这副巧联,于是传下旨意,赦免纪晓岚罪过。一场虚惊到此而止。

经过这场风波,纪晓岚虽然谨慎了许多,但遇到穷人需要帮忙的时候,他总是毫不犹豫地给予支持,所以纪晓岚在穷人心目中始终是个胸怀宽广,不势利的好官。

二、顾恤苍生,赈济灾民

纪晓岚在家乡有一个诗友叫张琏,两个人在一起的时候没少指点江山,激扬文字,精神甚为默契。纪晓岚肚子里的鬼点子多他最清楚。沧州知州张墨谷与张琏有知遇之恩,二人关系非常好,来往得很密切。

几天前,张琏进城拜望知州,看他唉声叹气,才知道张墨谷正为粮价大涨之事犯愁。二人喝着小酒,只听知州张墨谷说道:

"最近几年沧州及附近地区土地干旱,庄稼收成很少,有的地方甚至颗粒无收。入冬以来,米价暴涨。冻饿而死的贫苦百姓不计其数,我这个父母官真是无颜见父老啊!"

张琏听完他的叙述感到不寒而栗,虽然官府在各县设粥厂施粥、仍不能普济灾民。张琏很想帮助自己的朋友,可是一时却找不到什么好的办法。一个偶然的机会,张琏知道一个人,他家里有无数粮食。

原来,沧州城里有一位姓戴的富商,囤积了大量的粮食。可能是从小挨饿饿怕了,这人有一个怪毛病,不喜欢积存金银财物,唯独喜欢积存粮食,他什么生意都做,获利之后全部变换成粮食入仓。人们给他起外号叫他"戴大肚子"。沧州大旱,缺粮严重,官绅皆出面作动员工作,让戴大肚子卖出一些存粮,救活家乡饥民。但是即使来人磨破嘴皮子,戴大肚子都是一口回绝,坚决不肯卖粮食。当地的米价之贵,前所未有,作为一州之守的张墨谷,干着急没办法。

张琏得知此事,自然想起了献县的纪晓岚。纪家是河间府的显户,又值他的好友纪晓岚在家居丧,或许找到他,能有解决的办法。于是,张琏离开沧州,来到崔尔庄纪晓岚府上。

得知张琏来意,纪晓岚当即告诉张琏,纪家虽然家资殷实,但没有积存多少粮食。如需纪家放贷,可以压低一些利息,但百姓即使有了钱,无处买粮也无济于事,倒是可以随张琏到沧州去一趟,摸摸戴大肚子的底细，然后再做计较。纪晓岚来到沧州，拜见了张知州，但谈话之中，除了诗文以外，其他一句话也不肯多讲。每天晓宿夜出，踽踽独行，张知州和张琏都感到莫明其妙。

四五天过去，纪晓岚辞行，向张知州等人说道："米价之事，不才束手无策，实在惭愧。但各位大人也不必过分焦虑，几日之后，市面上可能有粮米出售。再会，再会！"说罢揖手一礼，就像个怪物一样扬长而去。

戴大肚子从二十多岁开始经商，到现在已有三十多年，这时已存了十几万石米谷，是方圆几百里内的粮商之首。就在纪晓岚离开沧州的第二天早晨，戴大肚子家来了一名绝色的美女，花容月貌，体态娇羞。戴大肚子见了这个姑娘，立刻心旌摇荡，魂不守舍，满脸堆笑地将姑娘请进客房。

这位美貌的姑娘，在沧州城几乎无人不晓，是最有才名的艺妓，琴棋书画，样样出众。尤其是琵琶弹唱，闻名遐迩，再加上她仅仅十八九岁的年纪，色艺双绝，让全城的男人为之倾倒，是沧州城第一号的青楼女子，人们给了她个雅号，叫作"玉面狐"。

量玉面狐小口一开，宛如丝竹绕梁，戴大肚子听着浑身酥软，几声寒暄过后，玉面狐说道：

"贱妾今日到得府上，是想把终身托付给你，不知你肯不肯收留我。"

戴大肚子大喜过望，立刻眉飞色舞地说："姑娘肯跟我，不敢想，不敢想，我这样一个老头子，比不得那些白面公子，姑娘不是开玩笑吧？"

玉面狐说道："你不要净说些浪话！你肚里的花花肠子，我还不知道？你不想把我含在嘴里？人家和你说正经的，你却装狗熊，再这样，我就走了，永远不再理你！"

"姑娘，别生气，别生气嘛。有话好说，有话好说。"戴大肚子嘻皮笑脸地，在玉面狐身上拧了一把。玉面狐伸出纤纤玉手，捏住戴大肚子的耳朵，娇声说："你知道，我是鸨母的摇钱树，她是不肯轻易让我从良的。前天我们闹翻啦，她许我半月以内，以千金自赎。我也厌倦风尘，愿找一位你这样的忠厚长者，寄托终身。整个沧州城，只有你最称我的意，许多人恨不得一口吃了我，我就是不答应！你如果肯拿出千两

第十一章 终老宦途，身后美名扬

银子，我就终身为你执巾栉，荐枕席，还会帮你疏通渠道，结交官宦，打通经营关节。肯与不肯，你给我个痛快话。"

戴大肚子有些犹豫："哎呀，这身价太高啦，期限也太紧了。"

"这我都知道，价码低的，你还不肯要呢。我也听说你不存金银，手头拿不出那么多金子，不过你抓几千贯铜钱，也不难办到，抵得银子的价，老鸨也会答应的。你就快点想个法子吧。昨个有位木材商人，听说了这事，执意要把我买过去，已经回天津家中，取金银去了，估计他返回来，也得个十天八天的。我心里对你最中意，也不愿跟他去那天津。你能在几天内，兑换些银两，把这事先定下来，过后我会帮你发大财的，我的神通之广，不用多讲，你也知道，你快点拿主意吧，我早跟你说过，你是个有福分的人。"玉面狐偎着戴大肚子，撒起娇来，把戴大肚子引逗得浑身发痒。

戴大肚子对玉面狐青睐已久，曾几次到馆中去，玉面狐推说没有空闲，把他冷在一边。这回来了绝好的机会，戴大肚子不肯放过，犹豫再三，终于开仓售米，要卖出玉面狐的身价，把玉面狐买下来。

谁知米仓一开，就再也闭不上了。百里之内的百姓，云集沧州城内外，都来这里求米买粮。人山人海，昼夜不减，如若闭仓不售，饥饿的民众就会动起手来，将他的粮食一抢而光，戴大肚子知道，官府的人几次说情，他都不依，这回他自己有事，衙门哪里还肯为他说话，只好接着卖下去。戴大肚子像热锅上的蚂蚁，一刻也站不住脚，但又没有一点办法，"哎呀呀"地苦叫，直到把十几万石谷米售光。

粮仓卖空，戴大肚子让人拉着钱来到妓馆，玉面狐殷勤备至，笑不拢口，连连道谢，只是最后说："鸨母教养我这么久，我哪里舍得立刻离开。那天是赌气，才有了赎身的念头。如今鸨母悔过，恳切地挽留我，我不能忘恩负义呀！为我赎身的事儿，过一年半载再说吧，我早晚是你的，这次你先把银两拉回去吧。"戴大肚子气得暴跳如雷，玉面狐"咯咯"地笑个不停。

戴大肚子明白，这遭是上当了，但一无媒证，二无聘礼，也对她无可奈何，只好悻悻地回去。事后不久，张琏又来到了崔尔庄。这次是受了张知州的委托，携带着礼起来答谢纪晓岚。纪晓岚哪里肯接受，说是无功受禄，心中不安，张琏说道："纪老五，你别跟我装傻了，你的鬼点子、我全晓得了，在玉面狐那里，有一方丝帕，上面明明是你题的字,你还掩盖什么?"纪晓岚还是不肯承认什么玉面狐,但送来的礼物,也全收下了。张琏也不再追问什么,高兴地回到沧州,向张知州复命去了。

一年的春天,天空正下着一场山雨,细雨濛濛、飘飘洒洒。正逢纪晓岚应召入宫,皇上见他脸上浇了许多雨水,便问道:"你为何进得殿来,还不把脸上雨水擦掉,你可知罪?"

纪晓岚一听,有些害怕,刚才听人家宣召很急,便赶紧进宫面君,匆忙间忘了擦去雨水,此刻皇上降罪下来,如何回答是好?他急中生智,向皇上回道:

"为臣面上雨水已经擦去,圣上所见,不是雨水,却是泪水呀,擦不胜擦,恭请圣上恕罪。"

皇上听了心中一喜,心想纪晓岚又在跟我耍花招,我倒要查问一番,看他如何答对,便问道:

"爱卿,为何落泪?"

纪晓岚见皇上有意追问,便急忙答道:"微臣恭请圣上明鉴——"说着纪晓岚停下话来,偷眼看看皇上脸色。

皇上问道:"明鉴什么?还不快讲!"

"微臣不敢讲,怕圣上降罪下来,吃罪不起。"

"朕赦你无罪,快快讲来!""谢皇上,叩请圣上明察。为臣家乡河间府本为九河交汇之所,地势低洼,雨大之年、淹灌田亩,禾稼受损。雨少之年,地碱土瘠,野草都不能生长。这里即使赶上丰年,也只能得六七成;若是干旱之年,地不纳苗,泛起一层白白的碱末。每逢春季,干旱少雨,他处百姓皆曰'春雨贵如油',家乡百姓均说:'春雨咸如盐',皆因雨水降下,大雨尚好,能把碱气压下去,最可恨的是像今天这样的小雨,雨过天晴,日头一晒,盐碱集于地表,田里泛起一层碱沫。正赶上这春播之时,种上不出,出苗不长,田里无苗,家乡百姓,靠何获得秋收?为臣想起此事,悲悯家乡百姓,禁不住潸然泪下。"纪晓岚说着此语,真的声泪俱下,一幅十足的感伤情怀。

皇上看他脸上的雨水,真的换成了泪水,难得他有忧国忧民的一片赤诚之心,居庙堂之高,而忧其民。皇上说道:"看你忧心忡忡的样子,倒是真的忧虑家乡百姓。每逢雨雪风霜,你常常为家乡忧虑吗?"

"为臣不敢说谎,无论阴晴雨雪,家中朝中,臣总是惦记着百姓的

第十一章 终老宦途,身后美名扬

疾苦。"

"好吧！朕就是喜欢你这样的臣下。那么你说，什么时候你才高兴呢？"

"臣不敢说。"

"只管说来，恕你无罪！"

"为臣叩请皇上，免去家乡今年钱粮。"

"呵呵，说了半天，你在和朕绕弯子啊！"

"为臣不敢！恭请圣上降恩于家乡百姓，纪晓岚代家乡百姓谢恩了。"说着纪晓岚又跪在地下叩头，把皇上逗得连连发笑。

乾隆想想说道："河间府共有几县？"

纪晓岚答道："一十三县。"

"河间府一十三县，地面太大。这样吧，朕免去你献县本年的钱粮，你看如何？"

"谢万岁。"纪晓岚连连叩头，已是笑容满面。

文人的良知大多数与关心百姓有关。纪晓岚将自己的心紧贴百姓，博得了百姓的尊敬。乾隆五十六年（1791）夏，京南河间、东光、宁津一带大旱，"飞蝗蔽天，田禾俱尽"（《清史稿·灾异志》）。五十七年（1792），畿辅数府又逢春旱，赤地千里，颗粒无收，灾情甚为严重。就在这年春天，纪晓岚第四次前往热河校阅文津阁中的《四库全书》。他们一行二十余人，于三月二十一日自北京出发，二十五日到达避暑山庄，二十七日开阁校书。因为要赶在五月中旬乾隆帝巡幸避暑山庄前校完，所以他们夙兴夜寐，尽心竭力，整整花了一个月，才于四月二十七日将七万多卷的《四库全书》校毕，然后匆匆回京复命。返京路上，正值芒种，然而，收刈者却和荒田里的庄稼一样少得可怜，倒是逃往关外谋生的流民，携家带口，饥渴号呼，不绝于途。五月初二，纪晓岚风尘仆仆回到京师，发现这里更是人满为患，难民们或沿街乞讨，或打工糊口，或鬻儿卖女，人情汹汹，社会为之骚动。

本来，朝廷已同意从北运京师的漕粮中截下五十万石，留作河间等四府赈灾之用；后来又增拨二十万石，并发放赈济金八十万两。但是远水解不了近渴，次贫之户，尚能坚持待赈，而近京极贫之户，早已背井离家，蜂拥入城，数以万计的难民嗷嗷待哺。京师原有定例：每年自十月初一起，至次年三月二十日止，五城所设十个粥厂，每天煮米十石，用以济贫。可是，自六月到十月，为期尚远，许多难民已经米粥不继，生命垂危。纪晓岚目睹此状，赶忙趁乾隆帝未启跸之前，上疏一本，请求先在京城官仓内酌情支取数千石，自六月中旬即行提前施赈，每天每厂煮米三石，好让羁留京城的难民能及时获救，不至于闯关远去，耽误明春还乡耕作。到了十月，于原额十石外，加煮三石，仍到三月二十日止。疏中，纪晓岚言辞恳切，剖析明当。"疏闻，下廷臣议，从之。"就此疏而言，的确是纪晓岚顾恤苍生、使乾隆子惠黎元；其实内中尚有一层只可意会不可言传、庙堂之上不便高谈阔论的原因。这层意思，纪晓岚曾半遮半掩地巧借狐笔流露过一些。

三、著书立说，对劳动人民深表同情

《滦阳续录》卷五第十七则，记述了一只颇似战国时替孟尝君千金市义的冯谖式的智狐：它于岁欠之年，幻化为"富甲一乡，积粟千余石"、却"闭不肯粜"的主人翁，将历年储备，尽贷乡邻。在铝给主人翁的一张纸条上，狐笔这样写道："积而不散，怨之府也；怨之所归，祸之丛也。千家饥而一家饱，剽劫为势所必至，不名实两亡乎？"虽是"狐言"，却非乱语。正是基于这层认识，上自皇帝君王，下到地主老财们，才会逢灾施善，遇难解囊，明处落好，暗里调协缓和一触即发的阶级矛盾。这层意思，在一封名为《寄弟秀岚（遇水灾宜急筹放赈并施药防疫）》的信里，讲得更明白露骨：

"若不散放急赈，灾民不甘坐以待毙，蜂起而为走险之谋，则城市中之宦家富室，亦难高枕而卧矣。"话中道理却颇可资鉴。

体恤民情也好，缓解矛盾也罢，放赈在客观上总不失为一场周济难民的及时雨；何况纪晓岚对这次施赈的态度是很认真的。当赈济开始之后，他发现某些监赈御史，玩忽职守，不亲自督办，而是假手胥吏。那些人不顾灾民生死，只图中饱私囊，影响极为恶劣。身为都察院左都御史的纪晓岚，眼看着自己上疏请求下来的赈粮被盘剥贪污，怎能不火？于是一本参上去，监赈御史们"治罪褫职有差"（清·李宗防《纪文达公传略》）。对能尽职尽责的好官，纪晓岚也不忘褒奖；监察御史王尧恒就是其中的一位。王尧恒，字秀岩，冀州南宫（今属河北）人。乾隆四十四年（1779）举人。当时他分管广宁门（今北京广安门）外的

大井。此地路当交通要冲,流民络绎不息;而王尧恒指挥臂画,尤为尽心。负责稽察的纪晓岚起初以为王尧恒"籍隶南宫,情笃桑梓耳"。后来才知道,秀岩有一年逾七旬的老母在堂。刚开始,王秀岩每过几天,总要在傍晚时分公事办完之后,快马回家探视,并给老人带些像样的饭食。老夫人每回都斥责道:"民转徙如是,圣天子忧民又如是,汝苟夙夜勤劳,使均沾实惠,我虽日不再食亦甘心,仆仆来往何为?"秀岩孝敬父母,言听计从,故而不敢再回去,一门心思扑在监赈上面。纪晓岚以后和同事们谈及此事,除了表扬王秀岩仰体圣心、用力经理之外,更对有古贤母之风的王老夫人赞叹不已。

这件事的不循旧规、善始善终,成了政绩平平的纪晓岚一生中的亮点。十一年后,纪晓岚的学生汪德钺在纪八十寿诞时写的《纪晓岚师八十序》中,特别言及此事,甚至拿它与宋代名臣范仲淹、陈尧佐二人的爱民事迹相提并论。据《宋史》记载,宋仁宗明道二年(1033),江淮一带旱蝗严重,范仲淹请求朝廷尽快遣使巡察,满朝上下无人响应,范仲淹乃借机私下单独向仁宗"求教":"宫掖中半日不食,当何如?"仁宗闻听"恻然,乃命仲淹安抚江淮,所至开仓赈之"(《宋史·范仲淹传》)。又据《宋史·陈尧佐传》,尧佐出知寿州(今安徽寿县)时,岁逢大饥,尧佐"出奉米为糜粥食饿者,吏人悉献米至,赈数万人。"纪晓岚的为民请赈,的确和范、陈二人慈爱为仁的育民思想很相似,所以不枉学生的高度评价。再后来,赵尔巽等也把此事当作人生事迹之典收入了《清吏稿·纪晓岚本传》。为民请赈一事,虽然是纪晓岚一手拟请操划,他却毫不居功。他后来在作品中唯一一次提到此事时云:"乾隆壬子,畿南四郡麦不登。皇上轸念灾民,既发帑币八十万、仓谷七十万,命有司溥赈;复虑就食京师者或窘生计,诏五城分设饭厂十,又于城外增设饭厂五,各以御史董其事。"(《德宏王公合葬墓志铭》)把功劳全数让给了皇上,自己并无半点矜得之意。

尽管纪晓岚的这次上疏,使得赈期较往年提前了一百多天,并额外多赈了八千四百石粮食;但用老百姓的话来说,这刚够塞牙缝儿的。由于灾域广、灾期长,即便是从乾隆五十七年七月到五十八年正月,朝廷对灾区多达十余次的免赋赈济,也只能是杯水车薪,于事无补,大部分地方仍然像这一年的沧州一样,"大饥,野多饿殍"。

而纪晓岚在《阅微草堂笔记》中却记载了人吃人的真实事件:

《滦阳消夏录》卷二第十九则载,明末,山东、河南发生旱、蝗大灾,草根、树皮都吃光了,便发生了人吃人的事,官府也无力禁止。当时,将妇女、儿童反绑起来,公开在市场上出售,称之为"菜人"。屠者买去以后,像割猪、羊一样,随意宰杀。一次,周氏之祖从山东东昌做买卖归来,中午在一个饭馆里用餐。厨子说:"没有肉了,请稍等。"只见他拉着两个女子进了厨房。厨子高声呼叫:"客人已经等了很久了,先取个蹄膀来!"只听一声凄厉的长号,周某急忙闯进厨房,见一女子已被活活割下右臂,正疼得在地上打滚,另一女子早已吓得面无人色。这惨绝人寰的悲剧,在《阅微草堂笔记》中有数处记载。纪晓岚一生博学多闻,为官清正廉洁,主张"为官办事,顺乎民情,酌乎事势"。他认为"教民之道,因其势则行之易,拂其势则行之难"。在那种伴君如伴虎的年代,有如此政治见地非常难能可贵。尤其是在乾隆年间,奸臣和珅专权数十年,内外大臣许多都趋炎附势。在上有皇上、中有奸党、下有民情的形势下,纪晓岚凭着自己渊博的学识和机敏智慧、上得宠幸,中保哲身,下体民情。生活在这种夹缝中,养成纪晓岚诙谐的性格是不难想象的。

纪晓岚一生,既有得宠于皇上的喜悦,也有遭祸被贬的悲愤,更有体恤民情的心酸。因此他在乾隆五十七年任礼部尚书时,一次在上书房中值班,十分诙谐地模仿陶渊明作了一副自挽联——"浮沉宦海如鸥鸟,生死书丛似蠹鱼"。这也算是纪晓岚一生真实而生动的写照。

四、热心帮助需要帮助的人

天津可能是得益于山清水秀吧,这里一年四季都有新鲜蔬菜,每逢赶场天,附近大城市里的小商小贩都到这里来车载船装,生意十分兴隆。但哪知道,这门生财之道,却被外地来的柴生财看中了,柴生财仗着在县衙门当师爷的舅子的势力,开了一个菜行控制场口,压级压价,强行收购四乡农民的蔬菜,转手以发横财,而四乡的农民却被搞得叫苦连天。大伙想整治他,就是没有办法。可巧这一次纪晓岚携爱妾郭彩符到这里探亲,大家便找纪晓岚想办法,纪晓岚一口应承了下来。

转眼又是一个赶场天,柴生财的伙计、爪牙照常坐镇四门,强收农民的蔬菜。不一会儿,就把一个菜行装满了。

　　这时,外面来了一个客人,自称是县老爷的内堂管家,要他们把今天这里到的时令蔬菜,要各样留几斤给县老爷送去。柴生财一看这人气度不凡,谈话时傲气逼人,自己先就矮了三分,想到往后仰仗这人的时候多,特意用红布包了五两银子,送给这位管家,要他以后多多照应。果然,这位管家收了银钱之后,态度大变,还透露给他一个惊人的机密:县老爷最近新讨了一个姨太太,在县城东街找了一个四合院居住。来人还给他出主意,要他每天借送菜的机会去请安,日后定有好处。柴生财一听,欢喜非常,求他引见。这位管家马上答应给他引路,找到那座四合小院。用手一指向他说:"今天初次见面,看来老兄很讲义气,兄弟我也帮忙帮到底。这送菜传话的手续我就免了。让你老兄单独去进见。"等那位管家一走,柴生财急不可耐,提一篮时令蔬菜,从侧门悄悄拱了进去。

　　他穿过一层内院之后,撩开竹帘,走进厢房去。哪晓得进屋抬头一看,只见县太爷老老实实跪在一个女人面前。县太爷一扭头就看到刚刚进屋的柴生财,一挺身站了起来,换了一个面孔:"你有什么事呀?"

　　柴生财心中虽然暗暗好笑,脸上仍然不露声色,赶快跪下,请安说道:"小民柴生财叩见老爷!"

　　县太爷一本正经地说道:"有什么事到外面说吧!"

　　哪晓得这柴生财跪在地上说道:"老爷在上,小民柴生财听说老爷新得贵人,特备了几种时令蔬菜,送给老爷和姨太太尝鲜,还请老爷和姨太太赏脸收下!"

　　这话说了之后,只见那女人扑向县太爷,又扯又抓,又哭又闹:"好啊,你哄我像哄小娃儿一样。现在,连卖蔬菜的都讨好狐狸精了,今天是有她无我,有我无她,你给我交出人来,万事俱休,如若不然……"说这话时,她又想去扯县太爷的耳朵,一转眼看到了还跪在地上发抖的柴生财,不由得咬牙说道:"事情坏就坏在你们这些拍马屁、拉皮条的人身上,来人!传老爷的话,马上把这家伙重责一百大板。赶出县城!"

　　柴生财一听,三魂吓跑两魂,才晓得烧香走错了庙门:上面坐的哪里是什么姨太太,而是真格的七品夫人。他情知不妙,赶快跪向县太爷叩头求饶:"大老爷,小民柴生财实在是有眼无珠,不晓得夫人不是姨太太,姨太太不是夫人啊!"人一急,他说话更加语无伦次,也无疑是火上添油。县太爷正一肚子气无处放,一下全泄到了这个送上门的气包身上。"蠢材,还要犟嘴!快把他拉出去,照夫人说的重办!"

原来这就是纪晓岚在暗中设下的计谋,用这计谋把莱霸柴生财治服了。

其他人希望或认为你有多大价值,你就有多大价值,而只当他们的心里对你有好感时才会在嘴上说你的好话。没有什么比帮助一个人更能打动他。努力学会为别人效力,做那些不惜花时间、精力和诚心诚意为别人设想的事情,这样才能获得真正的朋友。

人是最容易变易心性的高等级动物。但朋友仍被定为五伦之内,说明其在人生成长道路中的重要性。中国虽然是农业文明发达的国度,但朋友之情谊又为历代所崇尚。

在这方面,纪晓岚最为佩服的一个朋友大概应算是曹学闵。曹学闵,字孝如,号慕堂,山西汾阳人。乾隆十九年进士,官至内阁侍读学士、宗人府丞。性恬淡,居官清慎,晚好性命之学。曹学闵与纪晓岚为同年,"交最契"。纪晓岚在《醉钟馗图为曹慕堂同年题》中说:

一梦荒唐事有无,吴生粉本几临摹。
纷纷画手多新样,又道先生是酒徒。

午日家家蒲酒香,终南进士亦壶觞。
太平时节无妖疠,任尔闲游到醉乡。

曹学闵死时纪晓岚正在热河校理图书,不得诀别,甚为遗憾,对朱珪所作墓志铭和钱大昕所作神道碑之遗漏,愿作补缀,故作《曹中丞逸事》,称赞曹学闵说:"天性恬淡,超然于声利之外,似不甚预人事者。又和平静穆,言讷讷如不出。而此二事,乃见义必为如此,贤者固不测哉!余十六七岁入名场,三十通籍,仕宦四十余年,阅事非一,阅人亦非一,求如慕堂之古谊,指不数数屈也。"

所谓二事,一是乾隆二十六年纪晓岚与曹学闵同在翰林时发生的一件事:当时馆中同事有八九人因争名而相互倾轧,闹得不可开交,掌院因此要告到乾隆那里去。纪晓岚自己也陷于其中,不能自白,唯有叹息而已。而曹学闵则拍案而起,邀请大家同去见掌院说:"如掌院以为确有其事，则将诸人革职也合情理。那么意见从何而来？如弹章一上，总需有证据才能评判是非，请先告姓名。"掌院考虑一番，终于没有上奏，涉及者也最终没有受处分。

另一则是处理同年陈裕斋家事：同年陈裕斋四十多岁还没有儿子，很想纳妾，却因妻子阻挠而不能如愿。曹学闵便约同年捐资买一女子送到陈裕斋家中，最终使陈裕斋获得一子。陈裕斋夫妇去世后，他的女婿想霸占他的家资，使陈裕斋所纳妾母子不能保旦夕。听者皆扼腕叹息，却爱莫能助，曹学闵又再邀同年数人前往，将其女婿驱逐，使陈裕斋遗孺母子得以平安度日。当时人都说曹学闵多事，而曹学闵并不介意。

讲完这个故事，纪晓岚颇为感慨地说："嗟乎！朋友以异姓列五伦，所贵乎济缓急、恤患难，不以生死易心也。平时酒食征逐，声气攀援，怡怡然亲若兄弟，及身遇小利害，乃引嫌避怨，坐视其后人之阽危，亦安贵此朋友耶？慕堂此举，余时有所牵制，未能赴约，然心恒愧焉。论者乃以己不能为，转非慕堂之能为，抑亦甚矣。"也就是说，在纪晓岚看来，朋友的道义就是济缓急、恤患难，不以生死易心。

纪晓岚非常乐于帮助朋友。乾隆十九年，也就是纪晓岚进士及第那一年，有位同年朋友姜炳璋，送给他一部自己已故朋友史雪汀的遗作《风雅遗音》，目的在于请大才子纪晓岚品评一番，借以宣传。而当时纪晓岚正忙于其他事务，无暇顾及此书，只匆匆翻阅一下即放在了一边。乾隆二十四年夏天，纪晓岚得空认真拜读之后，发现其中错误很多，但欣赏他的"用心精且密"，故重为编次，并加以勘误。并作《审定史雪汀风雅遗音序》，其中说：

研究音韵，虽然是研究经学的次要方面，但字音不明确，则对字义的理解就会出现错误，对圣贤倡导的思想就会不理解，因此异义也很大。前代艺文志必将小学附在经书之后，岂能是无所谓的事？过去陆德明作《经典释文》，千百年来学者奉为标准，而此书除记载史事外，无所发明，固然不能与陆书相提并论，但就时人习读之书，纠正其错谬，也确实有可信处。只可惜他不懂得古音韵，所以注音多错误；所设门类太琐碎，辨证问题也太偏激，与著书大体不相符。所以我在公余饭后，重新加以编排，淘汰其中繁琐不当处，自以为比原书更好一些。对此书，只有删减，并无增加；有所润色，而不改变其原意，就如同对待史书一般。

纪晓岚对此书实际上并不认可，只是考虑到已故作者的用心良苦，考虑到朋友所托，毅然捉刀代笔，删繁就简，勘正错误，在保持原意的基础上加以润色，确实下了一番功夫。这样的做法，不要说对剽窃他人成果者，就是对那些于署名先后而斤斤计较者，是何等气度！

在纪晓岚的文集中，有大量的墓志铭，值得注意的是，这些墓志铭主并非达官显宦，而更多的是中下级官吏，或者是有可"旌扬"的人物。其中，受人之托是其中的主要部分。纪晓岚以学术上的泰山北斗，肯屈尊为"无名鼠辈"写墓铭，表现了他肯于帮助人的良好品格。此外，他还为许多学者的著作写了大量序、跋、书后，这也占去了他的文集中一大部分。

请纪晓岚写墓志铭也好，请他写序、跋也好，无非是借其名以重的意思。纪晓岚当然知道这一点，但他乐此不疲。

第十一章 终老宦途，身后美名扬

附 录
《阅微草堂笔记》精选

滦阳消夏录

　　胡御史牧亭言：其里有人畜一猪，见邻叟辄瞋目狂吼，奔突欲噬，见他人则否。邻叟初甚怒之。欲买而啖其肉。既而憬然省曰："此殆佛经所谓夙冤耶！世无不可解之冤。"乃以善价赎得，送佛寺为长生猪，后再见之，弭耳昵就，非复曩态矣。尝见孙重画伏虎应真，有巴西李衍题曰："至人骑猛虎，驭之犹骐骥。岂伊本驯良，道力消其鸷。乃知天地间，有情皆可契。共保金石心，无为多畏忌。"可为此事作解也。

　　沧州刘士玉孝廉，有书室为狐所据。白昼与人对语，掷瓦石击人，但不睹其形耳。知州平原董思任，良吏也。闻其事，自往驱之。方盛陈人妖异路之理，忽檐际朗言曰："公为官颇爱民，亦不取钱，故我不敢击公。然公爱民乃好名，不取钱乃畏后患耳，故我亦不避公。公休矣，毋多言取困。"董狼狈而归，咄咄不怡者数日。刘一仆妇甚粗蠢，独不畏狐。狐亦不击之。或于对语时举以问狐。狐曰："彼虽下役，乃真孝妇也，鬼神见之犹敛避，况我曹乎！"刘乃令仆妇居此室。狐是日即去。

　　爱堂先生言：闻有老学究夜行，忽遇其亡友。学究素刚直，亦不怖畏，问："君何往？"曰："吾为冥吏，至南村有所勾摄，适同路耳。"因并行，至一破屋，鬼曰："此文士庐也。"问何以知之。曰："凡人白昼营营，性灵汨没。惟睡时一念不生，元神朗澈。胸中所读之书，字字皆吐光芒，自百窍而出，其状缥缈缤纷，烂如锦绣。学如郑、孔，文如屈、宋、班、马者，上烛霄汉，与星月争辉。次者数丈，次者数尺，以渐而差，极下者亦荧荧如一灯，照映户牖，人不能见，惟鬼神见之耳。此室上光芒高七八尺，以是而知。"学究问："我读书一生，睡中光芒当几许?"鬼嗫嚅良久曰:"昨过君塾,君方昼寝,见君胸中高头讲章一部,墨卷五六百篇,经文七八十篇,策略三四十篇,字字化为黑烟,笼罩屋上。诸生诵读之声,如在浓云密雾中。实未见光芒,不敢妄语。"学究怒叱之,鬼大笑而去。

东光李又聃先生,尝至宛平相国废园中,见廊下有诗二首,其一曰:"飒飒西风吹破棂,萧萧秋草满空庭。月光穿漏飞檐角,照见莓苔半壁青。"其二曰:"耿耿疏星几点明,银河时有片云行。凭阑坐听谯楼鼓,数到连敲第五声。"墨痕惨淡,殆不类人书。

董曲江先生,名元度,平原人,乾隆壬申进士,入翰林。散馆改知县,又改教授,移疾归。少年梦人赠一扇,上有三绝句曰:"曹公饮马天池日,文采西园感故知。至竟心情终不改,月明花影上旌旗。""尺五城南并马来,垂杨一例赤鳞开。黄金屈戍雕胡锦,不信陈王八斗才。""萧鼓冬冬画烛楼,是谁亲按小凉州?春风豆蔻知多少,并作秋江一段愁。"语多难解,后亦卒无征验,莫明其故。

平定王孝廉执信,尝随父宦榆林。夜宿野寺经阁下,闻阁上有人絮语,似是论诗。窃讶此间少文士,那得有此。因谛听之,终不甚了了。后语声渐出阁廊下,乃稍分明。其一曰:"唐彦谦诗格不高,然'禾麻地废生边气,草木春寒起战声',故是佳句。"其一曰:"仆尝有句云:'阴碛日光连雪白,风天沙气入云黄。'非亲至关外,不睹此景。"其一又曰:"仆亦有一联云:'山沈边气无情碧,河带寒声亘古秋。'自谓颇肖边城日暮之状。"相与吟赏者久之,寺钟忽动,乃寂无声。天晓起视,则扃钥尘封。"山沉边气"一联,后于任总镇遗稿见之。总镇名举,出师金川时,百战阵殁者也。"阴碛"一联,终不知为谁语。即其精灵长在,得与任公同游,亦决非常鬼矣。

沧州城南上河涯,有无赖吕四。凶横无所不为,人畏如狼虎。一日薄暮,与诸恶少村外纳凉。忽隐隐闻雷声,风雨且至,遥见似一少妇,避入河干古庙中。吕语诸恶少曰:"彼可淫也。"时已入夜,阴云黯黑。吕突入,掩其口,众共褫衣杳嬲。俄电光穿牖,见状貌似是其妻,急释手问之,果不谬。吕大恚,欲提妻掷河中,妻大号曰:"汝欲淫人,致人淫我,天理昭然,汝尚欲杀我耶?"吕语塞。急觅衣裤,已随风吹入河流矣,旁皇无计,乃自负裸妇归。云散月明,满村哗笑,争前问状。吕无可置对,竟自投于河。盖其妻归宁,约一月方归。不虞母家遭回

禄，无屋可栖，乃先期返。吕不知，而遘此难。后妻梦吕来曰："我业重，当永堕泥犁。缘生前事母尚尽孝，冥官检籍，得受蛇身，今往生矣。汝后夫不久至，善事新姑嫜，阴律不孝罪至重，毋自蹈冥司汤镬也。"至妻再醮日，屋角有赤练蛇垂首下视，意似眷眷。妻忆前梦，方举首问之。俄闻门外鼓乐声，蛇于屋上跳掷数四，奋然去。

献县周氏仆周虎，为狐所媚，二十馀年如伉俪。尝语仆曰："吾炼形已四百馀年。过去生中，于汝有业缘当补，一日不满，即一日不得生天。缘尽，吾当去耳。"一日，輾然自喜，又泫然自悲，语虎曰："月之十九日，吾缘尽当别。已为君相一妇，可聘定之。"因出白金付虎，俾备礼，自是狎昵燕婉，逾于平日。恒形影不离，至十五日，忽晨起告别。虎怪其先期。狐泣曰："业缘一日不可减，亦一日不可增，惟迟早则随所遇耳。吾留此三日缘，为再一相会地也。"越数年，果再至，欢洽三日而后去。临行呜咽曰："从此终天诀矣！"陈德音先生曰："此狐善留其有馀，惜福者当如是。"刘季箴则曰："三日后终须一别，何必暂留？此狐炼形四百年，尚未到悬崖撒手地位，临事者不当如是。"余谓二公之言，各明一义，各有当也。

献县令明晟，应山人，尝欲申雪一冤狱，而虑上官不允，疑惑未决。儒学门斗有王半仙者，与一狐友。言小休咎多有验，遣往问之。狐正色曰："明公为民父母，但当论其冤不冤，不当问其允不允。独不记制府李公之言乎？"门斗返报，明为憷然。因言制府李公卫未达时，尝同一道士渡江。适有与舟子争诟者，道士太息曰："命在须臾，尚较计数文钱耶！"俄其人为帆脚所扫，堕江死，李公心异之。中流风作，舟欲覆。道士禹步诵咒，风止得济。李公再拜谢更生，道士曰："适堕江者，命也，吾不能救。公贵人也，遇厄得济，亦命也，吾不能不救，何谢焉。"李公又拜曰："领师此训，吾终身安命矣。"道士曰："是不尽然。一身之穷达，当安命，不安命则奔竞排轧，无所不至。不知李林甫、秦桧，即不倾陷善类，亦作宰相，徒自增罪案耳。至国计民生之利害，则不可言命。天地之生才，朝廷之设官，所以补救气数也。身握事权，束手而委命，天地何必生此才，朝廷何必设此官乎？晨门曰：'是知其不可而为之。'诸葛武侯曰：'鞠躬尽瘁，死而后已。成败利钝，非所逆睹。'此圣贤立命之学，公其识之。"李公谨受教，拜问姓名。道士曰："言之恐公骇。"下舟行数十步，翳然灭迹，昔在会城，李公曾话是事。不识此狐何以得知也。

北村郑苏仙,一日梦至冥府,见阎罗王方录囚。有邻村一媪至殿前,王改容拱手,赐以杯茗,命冥吏速送生善处。郑私叩冥吏曰:"此农家老妇,有何功德?"冥吏曰:"是媪一生无利己损人心。夫利己之心,虽贤士大夫或不免。然利己者必损人,种种机械,因是而生,种种冤愆,因是而造。甚至遗臭万年,流毒四海,皆此一念为害也。此一村妇而能自制其私心,读书讲学之儒,对之多愧色矣。何怪王之加礼乎?"郑素有心计,闻之惕然而寤。郑又言,此媪未至以前,有一官公服昂然入,自称所至但饮一杯水,今无愧鬼神。王哂曰:"设官以治民,下至驿丞闸官,皆有利弊之当理。但不要钱即为好官,植木偶于堂,并水不饮,不更胜公乎?"官又辩曰:"某虽无功,亦无罪。"王曰:"公一生处处求自全,某狱某狱,避嫌疑而不言,非负民乎?某事某事,畏烦重而不举,非负国乎?三载考绩之谓何?无功即有罪矣。"官大踧踖,锋棱顿减,王徐顾笑曰:"怪公盛气耳。平心而论,要是三四等好官,来生尚不失冠带。"促命即送转轮王。观此二事,知人心微暧,鬼神皆得而窥,虽贤者一念之私,亦不免于责备。"相在尔室",其信然乎?

曾伯祖光吉公,康熙初官镇番守备,云有李太学妻,恒虐其妾,怒辄褫下衣鞭之,殆无虚日。里有老媪,能入冥,所谓走无常者是也。规其妻曰:"娘子与是妾有夙冤,然应偿二百鞭耳。今妒心炽盛,鞭之殆过十馀倍,又负彼债矣。且良妇受刑,虽官法不褫衣。娘子必使裸露以示辱,事太快意,则干鬼神之忌。娘子与我厚,窃见冥籍,不敢不相闻。"妻哂曰:"死媪谩语,欲我禳解取钱耶!"会经略莫洛遘王辅臣之变,乱党蜂起。李殁于兵,妾为副将韩公所得,喜其明慧,宠专房。韩公无正室,家政遂操于妾。妻为贼所掠,贼破被俘,分赏将士,恰归韩公。妾蓄以为婢,使跪于堂而语之曰:"尔能受我指挥,每日晨起,先跪妆台前,自褫下衣,伏地受五鞭,然后供役,则贷尔命。否则尔为贼党妻,杀之无禁,当寸寸脔尔,饲犬豕。"妻惮死失志,叩首愿遵教,然妾不欲其遽死,鞭不甚毒,俾知痛楚而已。年馀,乃以他疾死。计其鞭数,适相当。此妇真顽钝无耻哉!亦鬼神所忌,阴夺其魄也。此事韩公不自讳,且举以明果报。故人知其详。韩公又言:此犹显易其位也。明季尝游襄、邓间,与术士张鸳湖同舍。鸳湖稔知居停主人妻虐妾太甚,积不平,私语曰:"道家有借形法,凡修炼未成,气血已衰,不能

还丹者,则借一壮盛之躯,乘其睡,与之互易。吾尝受此法,姑试之。"次日,其家忽闻妻在妾房语,妾在妻房语,比出户,则作妻语者妾,作妾语者妻也。妾得妻身,但默坐。妻得妾身,殊不甘,纷纭争执,亲族不能判。鸣之官,官怒为妖妄,笞其夫,逐出。皆无可如何。然据形而论,妻实是妾,不在其位,威不能行,竟分宅各居而终。此事尤奇也。

相传有塾师,夏夜月明,率门人纳凉河间献王祠外田塍上。因共讲《三百篇》拟题,音琅琅如钟鼓。又令小儿诵《孝经》,诵已复讲。忽举首见祠门双古柏下,隐隐有人。试近之,形状颇异,知为神鬼。然私念此献王祠前,决无妖魅。前问姓名。曰毛苌、贯长卿、颜芝,因谒王至此。塾师大喜,再拜请授经义。毛、贯并曰:"君所讲话适已闻,都非我辈所解,无从奉答。"塾师又拜曰:"《诗》义深微,难授下愚。请颜先生一讲《孝经》可乎?"颜回面向内曰:"君小儿所诵,漏落颠倒,全非我所传本。我亦无可著语处。"俄闻传王教曰:"门外似有人醉语,聒耳已久,可驱之去。"余谓此与爱堂先生所言学究遇冥吏事,皆博雅之士,造戏语以诟俗儒也。然亦空穴来风,桐乳来巢乎。

先姚安公性严峻,门无杂宾。一日,与一褴褛人对语,呼余兄弟与为礼,曰:"此宋曼珠曾孙,不相闻久矣,今乃见之。明季兵乱,汝曾祖年十一,流离戈马间,赖宋曼珠得存也。"乃为委曲谋生计。因戒余兄弟曰:"义所当报,不必谈因果。然因果实亦不爽。昔某公受人再生恩,富贵后,视其子孙零替,漠如陌路。后病困,方服药,恍惚见其人手授二札,皆未封。视之,则当年乞救书也。覆杯于地曰:'吾死晚矣!'是夕卒。"

宋按察蒙泉言:某公在明为谏官,尝扶乩问寿数,仙判某年某月某日当死。计期不远,恒悒悒,届期乃无恙。后入本朝,至九列。适同僚家扶乩,前仙又降。某公叩以所判无验。又判曰:"君不死,我奈何?"某公俯仰沉思,忽命驾去。盖所判正甲申三月十九日也。

沈椒园先生为鳌峰书院山长时,见示高邑赵忠毅公旧砚,额有"东方未明之砚"六字。背有铭曰:"残月荧荧,太白睒睒,鸡三号,更五点,此时拜疏击大奄。事成策汝功,不成同汝贬。"盖劾魏忠贤时,用此砚草疏也。末有小字一行,题"门人王铎书"。此行遗未镌,而黑痕深入石骨,乾则不见,取水濯之,则五字炳然。相传初令铎书此铭,未及镌而难作。后在戍所,乃镌之,语工勿镌此一行。然阅一百余年,涤之不去,其事颇奇。或曰:忠毅嫉恶严,渔洋山人笔记称铎人品日下,书品亦日下,然则忠毅先有所见矣。削其名,摈之也。涤之不去,欲著其尝为忠毅所摈也。天地鬼神,恒于一事偶露其巧,使人知警。是或然欤!

乾隆庚午,官库失玉器,勘诸苑户。苑户常明对簿时,忽作童子声曰:"玉器非所窃,人则真所杀。我即所杀之魂也。"问官大骇,移送刑部。姚安公时为江苏司郎中,与余公文仪等同鞫之。魂曰:"我名二格,年十四,家在海淀。父曰李星望。前岁上元,常明引我观灯归。夜深人寂,常明戏调我。我力拒,且言归当诉诸父。常明遂以衣带勒我死,埋河岸下。父疑常明匿我,控诸巡城。送刑部,以事无左证,议别缉真凶。我魂恒随常明行,但相去四五尺,即觉炽如烈焰,不得近。后热稍减,渐近至二三尺。又渐近至尺许,昨乃都不觉热,始得附之。"又言初讯时,魂亦随至刑部,指其门乃广西司。按所言月日,果检得旧案。问其尸,云在河岸第几柳树旁。掘之亦得,尚未坏。呼其父使辨识,长恸曰:"吾儿也!"以事虽幻杳,而证验皆真。且讯问时,呼常明名,则忽似梦醒,作常明语;呼二格名,则忽似昏醉,作二格语。互辩数四,始款伏。又父子絮语家事,一一分明。狱无可疑,乃以实状上闻。论如律。命下之日,魂喜甚。本卖糕为活,忽高唱"卖糕"一声。父泣曰:"久不闻此,宛然生时声也。"问:"儿当何往?"曰:"吾亦不知,且去耳。"自是再问常明,不复作二格语矣。

南皮张副使受长,官河南开归道时,夜阅一谳牍,沉吟自语曰:"自到死者,刀痕当入重而出轻。今入轻出重,何也?"忽闻背后太息曰:"公尚解事。"回顾无一人,喟然曰:"甚哉,治狱之可畏也!此幸不误,安保他日之不误耶?"遂移疾而归。

光叔母高宜人之父,讳荣祉,官山西陵川令。有一旧玉马,质理不甚白洁,而血浸斑斑。斫紫檀为座承之,恒置几上。其前足本为双跪欲起之形,一日,左足忽伸出于座外。高公大骇,阖署传视,曰:"此物程朱不能格也。"一馆宾曰:"凡物岁久则为妖。得人精气多,亦能为妖。此理易明,无足怪也。"众议碎之,犹豫未决。次日,仍屈还故形。高公曰:"是真有知矣。"投炽炉中,似微有呦呦声。后无他异。然高氏自此渐式微。高宜人云,此马煅三日,裂为二段,尚及见其半身。又武清王庆坨曹氏厅柱,忽生牡丹二朵,一紫一碧,瓣中脉络如金丝,花

叶葳蕤，越七八日乃萎落，其根从柱而出，纹理相连；近柱二寸许，尚是枯木，以上乃渐青。先太夫人，曹氏甥也，小时亲见之，咸曰瑞也。外祖雪峰先生曰："物之反常者为妖，何瑞之有！"后曹氏亦式微。

先外祖母言：曹化淳死，其家以前明玉带殉，越数年，墓前恒见一白蛇。后墓为水啮，棺坏朽。改葬之日，他珍物具在，视玉带则亡矣。蛇身节节有纹，尚似带形。岂其悍鸷之魄，托玉而化欤？

外祖张雪峰先生，性高洁，书室中几砚精严，图史整肃。恒鐍其户，必亲至乃开。院中花木翳如，莓苔绿缛。僮婢非奉使令，亦不敢轻蹋一步。舅氏健亭公，年十一二时，乘外祖他出，私往院中树下纳凉。闻室内似有人行，疑外祖已先归，屏息从窗隙窥之。见竹椅上坐一女子，靓妆如画。椅对面一大方镜，高可五尺，镜中之影，乃是一狐。惧弗敢动，窃窥所为。女子忽自见其影，急起，绕镜，四围呵之，镜昏如雾。良久归坐，镜上呵迹亦渐消。再视其影，则亦一好女子矣。恐为所见，蹑足而归。后私语先姚安公。姚安公尝为诸孙讲《大学·修身》章，举是事曰："明镜空空，故物无遁影。然一为妖气所翳，尚失真形。况私情偏倚，先有所障者乎！"又曰："非惟私情为障，即公心亦为障。正人君子，为小人乘其机而反激之，其固执决裂，有转致颠倒是非者。昔包孝肃之吏，阳为弄权之状，而应杖之囚，反不予杖。是亦妖气之翳镜也。故正心诚意，必先格物致知。"

有卖花老妇言：京师一宅近空圃，圃故多狐。有丽妇夜逾短垣，与邻家少年狎，惧事泄，初诡托姓名。欢昵渐洽，度不相弃，乃自冒为圃中狐女。少年悦其色，亦不疑拒。久之，忽妇家屋上掷瓦骂曰："我居圃中久，小女戏抛砖石，惊动邻里，或有之。实无冶荡蛊惑事，汝奈何污我？"事乃泄。异哉，狐媚恒托于人，此妇乃托于狐。人善媚者比之狐，此狐乃贞于人。

有游士以书画自给，在京师纳一妾，甚爱之。或遇宴会，必袖果饵以贻，妾亦甚相得。无何病革，语妾曰："吾无家，汝无归；吾无亲属，汝无依。吾以笔墨为活，吾死，汝琵琶别抱，势也，亦理也。吾无遗债累汝，汝亦无父母兄弟掣肘。得行己志，可勿受锱铢聘金；但与约，岁时许汝祭我墓，则吾无恨矣。"妾泣受教。纳之者亦如约，又甚爱之。然妾恒郁郁忆旧恩，夜必梦故夫同枕席，睡中或妮妮呓语。夫觉之，密延术士镇以符箓。梦语止，而病渐作，驯至绵惙。临殁，以额叩枕曰：

"故人情重，实不能忘，君所深知，妾亦不讳。昨夜又见梦曰：'久被驱遣，今得再来，汝病如是，何不同归？'已诺之矣。能邀格外之惠，还妾尸于彼墓，当生生世世，结草衔环。不情之请，惟君图之。"语讫奄然。夫亦豪士，慨然曰："魂已往矣，留此遗蜕何为？杨越公能合乐昌之镜，吾不能合之泉下乎！"竟如所请。此雍正甲寅、乙卯间事。余是年十一二，闻人述之，而忘其姓名。余谓再嫁，负故夫也。嫁而有贰心，负后夫也。此妇进退无据焉。何子山先生亦曰："忆而死，何如殉而死乎？"何励庵先生则曰："《春秋》责备贤者，未可以士大夫之义律儿女子。哀其遇可也，悯其志可也。"

屠者许方，尝担酒二罂夜行，倦息大树下。月明如昼，远闻呜呜声，一鬼自丛薄中出，形状可怖。乃避入树后，持担以自卫。鬼至罂前，跃舞大喜，遽开饮，尽一罂，尚欲开其第二罂，缄甫半启，已颓然倒矣。许恨甚，且视之似无他技，突举担击之，如中虚空。因连与痛击，渐纵弛委地，化浓烟一聚。恐其变幻，更捶百馀。其烟平铺地面，渐散渐开，痕如淡墨，如轻縠；渐愈散愈薄，以至于无。盖已渐灭矣。余谓鬼，人之馀气也。气以渐而消，故《左传》称新鬼大，故鬼小。世有见鬼者，而不闻见羲、轩以上鬼，消已尽也。酒，散气者也。故医家行血发汗、开郁驱寒之药，皆治以酒。此鬼以仅存之气，而散以满罂之酒，盛阳鼓荡，蒸铄微阴，其消尽也固宜。是渐灭于醉，非渐灭于捶也。闻是事时，有戒酒者曰："鬼善幻，以酒之故，至卧而受捶。鬼本人所畏，以酒之故，反为人所困。沉湎者念哉！"有耽酒者曰："鬼虽无形而有知，犹未免乎喜怒哀乐之心。今冥然醉卧，消归乌有，反其真矣。酒中之趣，莫深于是。佛氏以涅槃为极乐，营营者恶乎知之！"庄子所谓"此亦一是非，彼亦一是非"欤？

献县田家牛产麟，骇而击杀。知县刘征廉收葬之，刊碑曰"见麟郊"。刘固良吏，此举何陋也！麟本仁兽，实非牛种。犊之麟而角，雷雨时蛟龙所感耳。

董文恪公未第时，馆于空宅，云常见怪异。公不信，夜篝灯以待，三更后，阴风飒然，庭户自启。有似人非人数辈，杂逻拥入。见公大骇曰："此屋有鬼皆狼狈奔出。公持梃逐之，又相呼曰："鬼追至，可急走。"争逾墙去。公恒言及，自笑曰："不识何以呼我为鬼？"故城贾汉恒，时从公受经，因举"《太平广记》载野叉欲啖哥舒翰妾尸，翰方眠

侧，野叉相语曰：'贵人在此，奈何？'翰自念呼我为贵人，击之当无害，遂起击之，野叉逃散。鬼贵音近，或鬼呼先生为贵人，先生听未审也。"公笑曰："其然。"

庚午秋，买得《埤雅》一部，中折叠绿笺一片，上有诗曰："愁烟低幂朱扉双，酸风微戛玉女窗。青磷隐隐出古壁，土花蚀断黄金钉。""草根露下阴虫急，夜深悄映芙蓉立。湿萤一点过空塘，幽光照见残红泣。"末题："靓云仙子降坛诗，张凝敬录。"盖扶乩者所书。余谓此鬼诗，非仙诗也。

沧州张铉耳先生，梦中作一绝句曰："江上秋潮拍岸生，孤舟夜泊近三更。朱楼十二垂杨遍，何处吹箫伴月明？"自跋云："梦如非想，如何成诗？梦如是想，平生未到江南，何以落想至此？莫明其故，姑录存之。桐城姚别峰，初不相识。新自江南来，晤于李锐巅家。所刻近作，乃有此诗。问其年月，则在余梦后岁馀。开箧出旧稿示之，共相骇异。世间真有不可解事。宋儒事事言理，此理从何处推求耶？"又海阳李漱六，名承芳，余丁卯同年也。余厅事挂渊明采菊图，是蓝田叔画。董曲江曰："一何神似本漱六！"余审视信然。后漱六公车入都，乞此画去，云平生所作小照，都不及此。此事亦不可解。

景城西偏，有数荒冢，将平矣。小时过之，老仆施祥指曰："是即周某子孙，以一善延三世者也。"盖前明崇祯末，河南、山东大旱蝗，草根木皮皆尽，乃以人为粮，官吏弗能禁。妇女幼孩，反接鬻于市，谓之菜人，屠者买去，如刲羊豕。周氏之祖，自东昌商贩归，至肆午餐。屠者曰："肉尽，请少待。"俄见曳二女子入厨下，呼曰："客待久，可先取一蹄来。"忽出止之，闻长号一声，则一女已生断右臂，宛转地上。一女战栗无人色。见周，并哀呼：一求速死，一求救。周恻然心动，并出资赎之，一无生理，忽刺其心死，一携归，因无子，纳为妾。竟生一男，右臂有红丝，自腋下绕肩胛，宛然断臂女也，后传三世乃绝。皆言周本无子，此三世乃一善所延云。

青县农家少妇，性轻佻，随其夫操作，形影不离。恒相对嬉笑，不避忌人，或夏夜并宿瓜圃中。皆薄其冶荡。然对他人，则面如寒铁。或私挑之，必峻拒，后遇劫盗，身受七刃，犹诟詈，卒不污而死，又皆惊其贞烈。老儒刘君琢曰："此所谓质美而未学也。惟笃于夫妇，故矢死不二。惟不知礼法，故情欲之感，介于仪容；燕昵之私，形于动静。"

辛彤甫先生曰："程子有言，凡避嫌者，皆中不足。此妇中无他肠，故坦然径行不自疑。此其所以能守死也。彼好立崖岸者，吾见之矣。"先姚安公曰："刘君正论，辛君有激之言也。"后其夫夜守豆田，独宿团焦中。忽见妇来，燕婉如平日，曰："冥官以我贞烈，判来生中乙榜，官县令。我念君，不欲往，乞辞官禄为游魂，长得随君。冥官哀我，许之矣。"夫为感泣，誓不他偶。自是昼隐夜来，几二十载。儿童或亦窥见之。此康熙末年事。姚安公能举其姓名居址，今忘矣。

献县老儒韩生，性刚正，动必遵礼，一乡推祭酒。一日，得寒疾，恍惚间，一鬼立前曰："城隍神唤。"韩念数尽当死，拒亦无益，乃随去，至一官署，神检籍曰："以姓同误矣。"杖其鬼二十，使送还。韩意不平，上请曰："人命至重，神奈何遣愦愦之鬼，致有误拘？倘不检出，不竟枉死耶？聪明正直之谓何！"神笑曰："谓汝倔强，今果然。夫天行不能无岁差，况鬼神乎！误而即觉，是谓聪明；觉而不回护，是谓正直。汝何足以知之。念汝言行无玷，姑贷汝，后勿如是躁妄也。"霍然而苏。韩章美云。

如是我闻

有丐妇甚孝其姑，尝饥踣于路，而手一盂饭，不肯释。曰："姑未食也。"自云初亦仅随姑乞食，听指挥而已。一日，同栖古庙，夜闻殿上厉声曰："尔何不避孝妇，使受阴气发寒热？"一人称手捧急檄，仓卒未及睹。又闻叱责曰："忠臣孝子，顶上神光照数尺。尔岂盲耶？"俄闻鞭捶呼号声，久之乃寂。次日至村中，果闻一妇馌田，为旋风所扑，患头痛。问其行事，果以孝称。自是感动，事姑恒恐不至云。

县吏李懋华，尝以事诣张家口。于居庸关外，夜失道，暂憩山畔神祠。俄灯火晃耀，遥见车骑杂遝，将至祠门。意是神灵，伏匿庑下。见数贵官并入祠坐，左侧似是城隍，中四五座则不识何神。数吏抱簿陈案上，一一检视。窃听其语，则勘验一郡善恶也。一神曰："某妇事亲无失礼，然文至而情不至。某妇亦能得姑舅欢，然退与其夫有怨言。"一神曰："风俗日偷，神道亦与人为善。阴律孝妇延一纪。此二妇减半可也。"佥曰："善。"俄一神又曰："某妇至孝而至淫，何以处之？"一神曰："阳律犯淫罪止杖，而不孝则当诛。是不孝之罪，重于淫也。不孝

之罪重，则能孝者福亦重。轻罪不可削重福，宜舍淫而论其孝。"一神曰："服劳奉养，孝之小者；亏行辱亲，不孝之大者。小孝难赎大不孝，宜舍孝而科其淫。"一神曰："孝，大德也，非他恶所能掩。淫，大罚也，非他善所能赎。宜罪福各受其报。"侧坐者磬折请曰："罪福相抵可乎？"神掉首曰："以淫而削孝之福，是使人疑孝无福也；以孝而免淫之罪，是使人疑淫无罪也。相抵恐不可。"一神隔坐言曰："以孝之故，虽至淫而不加罪，不使人愈知孝乎？以淫之故，虽至孝而不获福，不使人愈戒淫乎？相抵是。"一神沉思良久曰："此事出入颇重大，请命于天曹可矣。"语讫俱起，各命驾而散。李故老吏，娴案牍，阴记其语。反复思之，不能决。不知天曹作何判断也。

崔庄旧宅厅事西，有南北屋各三楹，花竹翳如，颇为幽僻。先祖在时，奴子张云会夜往取茶具，见垂鬟女子，潜匿树下，背立向墙隅。意为宅中小婢于此幽期，遽捉其臂，欲有所挟。女子突转其向，白如傅粉，而无耳目口鼻。绝叫仆地。众持烛至，则无睹矣。或曰："旧有此怪"。或曰："张云会一时目眩。"或曰："实一點婢，猝为人阻，弗能遁，以素巾幂面，伪为鬼状以自脱也。"均未知其审。然自此群疑不释，宿是院者，恒凛凛，夜中亦往往有声。盖人避弗居，斯狐鬼入之耳。又宅东一楼，明隆庆初所建。右侧一小屋，亦云有魅。虽不为害，然婢媪或见之。姚安公一日检视废书，于簏下捕得二獾。佥曰："是魅矣。"姚安公曰："獾弭首为童子缚，必不能为魅。然室无人迹，至使野兽为巢穴，则有魅也亦宜。斯皆空穴来风之义也。"后西厅析属从兄坦居，今归从侄汝伺。楼析属先兄晴湖，今归侄汝份。子姓日繁，家无隙地，魅皆不驱自去矣。

甲与乙相善，甲延乙理家政。及官抚军，并使佐官政，惟其言是从。久而资财皆为所乾没，始悟其奸，稍稍谯责之。乙挟甲阴事，遽反噬。甲不胜愤，乃投牒诉城隍。夜梦城隍语之曰："乙险恶如是，公何以信任不疑？"甲曰："为其事事如我意也。"神喟然曰："人能事事如我意，可畏甚矣。公不畏之而反喜之，不公之绐而给谁耶？渠恶贯将盈，终必食报。若公则自贻伊戚，可无庸诉也。"此甲亲告姚安公者。事在雍正末年。甲滇人，乙越人也。

《杜阳杂编》记李辅国香玉辟邪事，殊怪异，多疑为小说荒唐。然世间实有香玉。先外祖母有一苍玉扇坠，云是曹化淳故物，自明内府窃出。制作朴略，随其形为双螭纠结状，有血斑数点，色如熔蜡。以手摩热，嗅之作沉香气。如不摩热，则不香。疑李辅国玉，亦不过如是，记事者点缀其词耳。先太夫人尝密乞之，外祖母曰："我死则传汝。"后外祖母殁，舅氏疑在太夫人处，太夫人又疑在舅氏处。卫氏姨母曰："母在时佩此不去身，殆携归黄壤矣。"侍疾诸婢皆言殓时未见。因此又疑在卫氏姨母处。今姨母久亡，卫氏式微已甚，家藏玩好，典卖略尽，终未见此物出鬻。竟不知何往也。

有客携柴窑片磁，索数百金，云嵌于胄，临阵以可辟火器。然无由知确否。余曰："何不绳悬此物，以铳发铅丸击之。如果辟火必不碎，价数百金不为多。如碎，则辟火之说不确，理不能索价数百金也。"鬻者不肯，曰："公于赏鉴非当行，殊杀风景。"急怀之去。后闻鬻于贵家，竟得百金。夫君子可欺以其方，难罔以非其道。炮火横冲，如雷霆下击，岂区区片瓦所能御？且雨过天晴，不过泑色精妙耳，究由人造，非出神功，何断裂之馀，尚有灵如是耶？余作旧瓦砚歌有云："铜雀台址颓无遗，何乃剩瓦多如斯？文士例有好奇癖，心知其妄姑自欺。"柴片亦此类而已矣。

嘉峪关外有阔石图岭，为哈密巴尔库尔界。阔石图，译言碑也。有唐太宗时侯君集平高昌碑，在山脊。守将砌以砖石，不使人读。云读之则风雪立至，屡试皆不爽。盖山有神，木石有精，示怪异以要血食，理固有之。巴尔库尔又有汉顺帝时裴岑破呼衍王碑，在城西十里海子上，则随人拓摹，了无他异。惟云海子为冷龙所居，城中不得鸣夜炮，鸣夜炮则冷龙震动，天必奇寒。是则不可以理推矣。

李老人，不知何许人。自称年已数百岁，无可考也。其言支离荒杳，殆前明醒神之流。曩客先师钱文敏公家，余曾见之。符药治病，亦时有小验。文敏次子寓京师水月庵，夜饮醉归，见数十厉鬼遮路，因发狂自剚其腹。余偕陈裕斋、倪馀疆往视，血肉淋漓，仅存一息，似万万无生理。李忽自来昇去，疗半月而创合。人颇以为异。然文敏公误信祝由，割指上疣赘，创发病卒，李疗之竟无验。

盖符箓烧炼之术，有时而效，有时而不效也。先师刘文正公曰："神仙必有，然必非今之卖药道士。佛菩萨必有，然必非今之说法禅僧。"斯真千古持平之论矣。

杨主事，余甲辰典试所取士也。相法及推算八字五星，皆有验。官

刑部时，与阮吾山共事。忽语人曰："以我法论，吾山半月内当为刑部侍郎。然今刑部侍郎不缺员，是何故耶？"次日堂参后，私语同官曰："杜公缺也。"既而杜凝台果有伊犁之役。一日，仓皇乞假归，来辞余。问："何匆遽乃尔？"曰："家惟一子侍老父，今推子某月当死，恐老父过哀，故急归耳。"是时尚未至死期。后询其乡人，果如所说。尤可异也。余尝问以子平家谓命有定，堪舆家谓命可移，究谁为是。对曰："能得吉地即是命，误葬凶地亦是命，其理一也。"斯言可谓得其通矣。

昌吉遣犯彭杞，一女年十七，与其妻皆病瘵。妻先殁，女亦垂尽。彭有官田耕作，不能顾女，乃弃置林内，听其生死。呻吟凄楚，见者心恻。同遣者杨熺语彭曰："君大残忍，世宁有是事！我愿舁归疗治，死则我葬，生则为我妻。"彭曰："大善。"即书券付之。越半载，竟不起。临殁，语杨曰："蒙君高义，感沁心脾。缘伉俪之盟，老亲慨诺，故饮食寝处，不畏嫌疑。搔仰抚摩，都无避忌。然病骸憔悴，迄未能一荐枕衾，实多愧负。若殁而无鬼，夫复何言，若魂魄有知，当必有以奉报。"呜咽而终。杨涕泣葬之。葬后，夜夜梦女来，狎昵欢好，一若生人，醒则无所睹。夜中呼之，终不出。才一交睫，即弛服横陈矣。往来既久，梦中亦知是梦，诘以不肯现形之由。曰："吾闻诸鬼矣：人阳而鬼阴，以阴侵阳，必为人害。惟睡则敛阳而及阴，可以与鬼相见。神虽遇而形不接，乃无害也。"此丁亥春事，至辛卯春四年矣。余归之后，不知其究竟如何。夫卢充金碗，于古尝闻；宋玉瑶姬，偶然一见。至于日日相觌，皆在梦中，则载籍之所希睹也。

有孟氏媪清明上冢归，渴就人家求饮。见女子立树下，态殊婉娈，取水饮媪毕，仍邀共坐，意甚款洽。媪问其父母兄弟，对答具有条理。因戏问："已许嫁未？我为汝媒。"女面赧避入，呼之不出。时已日暮，乃不别而行。越半载，有为媪子议婚者，询知即前女，大喜过望，急促成之。于归后，媪抚其肩曰："数月不见，汝更长成矣。"女错愕不知所对。细询始末，乃知女十岁失母，鞠于外氏五六年，纳币后始迎归。媪上冢时，原未尝至家也。女家故小姓，又颇窭乏，非媪亲见其明慧，姻未必成。不知是何鬼魅，托形以联其好。又不知鬼魅何所取义，必托形以联其好。事有不可理推者，此类是矣。

交河苏斗南，雍正癸丑会试归。至白沟河，与一友遇于酒肆中。友方罢官，饮酣后，牢骚抑郁，恨善恶之无报。适一人褶裤急装，系马于树，亦就对坐。侧听良久，揖其友而言曰："君疑因果有爽耶？夫好色者必病，嗜博者必贫，势也；劫财者必诛，杀人者必抵，理也。同好色而禀有强弱，同嗜博而技有工拙，则势不能齐；同劫财而有首有从，同杀人而有误有故，则理宜别论。此中之消息微矣。其间功过互偿，或以无报为报；罪福未尽，或有报而不即报。毫厘比较，益微乎微矣。君执目前所见，而疑天道之难明，不亦颠乎？且君亦何可怨天道，君命本当以流外出身，官至七品。以君机械多端，伺察多术，工于趋避，而深于挤排，遂削减为八品。君迁八品之时，自谓以心计巧密，由九品而升。不知正以心计巧密，由七品而降也。"因附耳密语，语讫，大声曰："君忘之乎？"友骇汗浃背，问何以能知。微笑曰："岂独我知，三界孰不知？"掉头上马。惟见黄尘滚滚然，斯须灭迹。

乾隆壬戌、癸亥间，村落男妇往往得奇疾。男子则尻骨生尾，如鹿角，如珊瑚枝。女子则患阴挺，如葡萄，如芝菌。有能医之者，一割立愈，不医则死。喧言有妖人投药于井，使人饮水成此病，因以取利。内阁学士永公，时为河间守。或请捕医者治之。公曰："是事诚可疑，然无实据。一村不过三两井，严守视之，自无所施其术。倘一逮问，则无人复敢医此证，恐死者多矣。凡事宜熟虑其后，勿过急也。"固不许，患亦寻息。郡人或以为镇定，或以为纵奸。后余在乌鲁木齐因牛少价昂，农颇病。遂严禁屠者，价果减。然贩牛者闻牛贱，皆不肯来。次岁牛价乃倍贵，弛其禁，始渐平。又深山中盗采金者，殆数百人。捕之恐激变，听之又恐养痈。因设策断其粮道，果饥而散出。然散出之后，皆穷而为盗。巡防察缉，竟日纷纭。经理半载，始得靖。乃知天下事但知其一，不知其二，多有收目前之效而贻后日之忧者。始服永公"熟虑其后"一言。真"瞻言百里"也。

歙人蒋紫垣，流寓献县程家庄，以医为业。有解砒毒方，用之十痊。然必邀取重资，不满所欲，则坐视其死。一日暴卒，见梦于居停主人曰："吾以耽利之故，误人九命矣。死者诉于冥司，冥司判我九世服砒死。今将赴转轮，赂鬼卒，得来见君，以此方奉授。君能持以活一人，则我少受一世业报也。"言讫，泣涕而去曰："吾悔晚矣！"其方以防风一两研为末，水调服之而已，无他秘药也。又闻诸沈丈丰功曰："冷水调石青，解砒毒如神。"沈丈平生不妄语，其方当亦验。

姚安公官刑部日，同官王公坤曰："吾夜梦人浴血立，而不识其人，

胡为乎来耶？"陈公作梅曰："此君恒恐误杀人，惴惴然如有所歉，故缘心造象耳。本无是鬼，何由识其为谁？且七八人同定一谳牍，何独见梦于君？君勿自疑。"佛公伦曰："不然。同事则一体，见梦于一人，即见梦于人人也。我辈治天下之狱，而不能虑天下之冤。据纸上之供词，以断生死，何自识其人哉？君宜自儆，我辈皆宜自儆。"姚安公曰："吾以佛公之论为然。"

有人独行林莽间，遇二人，似是文士，吟哦而行。一人怀中落一书册，此人拾得。字甚拙涩，波磔皆不甚具，仅可辨识。其中或符篆、或药方、或人家春联，纷糅无绪，亦间有经书古文诗句。展阅未竟，二人遽追来夺去，倏忽不见。疑其狐魅也。一纸条飞落草间，俟其去远，觅得之。上有字曰："《诗经》於字皆音乌，《易经》无字左边无点。"余谓此借言粗材之好讲文艺者也，然能刻意于是，不愈于饮博游冶乎！使读书人能奖励之，其中必有所成就。乃薄而挥之，斥而笑之，是未思圣人之待互乡、阙党二童子也。讲学家崖岸过峻，使人甘于自暴弃，皆自沽已名，视世道人心如膜外耳。

景州甯逊公，能以琉璃春碎调漆，堆为擘窠书。凹凸皱皴，俨若石纹。恒挟技游富贵家，喜索人酒食。或闻燕集，必往揍末席。一日，值吴桥社会，以所作对联匾额往售。至晚，得数金。忽遇十数人邀之，曰："我辈欲君殚一月工，堆字若干，分赠亲友，冀得小津润。今先屈先生一餐，明日奉迎至某所。"甯大喜，随入酒肆，共恣饮啖。至漏下初鼓，主人促闭户。十数人一时不见，座上惟甯一人。无可置辩，乃倾囊偿值，懊恼而归。不知为幻术为狐魅也。李露园曰："此君自宜食此报。"

某公眷一娈童，性柔婉，无市井态，亦无恃宠骄纵意。忽泣涕数日，目尽肿。怪诘其故。慨然曰："吾日日荐枕席，殊不自觉，昨寓中某与某童狎，吾穴隙窃窥，丑难言状，与横陈之女迥殊。因自思吾一男子而受污如是，悔不可追，故愧愤欲死耳。"某公譬解百方，终怏怏不释。后竟逃去。或曰："已改易姓名，读书游泮矣。"梅禹金有《青泥莲花记》，若此童者，亦近于青泥莲花欤！又奴子张凯，初为沧州隶，后夜闻罪人暗泣声，心动辞去，鬻身于先姚安公。年四十馀，无子。一日，其妇临蓐，凯愀然曰："其女乎！"已而果然。问："何以知之？"曰："我为隶时，有某控其妇与邻人张九私。众知其枉，而事涉暧昧，无以代白也。会官遣我拘'张九。我禀曰：'张九初五日以逋赋拘，初八日笞十五去矣，今不知所往，乞宽其限。'官检征比册，良是，怒某曰：'初七日张九方押禁，何由至汝妇室乎？'杖而遣之。其实别一张九，吾借以支吾得免也。去岁，闻此妇死。昨夜梦其向我拜，知其转生为我女也。"后此女嫁为贾人妇，凯夫妇老且病，竟赖其孝养以终。杨椒山有《罗刹成佛记》。若此奴者，亦近于罗刹成佛欤！

冯乎宇言：有张四喜者，家贫佣作。流转至万全山中，遇翁妪留治圃。爱其勤苦，以女赘之。越数岁，翁妪言往塞外省长女，四喜亦挈妇他适。久而渐觉其为狐，耻与异类偶，伺其独立，潜弯弧射之，中左股。狐女以手拔矢，一跃直至四喜前，持矢数之曰："君太负心，殊使人恨！虽然，他狐媚人，苟且野合耳。我则父母所命，以礼结婚，有夫妇之义焉。三纲所系，不敢仇君；君既见弃，亦不敢强住聒君。"握四喜之手痛哭，逾数刻，乃蹶然逝。四喜归，越数载，病死，无棺以敛。狐女忽自外哭入，拜谒姑舅，具述始末；且曰："儿未嫁，故敢来也。"其母感之，詈四喜无良。狐女俯不语。邻妇不平，亦助之詈。狐女瞋视曰："父母詈儿，无不可者。汝奈何对人之妇，詈人之夫！"振衣竟出，莫知所往。去后，于四喜尸旁得白金五两，因得成葬。后四喜父母贫困，往往于盎中箧内无意得钱米，盖亦狐女所致也。皆谓此狐非惟形化人，心亦化人矣。或人谓狐虽知礼，不至此，殆平宇故撰此事，以愧人之不如者。姚安公曰："平宇虽村叟，而立心笃实，平生无一字虚妄；与之谈，讷讷不出口，非能造作语言者也。"

卢观察执吉言：茌平有夫妇相继死，遗一子，甫周岁。兄嫂咸不顾恤，饿将死。忽一少妇排门入，抱儿于怀，詈其兄嫂曰："尔弟夫妇尸骨未寒，汝等何忍心至此！不如以儿付我，犹可觅一生活处也。"挈儿竟出，莫知所终。邻里咸目睹之，有知其事者曰："其弟在日，常昵一狐女，意或不忘旧情，来视遗孤乎？"是亦张四喜妇之亚也。

乌鲁木齐多狭斜，小楼深巷，方响时闻。自谯鼓初鸣，至寺钟欲动，灯火恒荧荧也。冶荡者惟所欲为，官弗禁，亦弗能禁。有宁夏布商何某，年少美风姿，资累千金，亦不甚吝，而不喜为北里游。惟畜牝豕十馀，饲极肥，濯极洁，日闭门而沓淫之，豕亦相摩相倚，如昵其雄。仆隶恒窃窥之，何弗觉也。忽其友乘醉戏诘，乃愧而投井死。迪化厅同知木金泰曰："非我亲鞫是狱，虽司马温公以告我，我弗信也。"余作

附录

是地杂诗,有曰:"石破天惊事有无,后来好色胜登徒。何郎甘为风情死,才信刘郎爱媚猪。"即咏是事。人之性癖,有至于如此者!乃知以理断天下事,不尽其变;即以情断天下事,亦不尽其变也。

张一科,忘其何地人。携妻就食塞外,佣于西商。西商昵其妻,挥金如土,不数载资尽归一科,反寄食其家,妻厌薄之,诟谇使去。一科曰:"微是人无此日,负之不祥。"坚不可。妻一日持梃逐西商,一科怒詈。妻亦反詈曰:"彼非爱我,昵我色也。我亦非爱彼,利彼财也。以财博色,色已得矣,我原无所负于彼;以色博财,财不继矣,彼亦不能责于我。此而不遣,留之何为?"一科益愤,竟抽刃杀之,先以百金赠西商,而后自首就狱。又一人忘其姓名,亦携妻出塞。妻病卒,困不能归,且行乞。忽有西商招至肆,赠五十金。怪其太厚,固诘其由。西商密语曰:"我与尔妇最相昵,尔不知也。尔妇垂殁,私以尔托我。我不忍负于死者,故资尔归里。"此人怒掷于地,竟格斗至讼庭。二事相去不一月。相国温公,时镇乌鲁木齐。一日,宴僚佐于秀野亭,座间论及。前竹山令陈题桥曰:"一不以贫富易交,一不以死生负约,是虽小人,皆古道可风也。"公鞫蹙曰:"古道诚然。然张一科曷可风耶?"后杀妻者拟抵,而谳语甚轻;赠金者拟杖,而不云枷示。公沈思良久,慨然曰:"皆非法也,然人情之薄久矣,有司如是上,即如是可也。"

嘉祥曾映华言:一夕秋月澄明,与数友散步场圃外。忽旋风滚滚,自东南来,中有十馀鬼,互相牵曳,且殴且詈。尚能辨其一二语,似争朱、陆异同也。门户之祸,乃下彻黄泉乎!

"去去复去去,凄恻门前路,行行重行行,辗转犹含情。含情一回首,见我窗前柳;柳北是高楼,珠帘半上钩,昨为楼上女,帘下调鹦鹉;今为墙外人,红泪沾罗巾。墙外与楼上,相去十丈;云何咫尺间,如隔千重山?悲哉两决绝,从此终天别。别鹤空徘徊,谁念鸣声哀!徘徊日欲晚,决意投身返。手裂湘裙裾,泣寄稿砧书。可怜帛一尺,字字血痕赤。一字一酸吟,旧爱牵人心。君如收覆水,妾罪甘鞭捶。不然死君前,终胜生弃捐。死亦无别语,愿葬君家土。傥化断肠花,犹得生君家。"右见《永乐大典》,题曰《李芳树刺血诗》,不著朝代,亦不详芳树始末。不知为所自作,如窦玄妻诗;为时人代作,如焦仲卿妻诗也。世无传本,余校勘《四库全书》偶见之。爱其缠绵悱恻,无一毫怨怒之意,殆可泣鬼神。令馆吏录出一纸,久而失去。今于役滦阳,检点旧帙，忽于小箧内得之。沈湮数百年，终见于世，岂非贞魂怨魄，精贯三光，有不可磨灭者乎！陆耳山副宪曰："此诗次韩蕲王孙女诗前；彼在宋末，则芳树必宋人。"以例推之，想当然也。

舅氏安公实斋，一夕就寝，闻室外扣门声，问之不答，视之无所见。越数夕，复然。又数夕，他室亦复然。如是者十馀度，亦无他故。后村中获一盗，自云我曾入某家十馀次，皆以人不睡而返。问其日皆合。始知鬼报盗警也。故瑞不必为祥，妖不必为灾，各视乎其人。

明永乐二年，迁江南大姓实畿辅。始祖椒坡公，自上元徙献县之景城。后子孙繁衍，析居崔庄，在景城东三里。今士人以仕宦科第，多在崔庄，故皆称崔庄纪，举其盛也。而余族则自称景城纪，不忘本也。椒坡公故宅，在景城、崔庄间，兵燹久圮，其址属族叔楘庵家。楘庵从余受经，以乾隆丙子举乡试，拟筑室移居于是。先姚安公为预题一联曰："当年始祖初迁地，此日云孙再造家。"后室不果筑，而姚安公以甲申八月弃诸孤。卜地惟是处吉，因割他田易楘楘庵而葬焉。前联如公自谶也。事皆前定，岂不信哉！

侍姬沈氏，余字之曰明玕。其祖长洲人，流寓河间，其父因家焉。生二女，姬其次也，神思朗彻，殊不类小家女。常私语其姊曰："我不能为田家妇，高门华族，又必不以我为妇。庶几其贵家媵乎？"其母微闻之，竟如其志。性慧黠，平生未尝忤一人。初归余时，拜见马夫人。马夫人曰："闻汝自愿为人媵，媵亦殊不易为。"敛衽对曰："惟不愿为媵，故媵难为耳。既愿为媵，则媵亦何难！"故马夫人始终爱之如娇女。尝语余曰："女子当以四十以前死，人犹悼惜。青裙白发，作孤雏腐鼠，吾不愿也。"亦竟如其志，以辛亥四月二十五日卒，年仅三十。初仅识字，随余检点图籍，久遂粗知文义，亦能以浅语成诗。临终，以小照付其女，口诵一诗，请余书之，曰："三十年来梦一场，遗容手付女收藏。他时话我生平事，认取姑苏沈五娘。"泊然而逝。方病剧时，余以侍值圆明园，宿海淀槐西老屋。一夕，恍惚两梦之，以为结念所致耳。既而知其是夕晕绝，移二时乃苏，语其母曰："适梦至海淀寓所，有大声如雷霆，因而惊醒。"余忆是夕，果壁上挂瓶绳断堕地，始悟其生魂果至矣。故题其遗照有曰："几分相似几分非，可是香魂月下归？春梦无痕时一瞥，最关情处在依稀。"又曰："到死春蚕尚有丝，离魂倩女不须疑。一声惊破梨花梦，恰记铜瓶坠地时。"即记此事也。

相去数千里,以燕赵之人,谈滇黔之俗,而谓居是土者,不如吾所知之确。然耶否耶?晚出数十年,以鬐齓之子,论耆旧之事,而曰见其人者,不如吾所知之确。然耶否耶?左丘明身为鲁史,亲见圣人;其于《春秋》,确有源委。至唐中叶,陆淳辈始持异论。宋孙复以后,哄然佐斗,诸说争鸣,皆曰左氏不可信,吾说可信,何以异于是耶。盖汉儒之学务实,宋儒侧近名,不出新义,则不能耸听。不排旧说,则不能出新义。诸经训诂,皆可以口辩相争;惟《春秋》事迹厘然,难于变乱。于是谓左氏为楚人、为七国初人、为秦人,而身为鲁史,亲见圣人之说摇。既非身为鲁史、亲见圣人,则传中事迹,皆不足据,而后可惟所欲言矣。沿及宋季,赵鹏飞作《春秋经筌》,至不知成风为僖公生母,尚可与论名分、定褒贬乎?元程端学推波助澜,尤为悍戾。偶在五云多处(即原心亭。)检校端学《春秋解》,周编修书昌因言:有士人得此书,珍为鸿宝。一日,与友人游泰山,偶谈经义,极称其论叔姬归鄘一事,推阐至精。夜梦一古妆女子,仪卫尊严,厉色诘之曰:"武王元女,实主东岳。上帝以我艰难完节,接迹共姜,俾隶太姬为贵神,今二千馀年矣。昨尔述竖儒之说,谓我归鄘为淫于纪季,虚辞诬诋,实所痛心!我隐公七年归纪,庄公二十年归鄘,相距三十四年,已在五旬以外矣。以斑白之嫠妇,何由知季必悦我?越国相从,《春秋》之法,非诸侯夫人不书,亦如非卿不书也。我待年之媵,例不登诸简策,徒以矢心不二,故仲尼有是特笔。程端学何所依凭而造此暧昧之谤耶?尔再妄传,当脔尔舌,命从神以骨朵击之。"狂叫而醒,遂毁其书。余戏谓书昌曰:"君耽宋学,乃作此言!"书昌曰:"我取其所长,而不敢讳所短也。"是真持平之论矣。

杨令公祠在古北口内,祀宋将杨业。顾亭林《昌平山水记》,据《宋史》谓业战死长城北口,当在云中,非古北口也。考王曾《行程录》,已云古北口内有业祠。盖辽人重业之忠勇,为之立庙。辽人亲与业战,曾奉使时,距业仅数十年,岂均不知业殁于何地?《宋史》则元季托克托所修,(托克托旧作脱脱,盖译音未审。今从《三史国语解》。)距业远矣,似未可据后驳前也。

余校勘秘籍,凡四至避暑山庄:丁未以冬、戊申以秋、己酉以夏、壬子以春,四时之胜胥览焉。每泛舟至文津阁,山容水意,皆出天然,树色泉声,都非尘境;阴晴朝暮,千态万状,虽一鸟一花,亦皆入画。

其尤异者，细草沿坡带谷，皆茸茸如绿厨，高不数寸，齐如裁剪，无一茎参差长短者。苑丁谓之规矩草。出宫墙才数步，即鬖髿滋蔓矣。岂非天生嘉卉，以待宸游哉！

李又聃先生言：有张子克者，授徒村落，岑寂寡俦。偶散步场圃间，遇一士，甚温雅。各道姓名，颇相款洽。自云家住近村，里巷无可共语者，得君如空谷之足音也。因共至塾，见童子方读《孝经》。问张曰："此书有今文古文，以何为是？"张曰："司马贞言之详矣。近读《吕氏春秋》，见《审微》篇中引诸侯一章，乃是今文。七国时人所见如是，何处更有古文乎？"其人喜曰："君真渎书人也。"自是屡至塾。张欲报谒，辄谢以贫无栖止，夫妇赁住一破屋，无地延客。张亦遂止。一夕，忽问："君畏鬼乎？"张曰："人未离形之鬼，鬼已离形之人耳，虽未见之，然觉无可畏。"其人恧然曰："君既不畏，我不欺君，身即是鬼。以生为士族，不能逐焰口争钱米，叨为气类，求君一饭可乎？"张契分既深，亦无疑惧，即为具食，且邀使数来。考论图籍，殊有端委。偶论太极无极之旨，其人怫然曰："于传有之：'天道远，人事迩。'《六经》所论皆人事，即《易》阐阴阳，亦以天道明人事也。舍人事而言天道，已为虚杳；又推及先天之先，空言聚讼，安用此为？谓君留心古义，故就君求食。君所见乃如此乎？"拂衣竟起，倏已影灭。再于相遇处候之，不复睹矣。

余督学闽中时，院吏言：雍正中，学使有一姬堕楼死，不闻有他故，以为偶失足也。久而有泄其事者，曰姬本山东人，年十四五，嫁一窭人子。数月矣。夫妇甚相得，形影不离，会岁饥，不能自活，其姑卖诸贩鬻妇女者。与其夫相抱，泣彻夜，啮臂为志而别。夫念之不置，沿途乞食，兼程追及贩鬻者，潜随至京师。时于车中一觌面，幼年怯懦，惧遭诃詈，不敢近，相视挥涕而已。既入官媒家，时时候于门侧，偶得一睹，彼此约勿死，冀天上人间，终一相见也。后闻为学使所纳，因投身为其幕友仆，共至闽中。然内外隔绝，无由通问，其妇不知也。一日病死，妇闻婢媪道其姓名、籍贯、形状、年齿，始知之。时方坐笔捧楼上，凝立良久，忽对众备言始末，长号数声，奋身投下死。学使讳言之，故其事不传。然实无可讳也。大抵女子殉夫，其故有二：一则揣柱纲常，宁死不辱。此本乎礼教者也。一则忍耻偷生，苟延一息，冀乐昌破镜，再得重圆；至望绝势穷，然后一死以明志。此生于情感者也。此

女不死于贩鬻之手，不死于媒氏之家，至玉玷花残，得故夫凶问而后死，诚为太晚。然其死志则久定矣，特私爱缠绵，不能自割。彼其意中，固不以当死不死为负夫之恩，直以可待不待为辜夫之望。哀其遇，悲其志，惜其用情之误，则可矣；必执《春秋》大义，责不读书之儿女，岂与人为善之道哉！

壬申七月，小集宋蒙泉家，偶谈狐事。聂松岩曰：贵族有一事，君知之乎？曩以乡试在济南，闻有纪生者，忘其为寿光为胶州也。尝暮遇女子独行，泥泞颠踬，倩之扶掖。念此必狐女，姑试与昵，亦足以知妖魅之情状。因语之曰："我识尔，尔勿诳我。然得妇如尔亦自佳，人静后可诣书斋，勿在此相调，徒多迂折。"女子笑而去。夜半果至，狎媟者数夕，觉渐为所惑，因拒使勿来。狐女怨詈不肯去。生正色曰："勿如是也。男女之事，权在于男。男求女，女不愿，尚可以强暴得；女求男，男不愿，则心如寒铁，虽强暴亦无所用之。况尔为盗我精气来，非以情合，我不为负尔情。尔阅人多矣，难以节言，我亦不为堕尔节。始乱终弃，君子所恶，为人言之，不为尔曹言之也。尔何必恋恋于此，徒为无益？"狐女竟词穷而去。乃知一受蛊惑，缠绵至死，符箓不能驱遣者，终由情欲牵连，不能自割耳。使泊然不动，彼何所取而不去哉！

法南野又说一事曰：里有恶少数人，闻某氏荒冢有狐，能化形媚人。夜携罟布穴口，果掩得二牝狐。防其变幻，急以锥刺其髀，贯之以索，操刃胁之曰："尔果能化形为人，为我辈行酒，则贷尔命。否则立磔尔！"二狐嗥叫跳掷，如不解者。恶少怒，刺杀其一。其一乃人语曰："我无衣履，及化形为人，成何状耶？"又以刃拟颈。乃宛转成一好女子，裸无寸缕。众大喜，迭肆无礼，复拥使侑觞，而始终掣索不释手。狐妮妮软语，祈求解索。甫一脱手，已瞥然逝。归未到门，遥见火光，则数家皆焦土，杀狐者一女焚焉。知狐之相报也。狐不扰人，人乃扰狐，"多行不义"，其及也宜哉。

田白岩说一事曰：某继室少艾，为狐所媚，劾治无验。后有高行道士，檄神将缚至坛，责令供状。金闻狐语曰："我豫产也，偶挞妇，妇潜窜至此，与某昵。我衔之次骨，是以报。"某忆幼时果有此，然十馀年矣。道士曰："结恨既深，自宜即报，何迟迟至今？得无刺知此事，假借藉口耶？"曰："彼前妇贞女也，惧干天罚，不敢近。此妇轻佻，乃得诱狎。因果相偿，鬼神弗罪，师又何责焉？"道士沉思良久，曰：

"某昵尔妇几日？"曰："一年馀。""尔昵此妇几日？"曰："三年馀。"道士怒曰："报之过当，曲又在尔，不去且檄尔付雷部！"狐乃服罪去。清远先生（蒙泉之父。）曰："此可见邪正之念，妖魅皆得知。报施之理，鬼神弗能夺也。"

清远先生亦说一事曰：朱某一婢，粗材也。稍长渐慧黠，眉目亦渐秀媚，因纳为妾。颇有心计，摒挡井井，米盐琐屑，家人纤毫不敢欺，欺则必败。又善居积，凡所贩鬻，来岁价必贵。朱以渐裕，宠之专房。一日，忽谓朱曰："君知我为谁？"朱笑曰："尔颠耶？"因戏举其小名曰："尔非某耶？"曰："非也，某逃去久矣，今为某地某人妇，生子已七八岁。我本狐女，君九世前为巨商，我为司会计。君遇我厚，而我干没君三千馀金。冥谪堕狐身，炼形数百年，幸得成道。然坐此负累，终不得升仙。故因此婢之逃，幻其貌以事君。计十馀年来，所入足以敌所逋。今尸解去矣。我去之后，必现狐形。君可付某仆埋之，彼必裂尸而取革，君勿罪彼。彼四世前为饿莩时，我未成道，曾啖其尸。听彼碎磔我，庶冤可散也。"俄化狐仆地，有好女长数寸，出顶上，冉冉去；其貌则别一人矣。朱不忍而自埋之，卒为此仆窃发，剥卖其皮。朱知为夙业，浩叹而已。

从孙树棆言：高川贺某，家贫甚。逼除夕，无以卒岁，诣亲串借贷无所得，仅沽酒款之。贺抑郁无聊，姑浇块垒，遂大醉而归。时已昏夜，遇老翁负一囊，蹩躠不进，约贺为肩至高川，酬以雇值。贺诺之，其囊甚重。贺私念方无度岁资，若攫夺而逸，龙锺疲叟，必不能追及。遂尽力疾趋，翁自后追呼，不应。狂奔七八里，甫得至家，掩门急人。呼灯视之，乃新斫杨木一段，重三十馀斤，方知为鬼所弄。殆其贪狡之性，久为鬼恶，故乘其窘而侮之。不然，则来往者多，何独戏贺？是时未见可欲，尚未生盗心，何已中途相待欤？

树棆又言：垛庄张子仪，性嗜饮，年五十馀，以寒疾卒。将敛矣，忽苏曰："我病愈矣。顷至冥司，见贮酒巨瓮三，皆题'张子仪封'字；其一已启封，尚存半瓮，是必皆我之食料，须饮尽方死耳。"既而果愈，复纵饮二十馀年。一日，谓所亲曰："我其将死乎！昨又梦至冥司，见三瓮酒俱尽矣。"越数日，果无疾而卒。然则《补录纪传》载李卫公食羊之说，信有之乎？

宝坻王孝谦锦堂言：宝坻旧城圮坏，水啮雨穿，多成洞穴，妖物遂

窟宅其中。后修城时，毁其旧垣，失所凭依。遂散处空宅古寺，四出祟人，男女多为所媚。忽来一道士，教人取黑豆四十九粒，持咒炼七日，以击妖物，应手死。锦堂家多空屋，遂为所据；一仆妇亦为所媚。以道人所炼豆击之，忽风声大作，似有多人喧呼曰："太夫人被创死矣！"趋视，见一巨蛇，豆所伤处，如铳炮铅丸所中。因问道士："凡媚女者必男妖，此蛇何呼太夫人？道士曰："此雌蛇也。蛇之媚人，其首尾皆可以噏精气，不必定相交接也。"旋有人但闻风声，即似梦魇，觉有吸其精者，精即涌溢。则道士之言信矣。又一人突见妖物，豆在纸裹中，猝不及解，并纸掷之，妖物亦负创遁。又一人为女妖所媚，或授以豆。耽其色美，不肯击，竟以陨身。夫妖物之为祟，事所恒有，至一时群聚而肆毒，则非常之恶，天道所不容矣。此道士不先不后，适以是时来，或亦神所假手欤！

某侍郎夫人卒，盖棺以后，方陈祭祀。忽一白鸽飞入帏，寻视无睹。倏扰间，烟焰自棺中涌出，连甍累栋，顷刻并焚。闻其生时。御下严：凡买女奴，成券入门后，必引使长跪，先告戒数百语，谓之教民；教导后，即褫衣反接，挞百鞭，谓之试刑。或转侧，或呼号，挞弥甚。挞至不言不动，格格然如击木石，始谓之知畏，然后驱使。安州陈宗伯夫人，先太夫人姨也，曾至其家。常曰其僮仆婢媪，行列进退，虽大将练兵，无如是之整齐也。又余常至一亲串家，丈人行也，入其内室，见门左右悬二鞭，穗皆有血迹，柄皆光泽可鉴。闻其每将就寝，诸婢一一缚于凳，然后覆之以衾，防其私遁或自戕也。后死时，两股疽溃露骨，一若杖痕。

刑曹案牍，多被殴后以伤风死者，在保辜限内，于律不能不拟抵。吕太常含晖，尝刊秘方：以荆芥、黄蜡、鱼鳔三味（鱼鳔炒黄色）各五钱，艾叶三片，入无灰酒一碗，重汤煮一炷香，热饮之，汗出立愈；惟百日以内，不得食鸡肉。后其子慕堂，登庚午贤书，人以为刊方之报也。

《酉阳杂俎》载骰子咒曰："伊帝弥帝，弥揭罗帝。"诵至十万遍，则六子皆随呼而转。试之，或验或不验。余谓此犹诵驴字治病耳。大抵精神所聚，气机应之。气机所感，鬼神通之。所谓"至诚则金石为开"也。笃信之则诚，诚则必动，姑试之则不诚，不诚则不动。凡持炼之术，莫不如是，非独此咒为然矣。

旧仆兰桂言：初至京师，随人住福清会馆，门以外皆丛冢也。一夜月黑，闻汹汹喧呶声、哭泣声，又有数人劝谕声。念此地无人，是必鬼斗。自门隙窃窥，无所睹。屏息谛听，移数刻，乃一人迁其妇柩，误取他家柩去。妇故有夫，葬亦相近，谓妇为此人所劫，当以此人妇相抵。妇不从而诟争也。会逻者鸣金过，乃寂无声。不知其作何究竟，又不知此误取之妇他年合窆又作何究竟也。然则谓鬼附主而不附墓，其不然乎！

虞惇有佃户孙某，善鸟铳，所击无不中。尝见一黄鹂，命取之。孙启曰："取生者耶？死者耶？"问："铁丸冲击，安能预决其生死？"曰："取死者直中之耳，取生者则惊使飞而击其翼。"命取生者，举手铳发，黄鹂果堕。视之，一翼折矣。其精巧如此。适一人能诵放生咒，与约曰："我诵咒三遍，尔百击不中也。"试之果然。后屡试之，无不验。然其词鄙俚，殆可笑噱，不识何以能禁制。又凡所闻禁制诸咒，其鄙俚大抵皆似此，而实皆有验，均不测其所以然也。

蔡葛山先生曰："吾校四库书，坐讹字夺俸者数矣，惟一事深得校书力：吾一幼孙，偶吞铁钉，医以朴硝等药攻之，不下，日渐尪弱。后校《苏沈良方》，见有小儿吞铁物方，云剥新炭皮研为末，调粥三碗，与小儿食，其铁自下。依方试之，果炭屑裹铁钉而出。乃知杂书亦有用也。此书世无传本，惟《永乐大典》收其全部。余领书局时，属王史亭排纂成帙。苏沈者，苏东坡、沈存中也，二公皆好讲医药。宋人集其所论，为此书云。"

叶守甫，德州老医也，往来余家，余幼时犹及见之。忆其与先姚安公言：常从平原诣海丰，夜行失道，仆从皆迷。风雨将至，四无村墟，望有废寺，往投暂避。寺门虚掩，而门扉隐隐有白粉大书字。敲火视之，则"此寺多鬼，行人勿住"二语也。进退无路，乃推门再拜曰："过客遇雨，求神庇荫；雨止即行，不敢久稽。"闻承尘板上语曰："感君有礼。但今日大醉，不能见客，奈何！君可就东壁坐，西壁蝎窟，恐遭其螫；渴勿饮檐溜，恐有蛇涎；殿后酸梨已熟，可摘食也。"毛发植立，嗫不敢语；雨稍止，即惶遽拜谢出，如脱虎口焉。姚安公曰："题门榜示，必伤人多矣。而君得无恙，且得其委曲告语。盖以礼自处，无不可以礼服者；以诚相感，无不可以诚动者。虽异类无间也。君非惟老于医，抑亦老于涉世矣。"

朱导江言：新泰一书生，赴省乡试。去济南尚半日程，与数友乘凉早行。黑暗中有二驴追逐行，互相先后，不以为意也。稍辨色后，知为二妇人。既而审视，乃一妪，年约五六十，肥而黑；一少妇，年约二十，甚有姿首。书生频目之。少妇忽回顾失声曰："是几兄耶！"生错愕不知所对。少妇曰："我即某氏表妹也，我家法甚严，中表不相见，故兄不识妹。妹则尝于帘隙窥兄，故相识也。"书生忆原有表妹嫁济南，因相款语。问："早行何适？"曰："昨与妹婿往问舅母疾，本拟即日返。舅母有讼事，浼妹婿入京，不能即归；妹早归为治装也。"流目送盼，情态嫣然，且微露十馀岁时一见相悦意。书生心微动。至路歧，邀至家具一饭。欣然从之，约同行者晚在某所候。至钟动不来。次日，亦无耗。往昨别处，循歧路寻之，得其驴于野田中，鞍尚未解。遍物色村落间，绝无知此二妇者。再询，访得其表妹家，则表妹殁已半年馀。其为鬼所惑、怪所啖，抑或为盗所诱，均不可知。而此人遂长已矣。此亦足为少年佻薄者戒也。

杂说称娈童始黄帝，（钱詹事辛楣如此说。辛楣能举其书名，今忘之矣。）殆出依托。比顽童始见《商书》，然出梅赜伪古文，亦不足据。《逸周书》称"美男破老"，殆指是乎？《周礼》有不男之讼，注谓天阉不能御女者。然自古及今，未有以不能御女成讼者；经文简质，疑其亦指此事也。凡女子淫佚，发乎情欲之自然。娈童则本无是心，皆幼而受绐，或势劫利饵言。相传某巨室喜狎狡童，而患其或愧拒，乃多买端丽小儿未过十岁者；与诸童媟戏时，使执烛侍侧。种种淫状，久而见惯，视若当然。过三数年，稍长可御，皆顺流之舟矣。有所供养僧规之曰："此事世所恒有，不能禁檀越不为，然因其自愿。譬诸挟妓，其过尚轻；若处心积虑，凿赤子之天真，则恐干神怒。"某不能从，后卒罹祸。夫术取者造物所忌，况此事而以术取哉！

东光有王莽河，即胡苏河也。旱则涸，水则涨，每病涉焉。外舅马公周箓言：雍正末，有丐妇一手抱儿，一手扶病姑涉此水。至中流，姑蹶而仆。妇弃儿于水，努力负姑出。姑大诟曰："我七十老妪，死何害！张氏数世，待此儿延香火，尔胡弃儿以拯我！斩祖宗之祀者尔也！"妇泣不敢语，长跪而已。越两日，姑竟以哭孙不食死。妇呜咽不成声，痴坐数日，亦立槁。不知其何许人，但于其姑詈妇时，知为姓张耳。有著论者，谓儿与姑较，则姑重；姑与祖宗较，则祖宗重。使妇或有夫，或尚有兄弟,则弃儿是。既两世穷嫠,止一线之孤子,则姑所责者是,妇虽死有余悔焉。姚安公曰:"讲学家责人无已时。夫急流汹涌,少纵即逝,此岂能深思长计时哉!势不两全,弃儿救姑,此天理之正,而人心之所安也。使姑死而儿存,终身宁不耿耿耶?不又有责以爱儿弃姑者耶?且儿方提抱,育不育未可知。使姑死而儿又不育,悔更何如耶?此妇所为,超出恒情已万万。不幸而其姑自殒,以死殉之,其亦可哀矣!犹沾沾焉而动其喙,以为精义之学,毋乃白骨衔冤,黄泉赍恨乎!孙复作《春秋尊王发微》,二百四十年内,有贬无褒;胡致堂作。《读史管见》,三代以下无完人。辨则辨矣,非吾之所欲闻也。"

郭石洲言:朱明经静园,与一狐友。一日,饮静园家,大醉,睡花下。醒而静园问之曰:"吾闻贵族醉后多变形,故以衾覆君而自守之。君竟不变,何也?"曰:"此视道力之浅深矣。道力浅者能化形幻形耳,故醉则变。睡则变,仓皇惊怖则变;道力深者能脱形,犹仙家之尸解,已归人道,人其本形矣,何变之有!"静园欲从之学道。曰:"公不能也。凡修道人易而物难,人气纯,物气驳也;成道物易而人难,物心一,人心杂也。炼形者先炼气,炼气者先炼心,所谓志气之帅也。心定则气聚而形固,心摇则气涣而形萎。广成子之告黄帝,乃道家之秘要,非庄叟寓言也。深岩幽谷,不见不闻,惟凝神导引,与天地阴阳往来消息,阅百年如一日,人能之乎?"朱乃止。因忆丁卯同年某御史,尝问所昵伶人曰:"尔辈多矣,尔独擅场,何也?"曰:"吾曹以其身为女,必并化其心为女,而后柔情媚态,见者意消。如男心一线犹存,则必有一线不似女,乌能争蛾眉曼睩之宠哉?若夫登场演剧,为贞女则正其心,虽笑谑亦不失其贞;为淫女则荡其心,虽庄坐亦不掩其淫;为贵女则尊重其心,虽微服而贵气存;贱女则敛抑其心,虽盛妆而贱态在;为贤女则柔婉其心,虽怒甚无遽色;为悍女则拗戾其心,虽理诎无巽词。其他喜怒哀乐,恩怨爱憎,一一设身处地,不以为戏而以为真,人视之竟如真矣。他人行女事而不能存女心,作种种女状而不能有种种女心,此我所以独擅场也。"李玉典曰:"此语猥亵不足道,而其理至精,此事虽小,而可以喻大。天下未有心不在是事而是事能诣极者,亦未有心心在是事而是事不诣极者。心心在一艺,其艺必工;心心在一职,其职必举。小而僚之丸、扁之轮,大而皋、夔、稷、契之营四海,其理一而已矣。此与炼气炼心之说,可互相发明也。"

石洲又言：一书生家有园亭，夜雨独坐，忽一女子搴帘入，自云家在墙外，窥宋已久，今冒雨相就。书生曰："雨猛如是，尔衣履不濡，何也？"女词穷，自承为狐。问："此间少年多矣，何独就我？"曰："前缘。"问："此缘谁所记载？谁所管领？又谁以告尔？尔前生何人？我前生何人？其结缘以何事？在何代何年？请道其详。"狐仓卒不能对，嗫嚅久之，曰："子千百日不坐此，今适坐此；我见千百人不相悦，独见君相悦。其为前缘审矣，请勿拒。"书生曰："有前缘者必相悦。吾方坐此，尔适自来，而吾漠然心不动，则无缘审矣，请勿留。"女趑趄间，闻窗外呼曰："婢子不解事，何必定觅此木强人！"女子举袖一挥，灭灯而去。或云是汤文正公少年事。余谓狐魅岂敢近汤公，当是曾有此事，附会于公耳。

乌鲁木齐多野牛，似常牛而高大，千百为群，角利如矛艄；其行以强壮者居前，弱小者居后。自前击之，则驰突奋触，铳炮不能御，虽百炼健卒，不能成列合围也；自后掠之，则绝不反顾。中推一最巨者，如蜂之有王，随之行止。尝有一为首者失足落深涧，群牛俱随之投之，重叠殪焉。又有野骡野马，亦作队行，而不似野牛之悍暴，见人辄奔。其状真骡真马也，惟被以鞍勒，则伏不能起。然时有背带鞍花者，（鞍所磨伤之处，创愈则毛作白色，谓之鞍花。）又有蹄嵌蹄铁者，或曰山神之所乘，莫测其故，久而知为家畜骡马逸入山中，久而化为野物，与之同群耳。骡肉肥脆可食，马则未见食之者。又有野羊，《汉书·西域传》，所谓羱羊也。食之与常羊无异。又有野猪，猛鸷亚于野牛，毛革至坚，枪矢弗能入，其牙铦于利刃，马足触之皆中断。吉木萨山中有老猪，其巨如牛，人近之辄被伤；常率其族数百，夜出暴禾稼。参领额尔赫图牵七犬入山猎，猝与遇，七犬立为所噉，复厉齿向人。鞭马狂奔，乃免。余拟植木为栅，伏巨炮其中，伺其出击之。或曰："傥击不中，则其牙拔栅如拉朽，栅中人危矣。"余乃止。又有野驼，止一峰，脔之极肥美。杜甫《丽人行》所谓"紫驼之峰出翠釜"，当即指此。今人以双峰之驼为八珍之一，失其实矣。

景城之北，有横冈坡陀，形家谓余家祖茔之来龙。其地属姜氏。明末，姜氏妒余族之盛，建真武祠于上，以厌胜之。崇祯壬午，兵燹，余家不绝如线。后祠渐圮，余族乃渐振，祠圮尽而复盛焉。其地今鬻于从侄信夫。时乡中故老已稀，不知旧事，误建土神祠于上，又稍稍不靖。

余知之，急属信夫迁去，始安。相地之说，或以为有，或以为无。余谓刘向校书，已列此术为一家，安得谓之全无；但地师所学必不精，又或缘以为奸利，所言尤不足据，不宜溺信之耳。若其凿然有验者，固未可诬也。

《象经》始见《庾开府集》，然所言与今法不相符。《太平广记》载棋子为怪事，所言略近今法，而亦不同。北人喜为此戏，或有耽之忘寝食者。景城真武祠末圮时，中一道士酷好此，因共以"棋道士"呼之，其本姓名乃转隐。一日，从兄方洲入所居，见几上置一局，止三十一子，疑其外出，坐以相待。忽闻窗外喘息声，视之，乃二人四手相持，共夺一子，力竭并踣也。癖嗜乃至于此！南人则多嗜弈，亦颇有废时失事者。从兄坦居言：丁卯乡试，见场中有二士，画号板为局，拾碎炭为黑子，剔碎石灰块为白子，对著不止，竟俱曳白而出。夫消闲遣日，原不妨偶一为之；以此为得失喜怒，则可以不必。东坡诗曰："胜固欣然，败亦可喜。"荆公诗曰："战罢两奁收白黑，一枰何处有亏成？"二公皆有胜心者，迹其生平，未能自践此言，然其言则可深思矣。辛卯冬，有以"八仙对弈图"求题者，画为韩湘、何仙姑对局，五仙旁观，而铁拐李枕一壶卢睡。余为题曰："十八年来阅宦途，此心久似水中凫。如何才踏春明路，又看仙人对弈图。""局中局外两沈吟，犹是人间胜负心。那似顽仙痴不省，春风蝴蝶睡乡深。"今老矣，自迹生平，亦未能践斯言，盖言则易耳。

明天启中，西洋人艾儒略作《西学》，凡一卷。言其国建学育才之法，凡分六科：勒铎理加者，文科也；斐录所费哑者，理科也；默弟济纳者，医科也；勒斯义者，法科也；加诺搦斯者，教科也；陡禄日亚者，道科也。其教授各有次第，大抵从文入理，而理为之纲。文科如中国之小学，理科如中国之大学，医科、法科、教科皆其事业，道科则彼法中所谓尽性至命之极也。其致力亦以格物穷理为要，以明体达用为功，与儒学次序略似；特所格之物皆器数之末，所穷之理又支离怪诞而不可诘，是所以为异学耳。末附《唐碑》一篇，明其教之久入中国。碑称贞观十二年，大秦国阿罗木远将经像来献，即于义宁坊敕造大秦寺一所，度僧二十一人云云。考《西溪丛语》，贞观五年，有传法穆护何禄，将祆教诣阙奏闻。敕令长安崇化坊立祆寺，号大秦寺，又名波斯寺。至天宝四年七月，敕波斯经教，出自大秦，传习而来，久行中国。

爰初建寺，因以为名；将以示人，必循其本，其两京波斯寺，并宜改为大秦寺。天下诸州县有者准此。《册府元龟》载，开元七年，吐火罗鬼王上表献解天文人大慕阇，智慧幽深，问无不知。伏乞天恩唤取问诸教法，知其人有如此之艺能；请置一法堂，依本教供养。段成式《酉阳杂俎》载，孝亿国界三千馀里，举俗事袄，不识佛法。有袄祠三千馀所。又载德建国乌浒河中有火袄祠，相传其神本自波斯国来。祠内无像，于大屋下作小庐舍向西，人向东礼神。有一铜马，国人言自天而下。据此数说，则西洋人即所谓波斯，天主即所谓袄神，中国具有纪载，不但此碑也。又杜预注《左传》次睢之社曰："睢受汴，东经陈留，是谯彭城入泗。此水次有袄神，皆社祠之。"顾野王《玉篇》亦有袄字，音阿怜切，注为袄神。徐铉据以增入《说文》。宋敏求《东京记》载宁远坊有袄神庙，注曰："《四夷朝贡图》云：'康国有神名袄毕，国有火袄祠，或传石勒时立此。'"是袄教其来已久，亦不始于唐。岳珂《程史》记番禺海獠，其最豪者号白番人，本占城之贵人，留中国以通往来之货，屋室侈靡逾制。性尚鬼而好洁，平居终日，相与膜拜祈福。有堂焉以祀，如中国之佛，而实无像设，称为聱牙。亦莫能晓，竟不知为何神。有碑高袤数丈，上皆刻异书如篆籀，是为像主，拜者皆向之。是袄教至宋之末年，尚由贾舶达广州。而利玛窦之初来，乃诧为亘古未有。艾儒略既援唐碑以自证。其为袄教更无疑义。乃当时无一人援据古事，以决源流。盖明自万历以后，儒者早年攻八比，晚年讲心学，即尽一生之能事，故征实之学全荒也。

田氏姊言：赵庄一佃户，夫妇甚相得。一旦，妇微闻夫有外遇，未确也。妇故柔婉，亦不甚愠，但戏语其夫："尔不爱我而爱彼，吾且缢矣。"次日，馌田间，遇一巫能视鬼，见之骇曰："尔身后一缢鬼，何也？"乃知一语之戏，鬼已闻之矣。夫横亡者必求代，不知阴律何所取，殆恶其轻生，使不得速入转轮；且使世人闻之，不敢轻生欤？然而又启鬼瞰之渐，并闻有缢鬼诱人自裁者。故天下无无弊之法，虽神道无如何也。

戈荔田言：有妇为姑所虐，自缢死。其室因废不居，用以贮杂物。后其翁纳一妾，更悍于姑，翁又爱而阴助之；家人喜其遇敌也，又阴助之。姑窘迫无汁，亦恚而自缢；家无隙所，乃潜诣是室。甫启钥，见妇披发吐舌当户立。姑故刚悍，了不畏，但语曰："尔勿为厉，吾今还尔命。"妇不答,径前扑之。阴风飒然,倏已昏仆。俄家人寻视,扶救得苏,自道所见。众相劝慰,得不死。夜梦其妇曰:"姑死我当得代;然子妇无仇姑理。尤无以姑为代理,是以拒姑返。幽室沈沧,凄苦万状,姑慎勿蹈此辙也。"姑哭而醒,愧悔不自容。乃大集僧徒,为作道场七日。戈傅斋曰:"此妇此念,自足生天,可无烦追荐也。"此言良允。然傅斋、荔田俱不肯道其姓氏,余有嗛焉。

姚安公言:霸州有老儒,古君子也,一乡推祭酒。家忽有狐祟,老儒在家则寂然,老儒出则撼窗扉、毁器物、掷污秽,无所不至。老儒缘是不敢出,闭户修省而已。时霸州诸生以河工事恕州牧,期会于学宫,将以老儒列牒首。老儒以狐祟不至,乃别推一王生。自后王生坐聚众抗官伏法,老儒得免焉。此狱兴而狐去,乃知为尼其行也。是故小人无端,小人而有端,天所以厚其毒;君子无妖,君子而有妖,天所以示之警。

前母安太夫人家有小书室,寝是室者,中夜开目,见壁上恍惚有火光,如燃香状,谛视则无。久而光渐大,闻人声,乃徐徐隐。后数岁,谛视之竟不隐,乃壁上悬一画猿,光自猿目中出也。佥曰:"此画宝矣。"外祖安公(讳国维,佚其字号。今安氏零落殆尽,无可问矣。)曰:"是妖也,何宝之有?为魑弗摧,为蛇奈何?不知后日作何变怪矣!"举火焚之,亦无他异。

崔媪家在西山中,言其邻子在深谷樵采,忽见虎至,上高树避之。虎至,昂首作人语曰:"尔在此耶,不识我矣!我今堕落作此形,亦不愿尔识也。"俯首呜咽良久。既而以爪搯地,曰:"悔不及矣。"长号数声,愤然掉首去。

杨槐亭言:即墨有人往劳山,寄宿山家。所住屋有后门,门外缭以短墙为菜圃。时日已薄暮,开户纳凉,见墙头一靓妆女子,眉目姣好,仅露其面,向之若微笑,方凝视间,闻墙外众童子呼曰:"一大蛇身蟠于树,而首阁于墙上。"乃知蛇妖幻形,将诱而吸其血也。仓皇闭户,亦不知其几时去。设近之,则危矣。

琴工钱生(钱生尝客裘文达公家,日相狎习,而忘问名字乡里。)言:其乡有人,家酷贫,佣作所得,悉以与其寡嫂,嫂竟以节终。一日,在烛下拈纴线,见窗隙一人面,其小如钱,目炯炯内视。急探手攫得之,乃一玉孩,长四寸许,制作工巧,土蚀斑然。乡僻无售者,仅于质库得钱四千。质库置椟中,越日失去,深惧其来赎。此人闻之,曰:"此本怪物,吾偶攫得,岂可复胁取人财!"具述本末,还其质券。质库感之,常呼令佣作,倍酬其直,且岁时周恤之,竟以小康。裘文达公曰:"此天以报其友爱也。不然,何在其家不化去,到质库始失哉?至慨还质券,尤人情所难,然此人之绪馀耳。世未有锲薄奸黠而友于兄弟者,亦未有友于兄弟而锲薄奸黠者也。"

王庆坨一媪,恒为走无常,(即《滦阳消夏录》所记见送妇再醮之鬼者。)有贵家姬问之曰:"我辈为妾媵,是何因果?"曰:"冥律小善恶相抵,大善恶则不相掩。姨等皆积有小善业,故今生得入富贵家;又兼有恶业,故使有一线之不足也。今生如增修善业,则恶业已偿,善业相续,来生益全美矣。今生如增造恶业,则善业已销,恶业又续,来生恐不可问矣。然增修善业,非烧香拜佛之谓也,孝亲敬嫡,和睦家庭,乃真善业耳。"一姬又问:"有子无子,是必前定,祈一检问,如冥籍不注,吾不更作痴梦矣。"曰:"此不必检,但常作有子事,虽注无子,亦改注有子;若常作无子事,虽注有子,亦改注无子也。"先外祖雪峰张公,为王庆坨曹氏婿,平生严正,最恶六婆,独时时引与语,曰:"此妪所言,虽未必皆实,然从不劝妇女布施佞佛,是可取也。"

翰林院供事茹某(忘其名,似是茹铤)言:曩访友至邯郸,值主人未归,暂寓城隍祠。适有卖瓜者,息担横卧神座前。一卖线叟寓祠内,语之曰:"尔勿若是,神有灵也。"卖瓜者曰:"神岂在此破屋内?"叟曰:"在也,吾常夜起纳凉,闻殿中有人声。蹑足潜听,则有狐陈诉于神前,大意谓邻家狐媚一少年,将死未绝之顷,尚欲取其精。其家愤甚,伏猎者以铳矢攻之。狐骇,现形奔。众噪随其后,狐不投己穴,而投里许外一邻穴。众布网穴外,熏以火,阖穴皆殪,而此狐反乘隙遁。故讼其嫁祸。城隍曰:'彼杀人而汝受祸,讼之宜也。然汝子孙亦有媚人者乎?'良久,应曰:'亦有。''亦曾杀人乎?'又良久,应曰:'或亦有。''杀几人乎?'狐不应,城隍怒,命批其颊。乃应曰:'实数十人。'城隍曰:'杀数十命,偿以数十命,适相当矣,此怨魄所凭,假手此狐也。尔何讼焉?'命检籍示之。狐乃泣去。尔安得谓神不在乎?"乃知祸不虚生,虽无妄之灾,亦必有所以致之;但就事论事者,不能一一知其故耳。

汪主事康谷言:有在西湖扶乩者,降坛诗曰:"我游天目还,跨鹤看龙并。夕阳没半轮,斜照孤飞影,飘然一片云,掠过千峰顶。"未及题名。一客窃议曰:"夕阳半没,乃是反照,司马相如所谓凌倒景也。何得云斜照?"乩忽震撼久之,若有怒者,大书曰:"小儿无礼!"遂不再动。余谓客论殊有理,此仙何太护前,独不闻古有一字师乎?

俞君祺言:向在姚抚军署,居一小室。每灯前月下,睡欲醒时,恍惚见人影在几旁,开目则无睹。自疑目眩,然不应夜夜目眩也。后伪睡以伺之,乃一粗婢,冉冉出壁角;侧听良久,乃敢稍移步。人略转,则已缩入矣。乃悟幽魂滞此不能去,又畏人不敢近,意亦良苦。因私计彼非为祟,何必逼近使不安,不如移出。才一举念,已仿佛见其遥拜。可见人心一动,鬼神皆知。"十目十手",岂不然乎!次日,遂托故移出。后在余幕中,乃言其实,曰:"不欲惊怖主人也。"余曰:"君一生缜密,然殊未了此鬼事。后来必有居者,负其一拜矣。"

族侄肇先言:曩中涵叔官旌德时,有掘地遇古墓者,棺骸俱为灰土,惟一心存,血色犹赤,惧而投诸水。有石方尺馀,尚辨字迹。中涵叔闻而取观。乡民惧为累,碎而沉之,讳言无是事,乃里巷讹传。中涵叔罢官后,始购得录本,其文曰:"白璧有瑕,黄泉蒙耻。魂断水浒,骨埋山趾。我作誓词,祝霾圹底。千百年后,有人发此。尔不贞耶,消为泥滓。尔傥衔冤,心终不死。"末题:"壬申三月,耕石翁为第五女作。"盖其女冤死,以此代志。观心仍不朽,知受枉为真。然翁无姓名,女无夫族,岁月无年号,不知为谁。无从考其始末,遂令奇迹不彰,其可惜也夫!

许文木言:康熙末年,鬻古器李鹭汀,其父执也。善六壬,惟晨起自占一课,而不肯为人卜,曰:"多泄未来,神所恶也。"有以康节比之者。曰:"吾才得六七分耳。尝占得某日当有仙人扶竹杖来,饮酒题诗而去。焚香候之。乃有人携一雕竹纯阳像求售,侧倚一贮酒壶卢,上刻'朝游北海'一诗也。康节安有此失乎?"年五十馀无子,惟蓄一妾。一日,许父造访,闻其妾泣,且絮语曰:"此何事而以戏人,其试我乎?"又闻鹭汀力辩曰:"此真实语,非戏也。"许父叩反目之故。鹭汀曰:"事殊大奇!今日占课,有二客来市古器:一其前世夫,尚有一夕缘;一其后夫,结好当在半年内,并我为三,生在一堂矣。吾以语彼,彼遽恚怒。数定无可移,我不泣而彼泣,我不讳而彼讳之,岂非痴女子哉!"越半载,鹭汀果死。妾鬻于一翰林家,嫡不能容,过一夕即

遣出。再鬻于一中书舍人家，乃相安云。

庞雪崖初婚日，梦至一处，见青衣高髻女子，旁一人指曰："此汝妇也。"醒而恶之。后再婚殷氏，宛然梦中之人。故《丛碧山房集》中有悼亡诗曰："漫说前因与后因，眼前业果定谁真？与君琴瑟初调日，怪煞箜篌入梦人。"记此事也。按箜篌入梦凡二事：其一为《仙传拾遗》载薛肇摄陆长源女见崔宇，其一为《逸史》载卢二舅摄柳氏女见李生，皆以人未婚之妻作伎侑酒，殊太恶作剧。近时所闻吕道士等，亦有此术。（语详《滦阳消夏录》。）

叶旅亭言：其祖犹及见刘石渠。一日，夜饮，有契友逼之召仙女。石渠命扫一室，户悬竹帘，燃双炬于几。众皆移席坐院中。而自禹步持咒，取界尺拍案一声，帘内果一女子亭亭立。友视之，乃其妾也，奋起欲殴。石渠急拍界尺一声，见火光蜿蜒如掣电，已穿帘去矣。笑语友曰："相交二十年，岂有真以君妾为戏者。适摄狐女，幻形激君一怒为笑耳。"友急归视，妾乃刺绣未辍也。如是为戏，庶乎在不即不离间矣。余因思李少君致李夫人，但使远观而不使相近，恐亦是摄召精魅，作是幻形也。

费长房劾治百鬼，乃后失其符，为鬼所杀。明崇俨卒，剚刃陷胸，莫测所自。人亦谓役鬼太苦，鬼刺之也，恃术者终以术败，盖多有之。刘香畹言：有僧善禁咒，为狐诱至旷野，千百为群，嗥叫搏噬。僧运金杵，击踣人形一老狐，乃溃围出。后遇于途，老狐投地膜拜曰："曩蒙不杀，深自忏悔。今愿皈依受五戒。"僧欲摩其顶，忽掷一物幂僧面，遁形而去。其物非帛非革，色如琥珀，粘若漆，牢不可脱。瞀闷不可忍，使人奋力揭去，则面皮尽剥，痛晕殆绝。后痂落，无复人状矣。又一游僧，榜门曰："驱狐。"亦有狐来诱，僧识为魅，摇铃诵梵咒。狐骇而逃。旬月后，有媪叩门，言家近墟墓，日为狐扰，乞往禁治。僧出小镜照之，灼然人也，因随往。媪导至堤畔，忽攫其书囊掷河中，符箓法物，尽随水去。妪亦奔匿秋田中，不可踪迹。方懊恼间，瓦砾飞击，面目俱败；幸赖梵咒自卫，狐不能近，狼狈而归。次日，即愧遁。久乃知妪即土人，其女与狐昵；因其女，赂以金，使盗其符耳。此皆术足以胜狐，卒为狐算。狐有策而僧无备，狐有党而僧无助也。况术不足胜而角乎！

五占安公言：留福庄木匠某，从卜者问婚姻。卜者戏之曰：

"去此西南百里,某地某甲今将死,其妻数合嫁汝,急往访求,可得也。"匠信之,至其地,宿村店中。遇一人,问:"某甲居何处?"其人问:"访之何为?"匠以实告。不虑此人即某甲也,闻之恚愤,掣佩刀欲刺之。匠逃入店后,逾垣遁。是人疑主人匿室内,欲入搜。主人不允,互相格斗,竟杀主人,论抵伏法。而匠之名姓里居,则均未及问也。后年馀,有妪同一男一妇过献县,云叔及寡嫂也。妪暴卒,无以敛,叔乃议嫁其嫂。嫂无计,亦曲从。匠尚未娶,众为媒合焉。后询其故夫,正某甲也。异哉,卜者不戏,匠不往;匠不往,无从与某甲斗;无从与某甲斗,则主人不死;主人不死,则某甲不论抵;某甲不论抵,此妇无由嫁此匠也。乃无故生波,卒辗转相牵,终成配偶,岂非数使然哉!又闻京师西四牌楼,有卜者日设肆于衢。雍正庚戌闰六月,忽自卜十八日横死。相距一两日耳,自揣无死法,而爻象甚明。乃于是日键户不出,观何由横死。不虑忽地震,屋圮压焉。使不自卜,是日必设肆通衢中,乌由覆压?是亦数不可逃,使转以先知误也。

画士张无念,寓京师樱桃斜街,书斋以巨幅阔纸为窗幛,不著一棂,取其明也。每月明之夕,必有一女子全影在幛心。启户视之,无所睹,而影则如故。以不为祸祟,亦姑听之。一夕谛视,觉体态生动,宛然入画。戏以笔四周钩之,自是不复见,而墙头时有一女子露面下窥。忽悟此鬼欲写照,前使我见其形,今使我见其貌也。与语不应,注视之,亦不羞避,良久乃隐。因补写眉目衣纹,作一仕女图。夜闻窗外语曰:"我名亭亭。"再问之,已寂。乃并题于幛上,后为——知府买去。(或曰,是李中山。)或曰:"狐也,非鬼也,于事理为近。"或曰:"本无是事,无念神其说耳。"是亦不可知。然香魂才鬼,恒欲留名于后世。由今溯古,结习相同,固亦理所宜有也。

姚安公官刑部江苏司郎中时,西城移送一案,乃少年强污幼女者,男年十六,女年十四。盖是少年游西顶归,见是女撷菜圃中,因相逼胁。逻卒闻女号呼声,就执之。讯未竟,两家父母俱投词:乃其未婚妻,不相知而误犯也。于律未婚妻和奸有条,强奸无条。方拟议间,女供亦复改移,称但调谑而已。乃薄责而遣之。或曰:"是女之父母受重赂,女亦爱此子丰姿;且家富,故造此虚词以解纷。"姚安公曰:"是未可知,然事止婚姻,与贿和人命,冤沉地下者不同。其奸未成无可验,其贿无据难以质。女子允矣,父母从矣,媒保有确证,邻里无异议矣，两造之词亦无一毫之牴牾矣，君子可欺以其方，不能横加锻炼，入一童子远戍也。"

某公夏日退朝，携婢于静室昼寝。会阍者启事，问："主人安在？"一僮故与阍者戏，漫应曰："主人方拥尔妇睡某所。"妇适至前，怒而诟詈。主人出问，答逐此僮。越三四年，阍者妇死。会此婢以抵触失宠，主人忘前语，竟以配阍者。事后忆及，乃浩然叹曰："岂偶然欤！"

文水李华廷言：去其家百里一废寺，云有魅，无敢居者。有贩羊者十馀人，避雨宿其中。夜闻鸣鸣声，暗中见一物，臃肿团圞，不辨面目，蹒跚而来，行甚迟重。众皆无赖少年，殊不恐怖，共以破砖掷。击中声铮然，渐缩退欲却。觉其无能，噪而追之。至寺门坏墙侧，屹然不动。逼视，乃一破钟，内多碎骨，意其所食也。次日，告土人，冶以铸器。自此怪绝。此物之钝极矣，而亦出魆人，卒自碎其质。殆见夫善幻之怪，有为祟者，从而效之也。余家一婢，沧州山果庄人也。言是庄故盗薮，有人见盗之获利，亦从之行。捕者急，他盗格斗跳免，而此人就执伏法焉。其亦此钟之类也夫。

舅氏安公介然言：有柳某者，与一狐友，甚昵。柳故贫，狐恒周其衣食。又负巨室钱，欲质其女，狐为盗其券，事乃已。时来其家，妻子皆与相问答，但惟柳见其形耳。狐媚一富室女，符箓不能遣，募能劾治者予百金。柳夫妇素知其事。妇利多金，怂恿柳伺隙杀狐。柳以负心为歉。妇谇曰："彼能媚某家女，不能媚汝女耶？昨以五金为汝女制冬衣，其意恐有在。此患不可不除也。"柳乃阴市砒霜，沽酒以待。狐已知之。会柳与乡邻数人坐，狐于檐际呼柳名，先叙相契之深，次陈相周之久，次乃一一发其阴谋曰："吾非不能为尔祸，然周旋已久，宁忍便作寇仇？"又以布一匹、棉一束自檐掷下，曰："昨尔幼儿号寒苦，许为作被，不可失信于孺子也。"众意不平，咸诮让柳。狐曰："交不择人，亦吾之过，世情如是，亦何足深尤？吾姑使知之耳。"太息而去。柳自是不齿于乡党，亦无肯资济升斗者。挈家夜遁，竟莫知所终。

舅氏张公梦征言：沧州佟氏园未废时，三面环水，林木翳如，游赏者恒借以宴会。守园人每闻夜中鬼唱曰："树叶儿青青，花朵儿层层。看不分明，中间有个佳人影。只望见盘金衫子，裙是水红绫。"如是者后一妓为座客殴辱，恚而自缢于树。其衣色一如所唱，莫喻其曰："此缢鬼候代，先知其来代之人，故喜而歌也。"

青县一农家，病不能力作。饿将殆，欲鬻妇以图两活。妇曰："我去，君何以自存？且金尽仍饿死。不如留我侍君，庶饮食医药，得以检点，或可冀重生。我宁娼耳。"后十馀载，妇病垂死，绝而复苏曰："顷恍惚至冥司，吏言娼女当堕为雀鸽；以我一念不忘夫，犹可生人道也。"

侍姬郭氏，其父大同人，流寓天津。生时，其母梦鬻端午彩符者，买得一枝，因以为名，年十三，归余。生数子，皆不育；惟一女，适德州卢荫文，晖吉观察子也。晖吉善星命，尝推其命，寿不能四十。果三十七而卒。余在西域时，姬已病瘵。祈签关帝，问："尚能相见否？"得一签曰："喜鹊檐前报好音，知君千里有归心。绣帏重结鸳鸯带，叶落霜雕寒色侵。"谓余即当以秋冬归，意甚喜。时门人邱二田在寓，闻之，曰："见则必见，然末句非吉语也。"后余辛卯六月还，姬病良已。至九月，忽转剧，日渐沈绵，遂以不起。殁后，晒其遗箧，余感赋二诗，曰："风花还点旧罗衣，惆怅酴醾片片飞。恰记香山居士语：'春随樊素一时归。'（姬以三月三十日亡，恰送春之期也。）百折湘裙飐画栏，临风还忆步珊珊。明知神谶曾先定，终惜'芙蓉不耐寒'。"（"未必长如此，芙蓉不耐寒"，寒山子诗也。）即用签中意也。

世传推命始于李虚中，其法用年月日而不用时，盖据昌黎所作虚中墓志也。其书《宋史·艺文志》著录，今已久佚，惟《永乐大典》载虚中《命书》三卷，尚为完帙。所说实兼论八字，非不用时，或疑为宋人所伪托，莫能明也。然考虚中墓志，称其最深于五行，书以人始生之年月日，所直日辰，支干相生，胜衰死生，互相斟酌，推人寿夭贵贱、利不利云云。按天有十二辰，故一日分为十二时，日至某辰，即某时也，故时亦谓之日辰。《国语》"星与日辰之位，皆在北维"是也。《诗》："跂彼织女，终日七襄。"孔颖达疏："从旦暮七辰一移，因谓之七襄。"是日辰即时之明证。《楚辞》"吉日兮辰良"，王逸注："日谓甲乙，辰谓寅卯。"以辰与日分言，尤为明白。据此以推，似乎"所直日辰"四字，当连上年月日为句。后人误属下文为句，故有不用时之说耳。余撰《四库全书总目》，亦谓虚中推命不用时，尚沿旧说。今附著于此，以志余过。至五星之说，世传起自张果。其说不见于典籍。考《列子》称禀天命，属星辰，值吉则吉，值凶则凶，受命既定，即鬼神不能改易，而圣智不能回。王充《论衡》称天施气而众星布精。天施

气而众星之气在其中矣，含气而长，得贵则贵，得贱则贱。贵或秩有高下，富或资有多少，皆星位大小尊卑之所授。是以星言命，古已有之，不必定始于张果。又韩昌黎《三星行》曰："我生之辰，月宿南斗，牛奋其角，箕张其口。"杜樊川自作墓志曰："余生于角星昴毕，于角为第八宫，曰疾厄宫，亦曰八杀宫，土星在焉，火星继木星土。杨晞曰：'木在张，于角为第十一福德宫。木为福德大，君子无虞也。'余曰：'湖守不周岁迁舍人，木还福于角足矣火土还死于角宜哉。'"是五星之说，原起于唐，其法亦与今不异。术者托名张果，亦不为无因。特其所托之书，词皆鄙俚，又在李虚中命书之下，决非唐代文字耳。

霍养仲言：一旧家壁悬仙女骑鹿图，款题赵仲穆，不知确否也。（仲穆名雍，松雪之子也。）每室中无人，则画中人缘壁而行，如灯戏之状。一日，预系长绳于轴首，伏人伺之，俟其行稍远，急掣轴出，遂附形于壁上，彩色宛然。俄而渐淡，俄而渐无，越半日而全隐。疑其消散矣。余尝谓画无形质，亦无精气，通灵幻化，似未必然。古书所谓画妖，疑皆有物凭之耳。后见林登《博物志》载北魏元兆，捕得云门黄花寺画妖，兆诘之曰："尔本虚空，画之所作，奈何有此妖形？"画妖对曰："形本是画，画以象真；真之所示，即乃有神。况所画之上，精灵有凭可通。此臣之所以有感，感而幻化。臣实有罪"云云。其言似亦近理也。

骁骑校萨音绰克图与一狐友，一日，狐仓皇来曰："家有妖祟，拟借君坟园栖眷属。"怪问："闻狐祟人，不闻有物更祟狐，是何魅欤？"曰："天狐也，变化通神，不可思议。鬼出电入，不可端倪。其祟人，人不及防。或祟狐，狐亦弗能睹也。"问："同类何不相惜欤？"曰："人与人同类，强凌弱，智绐愚，宁相惜乎？"魅复遇魅，此事殊奇。天下之势，辗转相胜；天下之巧，层出不穷。千变万化，岂一端所可尽乎！